Thomas von Aquin
Die Zehn Gebote

PNEUMA VERLAG

Thomas von Aquin

Die Zehn Gebote

Auslegungen zum Dekalog und zum Doppelgebot der Liebe

Übersetzt von Josef Pieper,
Heinrich Raskop
und Hans Schulte

Thomas von Aquin
Einführende Schriften
Band 5

Herausgegeben von
Hanns-Gregor Nissing
und Berthold Wald

Thomas von Aquin

Die Zehn Gebote
Auslegungen zum Dekalog und zum Doppelgebot der Liebe

Übersetzt von Josef Pieper, Heinrich Raskop und Hans Schulte

Thomas von Aquin, Einführende Schriften, Band 5,
herausgegeben von Hanns-Gregor Nissing und Berthold Wald

Bibliographische Information
der Deutschen Nationalbibliothek

Die Deutsche Nationalbibliothek verzeichnet diese
Publikation in der Deutschen Nationalbibliographie;
detaillierte bibliographische Daten sind im
Internet über http://dnb.dnb.de abrufbar.

Das Umschlagbild zeigt eine Darstellung des Thomas von Aquin
aus dem *Scriptum super quartum librum Sententiarum,*
Codex Claustroneoburgensis 309, fol. 5r (13./14. Jhd.),
Stiftsbibliothek Klosterneuburg

Hergestellt in der Europäischen Union – Printed in EU

Hohenwaldeckstr. 43 81541 München
info@pneuma-verlag.de

ISBN 978-3-942013-39-0

www.pneuma-verlag.de

Inhalt

Hanns-Gregor Nissing

Grundordnung gelingenden Menschseins
Thomas von Aquin und seine *Auslegungen zu den Zehn Geboten* (*Collationes in decem praeceptis*) VII

Thomas von Aquin

Die Zehn Gebote
Auslegungen zum Dekalog und zum Doppelgebot der Liebe

Übersetzt von Josef Pieper,
Heinrich Raskop und Hans Schulte

Vorwort 2

1. Über die Gottesliebe 18

2. Über die Nächstenliebe 22

3. Das erste Gebot des Gesetzes:
„Du sollst keine fremden Götter neben mir haben." 34

4. Das zweite Gebot des Gesetzes:
„Du sollst den Namen des Herrn, deines Gottes, nicht eitel gebrauchen." 40

5. Das dritte Gebot des Gesetzes:
„Gedenke, daß du den Tag der Gottesruhe heiligst." 44

6. Das vierte Gebot des Gesetzes:
„Ehre deinen Vater und deine Mutter, damit du lange lebst, und es dir wohl ergehe auf Erden." 54

7. Das fünfte Gebot des Gesetzes:
„Du sollst nicht töten." 62

8. Das sechste Gebot des Gesetzes:
„Du sollst nicht ehebrechen." 70

9. Das siebte Gebot des Gesetzes:
„Du sollst nicht stehlen." 74

10. Das achte Gebot des Gesetzes:
„Du sollst kein falsches Zeugnis geben wider deinen Nächsten." 78

11. Das neunte Gebot des Gesetzes:
„Du sollst nicht begehren deines Nächsten Habe." 86

12. Das zehnte Gebot des Gesetzes:
„Du sollst nicht begehren deines Nächsten Frau." 90

Verzeichnis der von Thomas zitierten Autoren und Werke 96

Bibelstellenregister 98

Personenregister 101

Autorenverzeichnis 102

Hinweis zur Erstveröffentlichung 103

Hanns-Gregor Nissing

Grundordnung gelingenden Menschseins

Die Zehn Gebote und ihre Auslegung durch Thomas von Aquin (Collationes in decem praeceptis)

Das Denken des Thomas von Aquin (1224/5-1274) steht unter einem praktischen Vorzeichen. Sein Grundbegriff ist der Begriff des *actus* („Tätigkeit", „Handlung"). Im Ausgang von der Selbsterfahrung des Menschen in seinem Tätigsein erschließt Thomas die Seele als „erstes Prinzip des Lebens" (*primum principium vitae*) und „ersten Akt des physischen Körpers, der der Möglichkeit nach Leben besitzt" (*actus primus corporis physici organici potentia vitam habentis*).[1] Doch nicht nur der Mensch und die übrigen beseelten Wesen, sondern die gesamte Realität, das Sein als solches, erscheint in den Augen des Thomas in einer elementaren Dynamik, Bewegtheit und Lebendigkeit – es besitzt in umfassender Weise *Akt*charakter, es ist „*Wirk*lichkeit" im ursprünglichen Sinne des Wortes.[2] Und auch Gott selbst wird in den Erörterungen zur philosophischen Theologie im Ausgang von der Schöpfung als „reiner Akt" (*actus purus*) und „subsistierendes Sein" (*ipsum esse subsistens*) erkennbar, als „das Wesen, dessen ganze Natur es ist, zu existieren, das heißt, jener ‚*actus*' zu sein"[3].

Seine theologischen Gesamtdarstellungen konzipiert Thomas dementsprechend nach dem Ur-Rhythmus des Ausströmens der

---

[1] Vgl. Thomas, *Super De an.* II 1 (Z. 362). – Zur prinzipiellen Bedeutung der Seelenlehre für das Denken des Thomas vgl. H.-G. Nissing (2006), 53-69.

[2] Vgl. R. Schönberger (1986), 259: „Das Wirken gründet in der Wirklichkeit [...]. Deshalb heißt Sein doch so etwas wie ‚Tun'". – „Es ist ‚Tun' in einem ausgezeichneten und völlig einzigartigen Sinn. Die Alten haben es ‚*das*' Tun schlechthin genannt, ohne nähere Bestimmung und ohne Einschränkung; sie haben es einfachhin ‚*actus*' genannt. ‚The most marvellous of all things a being can do is: to be'." (J. Pieper [2001b], 274f., mit Hinweis auf É. Gilson [1957], 83).

[3] J. Pieper (2001b), 276. – Signifikantes Symbol dieses durch und durch dynamischen Gottesbegriffs ist der brennende Dornbusch, in dem Gott dem Mose seinen Namen geoffenbart hat: „Ich bin der Ich bin" (*Ex* 3,14). – Vgl. dazu Thomas, *Comp. theol.* I 19 (Z. 15-19).

Geschöpfe aus Gott und ihrer Rückkehr zu ihm, nach dem Modell von *exitus* und *reditus*.[4] Denn Geschaffensein heißt zuinnerst geprägt und bewegt sein durch den *actus purus* als schöpferischen Ursprung. Und Im-Akt-Sein, Tätigsein, bedeutet zugleich stets: um eines Zieles willen tätig sein.[5] So entspricht es dem dynamischen Charakter des Menschseins, daß Thomas in seinem Hauptwerk, der *Summa theologiae*, die Rück- oder Heimkehr des Menschen zu Gott vor allem als Lehre von der menschlichen Praxis, d.h. als Ethik bzw. Moraltheologie, entfaltet.[6]

Die erste Frage, die die Ethik zu stellen hat, ist daher die Frage nach dem *Ziel* (*finis/ telos*). Bereits nach dem Verständnis der antiken Philosophie ist diese Frage gleichbedeutend mit der Frage nach dem Guten und nach der *Glückseligkeit* (*beatitudo*).[7] In seiner *Nikomachischen Ethik*, der ersten systematischen Abhandlung zur Thematik im Abendland, hatte Aristoteles (384-322 v. Chr.) die Ethik derart teleologisch konzipiert: als Lehre von der Glückseligkeit bzw. als Eudaimonismus. Thomas nimmt diesen Entwurf auf und erweitert ihn zu einem „christlichen Eudaimonismus."[8] Wie Aristoteles beschreibt er den Weg des Menschen zur Glückseligkeit anhand der *Tugenden* (*virtutes*): Die Tugenden sind es, die den Menschen in den Stand setzen, seinen natürlichen Tendenzen auf die gebührende Weise zu folgen und disponieren ihn in guter Weise auf sein Ziel hin. So bezeichnet die Tugend

> *das ultimum potentiae, das Äußerste dessen, was ein Mensch sein kann; sie ist die Erfüllung menschlichen Seinkönnens […], die Unbeirrbarkeit der Richtung des Menschen auf die wahrhafte Verwirklichung seines Wesens, das ist: auf das Gute.*[9]

In ihrem Kern ist die Tugendlehre somit zugleich stets „Aussage über den Menschen"[10]. Ihren Ausgangs- und Angelpunkt besitzt sie im Verständnis des Menschen als *Person*, der eine „Herrschaft über seine Akte" (*dominium sui actus*) besitzt und ein durch sich

---

[4] Vgl. Thomas, *S.th.* I 1,3 ad 1 und v.a. I 2 prol.; vgl. I 1,7 c.; ferner I-II prol.; *S.c.G.* I 9 (n. 57); *Super I Sent.* prol.; d. 2; *Super III Sent.* prol. – Vgl. J. Pieper (2001b), 244: „Das Geniale […] der *Summa theologica* des heiligen Thomas liegt genau in diesem Punkt. Sie bringt es zustande, […] die Erfassung des Geschehenscharakters der Wirklichkeit *im* Ordnungsgefüge der Gedanken zu vollziehen."

[5] Vgl. Thomas, *S.c.G.* III 3 (n. 1858-1877): „Omne agens agit propter finem" u.ö.

[6] Vgl. Thomas, *S.th.* I-II prol. und II-II prol.

[7] Vgl. Aristoteles, *Eth. Nic.* I 1 (1094a18-22) und I 2 (1095a14-18).

[8] Vgl. dazu einführend H.-G. Nissing (²2019).

[9] J. Pieper (1996), 263.

[10] J. Pieper (2005), 242-247.

selbst handelndes (*per se agens*) und durch sich selbst seiendes (*per se ens/ subsistens*) Wesen ist: ein individuelles Wesen von vernunftbegabter Natur (*individua substantia rationalis naturae*).[11] Im Rückgriff auf den Schöpfungsgedanken stellt Thomas ihn daher zu Beginn des zweiten Teils der *Summa* vor als

> *geschaffen auf das Bild Gottes (imago Dei) hin, insofern mit Bild „das Verstandhafte und willentlich Freie und durch sich selbst Mächtige" bezeichnet wird, [...] insofern [...] er Ursprung seiner Werke (principium operum suorum) ist, da er sozusagen einen freien Willen hat (quasi liberum arbitrium habens) und Macht über seine Werke (suorum operum potestatem).*[12]

In die grundlegende Spannung zwischen erstem und zweitem Akt, zwischen wesenhafter Wirklichkeit und tathafter Verwirklichung gestellt, ist der Mensch sich gleichermaßen Gabe wie Aufgabe, und die in seinen Tätigkeiten angestrebte Erfüllung oder *perfectio* besitzt stets auch den Charakter der „Selbstverwirklichung" im eigentlichsten Sinne des Wortes.[13] Ihr Ziel ist ein gelingendes Menschsein.

Auf dem Weg zu seiner Verwirklichung und Vollendung in der Glückseligkeit empfängt der Mensch nach christlichem Verständnis Leitung und Hilfe von Gott, vor allem (1) durch das *Gesetz* (*lex*) und (2) durch die *Gnade* (*gratia*).[14] Zumal dem ersteren kommt im Denken des Thomas von Aquin eine zentrale Bedeutung zu: Das Gesetz ist dazu da, den Menschen als vernunftbegabtes Geschöpf in seinen personalen Tätigkeiten providentiell auf sein Ziel hin zu leiten, es ist

> *nichts anderes, als eine Begründung der Tätigkeit (ratio operis) [...] von ihrem Ziel her.*[15]

Seine paradigmatische Gestalt besitzt das göttliche Gesetz im *Dekalog*, jenen „Zehn Worten", die Mose auf dem Berg Sinai von Gott selbst empfangen hat (vgl. *Ex* 20) und die zum Zentrum des

---

[11] Vgl. Thomas, *Q. de pot.* 9,2 c.; *S.th.* I 29,1 c. im Rückgriff auf Boethius, *Contra Eutychen et Nestorium* IV (ed. Elsässer 81,8). – Mit einigem Überschwang bezeichnet Thomas die Person so mehrfach als das „Vollkommenste in der gesamten Natur" („Persona est perfectissimum in tota natura"; *S.th.* I 29, 3 c.). – Vgl. *Q. de pot.* 9,3 c. („dignissimum in creaturis"); *Super III Sent.* d. 6,1.1 c. („completissima [...] ubi stat tota intentio naturae").

[12] Thomas, *S.th.* I-II prol.

[13] So ist es möglich, Anthropologie *und* Ethik gleichermaßen im Horizont des Strebens nach dem Guten zu entfalten.

[14] Vgl. Thomas, *S.th.* I 90 prol.

[15] Thomas, *S.c.G.* III 114 (n. 2880). – Vgl. dazu unten S. XLI ff.

Glaubens und der Gottesverehrung Israels wurden: Die Zehn Gebote formulieren unmittelbare ethische Einsichten und sind

> *sozusagen die ersten Anfangsgründe des Gesetzes (quasi prima legis initia).*[16]

Mit ihren Weisungen regeln sie das Verhältnis des Menschen zu Gott wie zum Mitmenschen in umfassender Weise[17] und sind insofern von besonderer pädagogischer Bedeutung, als sie in ihrem Aufbau und ihrer inneren Struktur einen Weg vorzeichnen, im religiösen Leben voranzuschreiten und das soziale Verhalten zu ordnen.[18] Sie wollen zu guten Werken anleiten und vom Bösen abhalten.[19] Als solche bilden die Zehn Gebote den Inbegriff aller Moralität.[20] In den Erörterungen zum Dekalog konzentriert sich daher die thomanische Lehre vom Gesetz. Mit Recht hat man sie als „eine der spannendsten Quästionen der ganzen S[umma] Theologiae"[21] und „einen Höhepunkt seiner biblischen Theologie"[22] bezeichnet.

Auf eine noch unmittelbarere und ursprünglichere Weise wird seine „Theologie des Dekalogs" in den *Collationes in decem praeceptis* zugänglich,[23] einer Reihe von Predigten, die Thomas nicht an der Universität, sondern als Volkspredigten vor Gläubigen in Italien gehalten hat. Denn es gehört ja zur Eigenart der Redegattung Predigt, daß sie den Prediger in einer unverstellten Weise hervortreten läßt, der einen Sachverhalt pointiert und in einfachen Begriffen und Bildern darzulegen weiß und ihn nicht nur als Theologen, sondern auch als Zeugen mit seinem persönlichen Glauben und seiner Spiritualität zur Sprache bringt.[24] Gerade seine Predigten scheinen daher einen guten Zugang zu Thomas und seinem Denken zu eröffnen.

Doch sind die *Collationes in decem praeceptis,* die hier in ihrer deutschen Übersetzung durch Josef Pieper, Heinrich Raskop und Hans Schulte vorgelegt werden, nicht nur die umfassendste

---

[16] Thomas, *Super III Sent.* d. 37,2,1 c.

[17] Vgl. Thomas, *Super III Sent.* d. 37,2,2 c.; vgl. *S.th.* I-II 100,2 c.; 5 c.; 6 c.

[18] Vgl. Thomas, *Super III Sent.* d. 37,2,3 c.; vgl. *S.th.* I-II 106 c.

[19] Vgl. *ebd.*; vgl. I-II 100,9 c.

[20] Vgl. *ebd.*, I-II 100,3 c.

[21] O.-H. Pesch (1988), 288.

[22] *Ebd.*, 297.

[23] Ferner finden sich ausführliche Auslegungen zum Dekalog im frühen *Sentenzenkommentar* d. 37-40 und in der *Summa theologiae* I-II 100; überdies punktuelle Überlegungen in *S.c.G.* III 120 und 128.

[24] Zum Predigtstil des Thomas vgl. summarisch J.-P. Torrell (1982), 245ff., und (1995), 92f.; L.-J. Bataillon (2014), 130*-135*; H.-G. Nissing (2019), VII-XII und XLV-XLIX. – Dazu unten S. LXII-LXIX.

und instruktivste Darlegung zum Thema. Vielmehr können sie gleich in mehrfacher Hinsicht als Kristallisationspunkt der Lehre vom göttlichen Gesetz bei Thomas gelten:

(1) Sie machen zunächst in einer *werkbiographischen* Hinsicht die *Quellen* erkennbar, aus denen das thomanische Denken im Ganzen schöpft, und zeigen die organische Verbindung, die philosophische Ethik und theologische Moral, Aristoteles und Bibel, in seinem Denken eingehen.

(2) In ihrer Gestalt als *Predigten* sind die *Collationes in decem praeceptis* überdies die Frucht eines wissenschaftlichen Bemühens, das sich auf einen mehrstufigen Prozeß theologischer Klärung stützt und einen zentralen Ort in *Leben* und *Werk* des Thomas besitzt.

(3) Sie haben überdies einen Text zur *Grundlage*, der wie kein anderer im Alten Testament in seiner *Bedeutung* und *Würde* hervorgehoben ist, ja: der als eigentliches Zentrum der Schriften des Alten Bundes gelten kann.

(4) Vor allem aber zeigen ihre Ausführungen die systematische Relevanz, die dem Dekalog und seiner Auslegung für die *„Theologie des Gesetzes"* bei Thomas sowie für sein anthropologisches wie ethisches Gesamtkonzept zukommt.

(5) Vor diesem Hintergrund lassen sich die *Collationes in decem praeceptis* in ihrem inneren *Aufbau* und ihrer *formalen Gestaltung* erschließen und werden

(6) in ihren wesentlichen *Inhalten* zugänglich.

So mögen der Text und seine Lektüre durch die folgende Einführung einen angemessenen Verständnisrahmen erhalten. Dabei kann der Dekalog als ein Muster oder Modell sichtbar werden, als normativer Entwurf oder Bauplan, der die Gestalt menschlichen Richtigseins vorzeichnet, als eine Grundordnung gelingenden Menschseins, die zwar selbst noch keine Lehre von den Tugenden darstellt, der aber eine konstitutive Rolle im Hinblick auf diese und für das Streben des Menschen nach Glückseligkeit zukommt.

1. Werkbiographische Ursprünge: Aristoteles und die Heilige Schrift

In Leben und Schaffen des Thomas von Aquin konvergieren die großen Dynamiken seines Jahrhunderts – so hat man gesagt:[25] das Wachsen der Städte mit ihren großen gotischen Kathedralen, die Ausbreitung der Bettelorden, das Aufkommen der Universitäten, vor allem unter dem Einfluß des Denkens des Aristoteles und seiner Aneignung. Der Lebensgang des Thomas ist mit

[25] Vgl. J. Pieper (2001b), 160.

all diesen Entwicklungen unmittelbar verbunden. Vor allem in der Rezeption der Schriften des griechischen Philosophen und in ihrer Fruchtbarmachung für das christliche Denken, aber auch in der Rechtfertigung der Existenzweise der Bettelorden als einer Lebensform, die sich in buchstäblicher Umsetzung des in der Bibel bezeugten Vorbilds Jesu und der Urkirche versteht, liegen die wesentlichen Lebensleistungen des Thomas von Aquin. Aristoteles und die Bibel sind gleichermaßen die beiden zentralen Quellen, in denen sein Werk seine Ursprünge hat.[26]

1.1. Aristoteles

Für das Zeitalter des Thomas, das 12. und 13. Jahrhundert, stellten die Schriften des „Philosophen", wie der mittelalterliche Ehrenname des Aristoteles lautete,[27] gleichermaßen *Faszination* wie *Herausforderung* dar. In einem komplexen Prozeß der Wiederentdeckung, der sich nicht zuletzt jüdischer und muslimischer Vermittlung verdankte, waren sie dem christlichen Abendland des Hochmittelalters neu bekannt geworden.[28] Das *Corpus aristotelicum*, das zur Zeit des Thomas nahezu vollständig ins Lateinische übersetzt vorlag, repräsentierte

(1) nicht nur ein umfassendes System von Wissenschaften, das – auf dem Boden der heidnischen Antike und ohne Einfluß des Christentums gewachsen – nach eigener Methode strukturiert und geordnet war und darum zunehmend in Konkurrenz zum frühmittelalterlichen Bildungsprogramm der *septem liberales artes* trat.[29]

---

[26] Daß die Verbindung dieser beiden Elemente für seine Zeit keineswegs unproblematisch und ohne Sprengkraft war, da „die Impulse, die hinter den beiden Phänomenen stehen, sich zunächst geradewegs auszuschließen scheinen", unterstreicht J. Pieper (2001b), 174. Doch Thomas „umfaßt sie beide mit der erstaunlichen Vehemenz seines Wesens", er weigert sich, sich für das eine oder andere zu entscheiden, sondern „unternimmt den ungeheuren Versuch, ‚alles zu wählen'. [...] Hier [...] tritt das Paradigmatische, das Musterhafte des späteren *Doctor communis* hervor: die nichts ausschließende und nichts auslassende Einbewältigungskraft, die darauf besteht, daß alles, was ist, ‚dazugehöre' – [eben] zum Beispiel sowohl die Bibel wie auch [...] Aristoteles." – Dabei soll der Einfluß weiterer Quellen – wie etwa der neuplatonischen Tradition, v.a. des Ps.-Dionysius Areopagita – nicht unterschlagen werden. Gleichwohl kommt ihnen gegenüber den beiden genannten eine nachgeordnete Rolle zu.

[27] Zur Herkunft des Namens vgl. Johannes von Salisbury, *Metalogicon* II 16 (PL 199,873): „Nam et antonomastice, id est execellenter, Philosophus appellatur." – Dazu M. Grabmann (1936).

[28] Vgl. zum Ganzen B.G. Dod (1982).

[29] Vgl. H.-G. Nissing (2006), 636-640. – Vgl. dazu unten S. LXXXIII f.

(2) Seine Schriften enthielten darüber hinaus Aussagen und Annahmen – zur Ewigkeit der Welt, zur Einheit des Intellekts, zur Determiniertheit des Weltenlaufs oder zu einer nicht umfassenden Vorsehung Gottes[30] –, die mit dem Verständnis der christlichen Theologie nicht ohne Weiteres in Einklang zu bringen waren.

Gleichwohl entsprach Aristoteles mit der eigentümlichen *Diesseitigkeit* und *Weltfreudigkeit* seines Denkens dem Lebensgefühl des Hochmittelalters. In seiner Wertschätzung der sinnenfälligen Dinge, des Konkreten, Materiellen, Leiblichen und Natürlichen, das als Realität eigenen Rechtes und nicht nur als bloßer Widerschein und Symbol von etwas anderem, Unsichtbarem, Jenseitigem, Geistigen angesehen wurde, besaß es ein Potential, worin sich die Mentalität des 13. Jahrhunderts unmittelbar wiedererkennen konnte.[31]

Aristotelische Prägungen des Thomas. – Eine erste Bekanntschaft mit dem aristotelischen Denken hatte Thomas bereits in seinen Studienjahren an der Universität Neapel gemacht. Als kaiserliche Gründung bot die Hochschule dort eine Freiheit des Studiums, die anders als an anderen Orten unbehelligt war von päpstlichen Verboten oder Einschränkungen. Nirgends in Europa konnte man zu dieser Zeit in so unmittelbaren Kontakt mit der Wissenschaft der Antike und Arabiens, und vor allem mit der Philosophie des Aristoteles kommen! Als Mönch des Benediktinerklosters Montecassino, in das ihn seine Eltern bereits um 1231 mit sechs Jahren als Oblaten gegeben hatten, war Thomas 1239 – bedingt durch Streitigkeiten zwischen Kaiser und Papst um die Vorherrschaft über das Kloster – zur Fortsetzung seiner Ausbildung in die süditalienische Hafenstadt geschickt worden.[32] Nach den Zeugnissen der frühsten Biographen waren es ein Magister Martin und Petrus von Irland, die ihm die frühesten Kenntnisse der aristotelischen Schriften vermittelten.[33]

---

[30] Vgl. zusammenfassend hierzu J.-P. Torrell (1995), 2006.

[31] Vgl. J. Pieper (2001b), 193 und 197: „Das eigentlich Erregende an [dieser Wiedererkennung] […] ist die Begründung, die Thomas ihr gibt. In seiner Zuwendung zu Aristoteles geschieht ein Wiedererkennungsvorgang; es wird nicht etwas Fremdes, Griechisches, ‚Heidnisches' ‚rezipiert'. Thomas erkennt in der Welthaltung des Aristoteles, in der Bejahung des Konkreten und der sinnfälligen Weltwirklichkeit etwas ganz und gar Eigenes und Zugehöriges wieder, etwas von Ur-Anfang Christliches, nämlich, abkürzend gesagt, das Element der christlichen Schöpfungsbejahung."

[32] Zu den zeitgeschichtlichen Hintergründen vgl. J.-P. Torrell (1995), 26ff.

[33] Vgl. Wilhelm von Tocco, *Ystoria S. Thomae de Aquino* c. 6 (ed. le Brun-Gouanvic, 103,8ff.): „[S]ub magistri Martini in grammaticalibus et logica-

Von prägendem Einfluß sollten darüber hinaus nach dem Eintritt in den Dominikanerorden 1244 und der Überwindung anschließender Widerstände der Familie die Studien bei Albertus Magnus (1200-1280) zunächst in Paris (1245-1248) und dann in Köln (1248-1252) werden. In Albert begegnete Thomas nicht nur einem hervorragenden Lehrer, der ihn in der Hochschätzung der Philosophie unterstützte, sondern auch dem wohl gelehrtesten Mann seiner Zeit, der es sich zur Aufgabe gesetzt hatte, durch eine vollständige systematische Kommentierung der damals bekannten Schriften des Aristoteles „alle Teile der Philosophie den Lateinern bekannt zu machen."[34] Die Aristoteles-Kommentare Alberts, die in einem Zeitraum von etwa 20 Jahren zum größten Teil im Kölner Dominikanerkloster Heiligenkreuz verfaßt worden sind, stellten eine Leistung von epochaler Bedeutung dar – wurde mit ihnen doch die Grundlage von Wissenschaft und Rationalität gelegt, die für das Abendland bis in die Gegenwart prägend ist.[35] Als Assistent Alberts hörte und schrieb Thomas in Köln dessen Kommentare zur *Nikomachischen Ethik* mit, die als erster Entwurf einer *Ethik als Wissenschaft* im mittelalterlichen Abendland gelten können.[36] Nicht zuletzt bedingt durch diese Kölner Prägungen besitzt die Aristoteles-Rezeption des Thomas in erster Linie eine *anthropologisch-ethische Ausrichtung*, wie sie in der eingangs erwähnten dynamischen und zielgerichteten Wahrnehmung des Menschseins zum Ausdruck kommt. Sie unterscheidet sich damit nicht unwesentlich von jener Alberts, deren Schwerpunkt vor allem in der Naturphilosophie liegt.[37]

Die Aristoteles-Rezeption des Thomas. – Ihren Niederschlag fand diese anthropologisch-ethisch ausgerichtete Aristoteles-Rezeption des Thomas in der Folgezeit

(1) einerseits in diversen *Streitschriften*, mit denen er an den akademischen Auseinandersetzungen an der Universität Paris um die richtige Auslegung der Schriften des Stagiriten teilnahm. Seine Stellungnahmen im sog. „Averroistenstreit" (1268-1272) haben ihr Zentrum und den entscheidenden Bezugspunkt ihrer Argumentation im Menschen und seinem Handeln als *selbstbestimmtem Subjekt* und *eigenständig Erkennendem*.[38]

---

libus, et magistri Petri de Hibernia in naturalibus edocetur."

[34] Vgl. Albertus Magnus, *Physica* I 1 1 (Ed. Col. IV/1,1,48f.): „[N]ostra intentio est omnes dictas partes [philosophiae] facere Latinis intelligibiles." – Zur Kölner Studienzeit vgl. zusammenfassend J.-P. Torrell (1995), 46-56.

[35] Vgl. W. Kluxen (1981).

[36] Vgl. J. Müller (2001).

[37] Vgl. H.-G. Nissing (2022), 104-109.

[38] Vgl. H.-G. Nissing (2006), 222-231.

(2) Andererseits zeigte sich das besondere Augenmerk der thomanischen Aristoteles-Rezeption in seinen insgesamt zwölf *Kommentaren* zu aristotelischen Schriften, die im letzten Lebensjahrzehnt verfaßt wurden und zumeist unvollendet geblieben sind. Sie geben ihn als kongenialen Ausleger des „Philosophen" zu erkennen und haben ihm den Ehrennamen „expositor" eingebracht.[39] An die Spitze seiner Kommentare stellt Thomas dabei mit der Schrift *De anima* eine Schrift von explizit anthropologischem Gehalt, die mit ihrer dynamischen Beschreibung des Lebendigen und ihrer Bestimmung der Seele als Akt zur Fundamentaldisziplin und „Drehscheibe" für alle weiteren Wissenschaften wird. Sie kann die unmittelbare *Selbsterfahrung* zum Ausgangspunkt nehmen. Schließlich besitzt, so Thomas, doch ein jeder ein Wissen davon, daß er eine Seele hat und daß die Seele das erste Prinzip ist, das ihn belebt (*hoc enim quilibet experitur in se ipso*).[40] Sowohl im Hinblick auf ihre Gewißheit (*certitudo*), als auch im Hinblick auf ihren Gegenstand (*subiectum*) muß daher die Lehre von der Seele als die *erste* und *vornehmste* unter allen Disziplinen gelten.[41] Überdies liefert die Seelenlehre *inhaltlich* entscheidende Vorgaben für die anderen philosophischen und theologischen Disziplinen: für die Naturphilosophie, die Metaphysik, die Ethik und die Politik:

> *[a] Denn, wenn wir die Erste Philosophie in den Blick nehmen, so können wir nur zur Erkenntnis der göttlichen und höchsten Ursachen gelangen durch das, was wir uns kraft des möglichen Intellekts aneignen.*
>
> *[b] Wenn wir dagegen die Moralphilosophie in den Blick nehmen, so können wir nur auf vollkommene Weise zur Moralwissenschaft gelangen, wenn wir die Seelenvermögen kennen. Daher kommt es, daß der Philosoph in der Nikomachischen Ethik bestimmte Tugenden den verschiedenen Vermögen der Seele zuordnet.*
>
> *[c] Für die Naturphilosophie dagegen ist sie nützlich, weil ein großer Teil der natürlichen Dinge eine Seele besitzt, und diese Seele die Quelle und das Prinzip aller Bewegung in den belebten Dingen ist. Die Seele „ist nämlich gleichsam das Prinzip der Lebewesen".*[42]

---

[39] Hierauf hat R. Schönberger wiederholt hingewiesen, z.B. (1991), 88.

[40] Vgl. Thomas, *Super De an.* I 1 (Z. 92-97).

[41] Vgl. *ebd.*, I 1 (Z. 61-97) im Rückgriff auf Aristoteles, *De an.* I 1 (402a1ff.); vgl. ferner: ders., *Historia animalium* I 6 (491a22f.): „Der Mensch ist unter allen Tieren am meisten bekannt."

[42] Vgl. Thomas, *Super De an.* I 1 (Z. 118-130).

Schließlich kommt der Seelenlehre aber auch in *formal-hermeneutischer* Hinsicht eine Schlüsselbedeutung zu – finden sich doch in *De anima* die Grundbegriffe aristotelisch-thomanischen Denkens im besten Sinne des Wortes *ad hominem* demonstriert: „Akt" und „Potenz", „Form" und „Materie", „Wirk-" und „Zielursache", ja: die Vier-Ursachen-Lehre insgesamt,[43] die dem thomanischen Denken ihren gedanklichen Rahmen und ihre Ordnung geben, werden verständlich gemacht im Ausgang von unserem eigenen Selbstverständnis und Tätigsein und erhalten damit eine grundlegend anthropologische Färbung.[44]

Wie stark überdies die Prägung war, die Thomas durch die *Nikomachische Ethik* und die Kölner Auslegungen Alberts empfangen hatte, belegen nicht nur die über 350 Reminiszenzen an dessen Ethik-Kommentar in Thomas' eigener Auslegung dieses Werks, sondern auch das von Thomas eigens angefertigten Begriffslexikon zu dieser Schrift, die *Tabula libri Ethicorum* (1270) – handelt es sich doch bei den dort angeführten Definitionen größtenteils um wörtliche Zitate Alberts.[45]

(3) Schließlich wird die *Nikomachische Ethik* mit ihrer Grundstruktur und ihren thematischen Schwerpunkten zur Vorlage für den Aufbau der *Summa theologiae*, des thomanischen Hauptwerks, das – wie eingangs skizziert – in seinem zweiten und umfangreichsten Teil die Rückkehr des Menschen zu Gott unter einem ethischen Vorzeichen, und d.h. als Lehre von der Glückseligkeit und von den Tugenden, beschreibt. Hiermit unterscheidet sich die *Summa* im Übrigen von früheren Gesamtkonzeptionen der Theologie, die Thomas zwar ebenfalls nach dem Grundmodell des Ausgangs der Geschöpfe aus Gott und ihrer Rückkehr zu ihm konzipiert, sie allerdings unter dem leitenden Gesichtspunkt der göttlichen Vorsehung und Lenkung (und nicht der menschlichen Eigentätigkeit) entwickelt hatte.[46]

Im Ganzen wäre es freilich unzureichend, Thomas aufgrund dieser umfassenden Prägung seines Werks durch das aristotelische Denken einfachhin als „christlichen Aristoteliker" zu bezeichnen, wie es in vielen Philosophiegeschichten geschieht, und sein Verdienst lediglich als eine „Taufe" des Aristoteles zu beschreiben.[47]

---

[43] Vgl. *ebd.*, II 7 (Z. 124-136); Aristoteles, *De an.* II 4 (415b3ff.).

[44] Vgl. dazu H.-G. Nissing (2006), 57f.

[45] Vgl. J.-P. Torrell (1995), 244ff.

[46] Vgl. etwa Thomas, *Super III Sent.* prol.; *S.c.G.* III 1 (n. 1867).

[47] Vgl. G.K. Chesterton (1960), 60, der die Formulierung bereits zitiert. Möglicherweise geht sie auf J. Maritain zurück. – Dazu J. Pieper (2001b), 191ff.

1.2. *Die Heilige Schrift*

Denn mehr noch als die Schriften des griechischen Philosophen ist es die Heilige Schrift, der eine grundlegende Bedeutung für sein Leben und Wirken zukommt – und dies nicht nur in *intellektueller*, sondern zuvor noch in *existentieller* Hinsicht.

(1) *Die existentielle Bedeutung für das Bettelordenideal.* – Mit ihrer Beschreibung des Lebens Jesu und der Urkirche bot die Bibel die unmittelbare Vorlage für eine Existenzform in Armut und Wanderpredigt, wie sie im Anliegen einer Erneuerung der Kirche aus ihren Ursprüngen zunächst die evangelische Armutsbewegung in Nordspanien und Südfrankreich gekennzeichnet hatte und dann vom hl. Dominikus (um 1170-1221) in kirchliche Bahnen gelenkt worden war. Die Radikalität und Ursprünglichkeit, mit der man das Ideal der Nachfolge Christi möglichst buchstäblich umzusetzen gedachte, führte zu einer völlig neuen Gestalt des Ordensstandes, die in vielfacher Hinsicht den Bedürfnissen der Zeit zu entsprechen wußte.[48] Indem er die Lebensform des Mendikantentums direkt aus der Lebensweise Christi ableitete, gab Thomas dem Predigerorden seine entscheidende theologische Rechtfertigung.[49]

Hierfür stehen an erster Stelle seine *Streitschriften* aus dem „Mendikantenstreit", der seine beiden Lehrtätigkeiten an der Universität Paris bestimmte. In ihnen ging es darum, (a) die Existenz eines eigenen Ordensstandes zum Betteln, Predigen und Studieren zu begründen (so in der ersten Phase des Streits um 1256) und (b) ihn in den Rahmen der bestehenden kirchlichen Hierarchie einzuordnen (so in der zweiten Phase in den 1270er Jahren). In ihrem persönlichen Stil und ihrer mitunter polemischen Diktion kann man wahrnehmen, daß man es „hier mit dem für ihn Wertvollsten, mit der Berufung, für welche er seit seiner Jugend kämpft, zu tun hat"[50].

Markieren die beiden Pariser Aufenthalte (1256-1259 und 1268-1272) zugleich die Fixpunkte in Thomas' Biographie, so bestimmte das Ideal des Predigerordens auch ansonsten sein Leben und gaben ihm Formung und Prägung: im Unterwegssein, in der Organisation, Gründung und Leitung von Studienhäusern in Italien (1259-1261), in Orvieto (1261-1265), in Rom (1265-1268) und schließlich in Neapel (1272-1274), ehe er am 7.3.1274 auf dem Weg zum Konzil von Lyon im Alter von nur 49 Jahren in der Zister-

---

[48] Vgl. J. Oberste (2016).

[49] Vgl. H.-G. Nissing (2022), 186-205; U. Horst (2017), 25-60.

[50] J.-P. Torrell (1995), 209.

zienzerabtei Fossanova starb. „Alles zu verlassen, um die Welt zu durcheilen und zu predigen und das Evangelium zu verkündigen“[51] – mit dieser Formel hat Thomas selbst das apostolische Leben beschrieben und damit die dynamische Auffassung des Welt- und Menschseins auch biographisch eingeholt.

(2) *Die intellektuelle Bedeutung für das Ideal von Theologie.* – Da die Tätigkeit des Predigens ihr Prinzip und Fundament im Wort Gottes besitzt, ist die Heilige Schrift für den Predigerbruder Thomas auch intellektuell Norm und Richtschnur seines Schaffens. So gründet sein Anspruch, Theologie als Wissenschaft zu treiben, in seiner tiefen Liebe zur Bibel, in einer Theologie und Spiritualität des Wortes Gottes.

(a) Für die systematische Erarbeitung dieser *Theologie des Wortes Gottes* steht v.a. der *Kommentar zum Prolog des Johannes-Evangeliums*, von dem man gesagt hat, er sei „das theologische Werk par excellence“[52], da er den Geist des Thomas „auf seinem Gipfel“[53] zeige und „enthüllt […], was zutiefst in seinem Herzen ist“[54]. Thomas führt dort das Wort des Predigers und Theologen, ja: jedes Wort des Menschen auf das ewige göttliche Wort zurück, das Akt und Person ist,[55] und an dem jedes menschliche Wort Anteil hat:

> *Es gibt zwar viele Wahrheiten durch Teilhabe, aber nur eine Wahrheit schlechthin, die durch ihr Wesen Wahrheit ist, nämlich das göttliche Sein selbst; durch diese Wahrheit sind alle Worte Wort. Ebenso gibt es nur eine Weisheit schlechthin, über alles erhaben, nämlich die göttliche Weisheit; durch die Teilhabe an ihr sind alle Weisen weise. So auch gibt es nur ein Wort schlechthin; durch die Teilhabe an ihm heißen alle, die des Wortes fähig sind, sprechende Wesen. Dies aber ist das göttliche Wort, das durch sich selbst Wort ist, erhoben über alle Worte.*[56]

Im ewigen Hervorgang des göttlichen Wortes aus dem Vater sind daher verschiedene Weisen göttlichen Sprechens enthalten und leiten sich von dort her ab: (i) die Schöpfung, die durch das Wort entsteht und erhalten wird (vgl. *Joh* 1,3; *Ps* 33,9; 148,5), (ii) die Inspiration und Offenbarung in der Geschichte und schließ-

---

[51] Thomas, *Contra impugn.* 4 (Z. 885-887): „Haec fuit vita apostolica, ut relictis omnibus per mundum discurrerent evangelizando et praedicando.“

[52] Vgl. M.-D. Philippe (1981), 10.

[53] J. Weisheipl (1980), 16.

[54] Vgl. M.-D. Philippe (1981), 10. – Zum Ganzen vgl. H.-G. Nissing (2017).

[55] Vgl. Thomas, *Super Ioan.* I 1 (n. 29; vgl. n. 55).

[56] Thomas, *Super Ioan.* I 1 (n. 33).

lich (iii) die Fleischwerdung des Wortes selbst (vgl. *Joh* 1,14).[57] Und es ist dieses ewige göttliche Wort, dem der Mensch in der Heiligen Schrift begegnet! Eine aus dieser Einsicht abgeleitete Summe von Regeln für das geistliche Leben und den Umgang mit der Bibel, enthalten die *Collationes in Symbolum Apostolorum*:

> *Wenn also das Wort Gottes der Sohn Gottes ist und also alle Worte ein Abbild dieses Wortes,*
>
> *[1] dann ist es erstlich notwendig, auf die Worte Gottes gern zu hören. Seine Worte gern zu hören, das ist das Zeichen dafür, daß wir Gott lieben.*
>
> *[2] Zweitens müssen wir den Worten Gottes glauben, weil durch sie das Wort Gottes in uns wohnt: Christus, der das Wort Gottes ist. Der Apostel sagt im Epheserbrief (3,17): „Daß Christus durch den Glauben in euren Herzen wohne". [...]*
>
> *[3] Drittens müssen wir das Wort Gottes, das in uns ist, beständig betrachten, denn wir sollen nicht nur glauben, sondern betrachten, andernfalls ist der Glaube unnütz. Solches Betrachten vermag viel gegen die Sünde: „In meinem Herzen berge ich deine Worte, damit ich gegen dich nicht sündige" (Ps 119 [118],11). Und an einer anderen Stelle heißt es vom gerechten Mann: „Sein Gesetz betrachtet er Tag und Nacht" (Ps 1,2) [...].*
>
> *[4] Viertens muß der Mensch das Wort Gottes anderen mitteilen durch ermahnende und begeisternde Verkündigung. Der Apostel schreibt an die Epheser (4,29): „Keine schlechte Rede komme aus eurem Munde, sondern wenn eine, dann eine gute zur Erbauung." Ebenso im Kolosserbrief (3,16): „Das Wort Christi wohne überreich in euch, durch das ihr euch in aller Weisheit belehrt und gegenseitig ermahnt." Ferner im zweiten Timotheusbrief (4,2): „Predige das Wort, tritt dafür ein, ob gelegen oder ungelegen."*
>
> *[5] Schließlich muß das Wort Gottes wie ein Befehl ausgeführt werden. „Seid Täter des Wortes und nicht nur Hörer, sonst täuscht ihr euch selbst" (Jak 1,2).*[58]

Die Orientierung des eigenen Lehrens und Schreibens am Wort Gottes wird für Thomas insofern stilbildend, als ihm das sog. *Verbum abbreviatum* als Maßstab gilt: das ewige göttliche Wort, das sich nach *Jes* 10,23 und *Röm* 9,28 in seiner Offenbarung „klein" gemacht und in seiner Lehre den Menschen eine kurze

[57] Vgl. Thomas, *Super Ad Hebr.* 1 1 (n. 15) – Zum Ganzen vgl. H.-G. Nissing (2017), XVI-XXIV und XXXVII-XLIV.

[58] Thomas, *Coll. in Symb. Apost.* 3 (n. 895). – Vgl. *Contra retrah.* 9 (C 55, Z. 103-105).: „Wir müssen die Worte der Schrift hören, als ob sie aus dem Munde Christi selbst kommen."

Summe des Heils übermittelt hat.[59] Dementsprechend ist der thomanische Stil v.a. von besonderer Kürze geprägt und um Prägnanz, Klarheit und Geordnetheit bemüht, wie es programmatisch im Prolog zur *Summa theologiae* heißt.[60]

(b) Im Zeichen der Begegnung mit dem Wort Gottes, wie es in der Heiligen Schrift gegenwärtig ist, und der Vergewisserung an den Ursprüngen des Glaubens stehen daher die *Schriftkommentare* des Thomas, deren erste ebenfalls wohl bereits aus der Studien- und Assistentenzeit in Köln stammen und sich von da wie ein „roter Faden" durch das Gesamtwerk ziehen: Auf die Auslegungen zu den Propheten *Jesaja* und *Jeremia* sowie den letzterem zugeschriebenen *Klageliedern* (Köln, 1252) folgten Kommentare zum Buch *Ijob* (Orvieto, 1261-1265) und zu den Evangelien nach *Matthäus* (Paris, 1269-1270) und nach *Johannes* (Paris, 1270-1272). Aus der Zeit in Orvieto stammt ferner die *Glossa continua super Evangelia* bzw. sog. *Catena aurea* (Orvieto/Rom, 1262/3-1265/8), ein Kommentar zu den vier Evangelien auschließlich mit Hilfe von Kirchenväterzitaten. Die 14 Briefe des Apostels Paulus hat Thomas möglicherweise sogar zweimal kommentiert (Rom, 1265-68 und/oder Paris/Neapel, 1271-73?) und die unvollendet gebliebene *Postilla super Psalmos* (Neapel, 1273-1274) kann als sein geistliches Vermächtnis gelten.[61]

(c) Schließlich ist auch die Formulierung der *Theologie nach wissenschaftlichen Maßstäben*, wie Thomas sie in der *Summa theologiae* in paradigmatischer Weise vorgelegt hat, imprägniert von der Ausrichtung am Wort Gottes. Dies belegt nicht nur der ausdrückliche Einbezug poetischer und rhetorischer Bilder in sein Konzept von Theologie, mit der er der Redeweise der Bibel und zumal des fleischgewordenen Wortes Rechnung trägt, das v.a. durch sinnenfällige Bilder, durch Symbole, Parabeln und Gleichnisse den Menschen das Reich Gottes verkündete (vgl. *Mt* 13).[62] Auch enthält die

---

[59] Vgl. Thomas, *Comp. theol.* I 1 (Z. 1-20).

[60] Vgl. Thomas, *S.th.* I prol: „Wir wollen es im Vertrauen auf die göttliche Hilfe unternehmen, demjenigen, was zur heiligen Lehre gehört, in Kürze und Klarheit (*breviter ad diludice*) nachzugehen, so wie es der Stoff gestattet." – Zur Ordnung (*ordo*) als grundlegendem Bestandteil dieses Stils vgl. außerdem das über die *S.c.G.* gestellte aristotelische Motto „Sapientis est ordinare" (I 1, n. 1), das gleichermaßen vom göttlichen Urheber der Weisheit, wie vom menschlichen Weisen gilt.

[61] Vgl. als Überblick H.-G. Nissing (2022), 156-162.

[62] Vgl. Thomas, *Super Matth.* XIII 1 (n. 1082). – Daher auch die konstitutive Bedeutung der Lehre von den vier Schriftsinnen, derzufolge die in der Bibel gebrauchten Zeichen neben ihrem wörtlichen auch einen geistlichen Sinn haben können, da es Gott als Urheber zusteht, nicht nur Worte, sondern auch Dinge als Zeichen zu gebrauchen. – Der geistliche Sinn gliedert sich dabei

Summa theologiae mit ihren Abschnitten über das Sieben-Tage-Werk (I 65-74), die Lehre vom Alten Gesetz (I-II 98-105) sowie das Leben Jesu (III 27-59) gleich drei Traktate, die mehr Schriftauslegung als systematische Abhandlung sind und die Theologie in ihrem Ursprung aus dem Wort Gottes zeigen.

Das „Principium biblicum". – Sehr treffend wird die elementare Bedeutung, welche die Heilige Schrift für Thomas hat, durch den Titel belegt, den man seiner Pariser Antrittsvorlesung aus dem Frühjahr 1256 gegeben hat. Mit ihr begann er nach Abschluß der akademischen Ausbildung als Baccalaureus biblicus in Paris (1252-1256) seine akademische Tätigkeit. Sie kann als eine Art „Programmschrift" seines akademischen und schriftstellerischen Wirkens gelten – und ist unter dem Namen „Principium biblicum" überliefert.[63]

In dieser Antrittsvorlesung führt Thomas nicht nur die Tätigkeit des Magisters der Theologie auf die Heilige Schrift zurück und begründet sie in einer biblisch begründeten Theologie des Wortes Gottes.[64] Überdies erläutert er von dort her die *drei Aufgaben des Magisters,* die die Pariser theologische Fakultät bereits zu Beginn des 13. Jahrhunderts in ihren Statuten festgeschrieben hatte und die von daher dessen Arbeitsbereiche fest umreißen:

> *Alle Lehrer der Heiligen Schrift müssen […]*
> *[1] hochgemut sein durch ein hervorragendes Leben (alti per vitae eminentiam), so daß sie geeignet sind, wirksam zu predigen […].*
> *[2] Auch müssen sie erleuchtet (illuminati) sein, so daß sie in geeigneter Weise durch die Lesung lehren […]*
> *[3] Auch müssen sie gewappnet (muniti) sein, so daß sie die Irrtümer durch die Disputation widerlegen […].*[65]

Eine Gliederung des thomanischen Gesamtwerks. – In ihrer inneren Abfolge wachsen diese drei Aufgaben der *lectio,* der *disputatio* und der *praedicatio* jeweils vom autoritativen Lehrtext eines Fa-

---

dreifach in den (1) allegorischen, (2) moralischen und (3) anagogischen: vgl. Thomas, *S.th.* I 1,10; zusammenfassend H.-G. Nissing (2017), XXXIIIff. – Zur Anwendung im Rahmen der Lehre vom Alten Gesetz vgl. unten S. XLVIII f.

[63] Zu ihrer Bedeutung und zum historischen Kontext ihrer Entstehung vgl. J.-P. Torrell (1995), 71-74; H.-G. Nissing (2022), 142-146 und 161f.

[64] Vgl. Thomas, *Princ. bibl.* II (n. 1199-1201).

[65] Thomas, *Princ. bibl. I* (n. 1213). – Zur Grundlegung anhand von *Tit* 1,9 vgl. *ebd.* (n. 1213f.). – Vgl. *Chartularium Universitatis Parisiensis* II, n. 1185 (ed. Denifle/ Chatelain, 683). – Zur Herkunft vgl. Petrus Cantor, *Verbum abbreviatum* 1 (PL 205,25A).

ches aus gewissermaßen in konzentrischen Kreisen: Die *Lesung* eines Textes wirft Fragen auf, die zunächst in Anknüpfung an ihn, auf einer zweiten Stufe jedoch unabhängig davon *disputiert* werden, um schließlich in synthetisierter Weise in die *Verkündigung* einzugehen. Die Schriften, in denen diese Tätigkeiten ihren literarischen Niederschlag finden, lassen sich von daher anhand dieser Dreiteilung systematisch ordnen, so daß sich für das thomanische Gesamtwerk eine Gliederung ergibt in

(a) Kommentare (zur Heiligen Schrift, zu Aristoteles, aber auch zu anderen Autoren),

(b) *Quaestiones disputatae* einschließlich der akademischen Streitschriften und schließlich

(c) auf die Verkündigung ausgerichteten Schriften – wobei unter letztere durchaus auch de beiden Summen, die *Summa contra Gentiles* (1259-1265) und die *Summa theologiae* (1269-1273), zu zählen sind. Denn während erstere mit ihrer Ausrichtung auf die *mahumatistae* und *pagani* sowie mit ihrem Anspruch, in erster Linie durch Vernunftgründe überzeugen zu wollen, durchaus einen missionarischen Blickwinkel besitzt,[66] wurde letztere ausdrücklich als Anfängerlehrbuch für die *fratres communes* des Ordens verfaßt, also für diejenigen Predigerbrüder, die nicht in der Wissenschaft, sondern in der Seelsorge und Verkündigung tätig werden sollten.[67] – Ähnliches gilt darüber hinaus auch für die ca. 30 sog. „Opuscula", jene Kleinschriften, die – vorwiegend als Briefe oder Gutachten verfaßt – Auftragsarbeiten waren oder auf Anfrage von außen entstanden sind und die mit ihren Themen häufig Fragestellungen der hochmittelalterlichen Welt und der theologischen und pastoralen Praxis zum Gegenstand hatten.[68]

Die Predigten des Thomas. – Ihre unmittelbarste Gestalt findet die *praedicatio* als eigentümliches Ziel des wissenschaftlichen Bemü-

---

[66] Lange Zeit galt die *Summa contra Gentiles* (1259-1265) als ein „Missionshandbuch", das Thomas auf Bitten seines Ordensmeisters Raymund von Peñafort (um 1175-1275) zum Zwecke der Auseinandersetzung mit der islamischen Welt verfaßt haben soll. Mittlerweile ist dieses Verständnis zwar einer Sicht gewichen, die in der kleineren der beiden Summen eine „persönliche Reflexion" des jungen Theologen Thomas sieht, der nach drei Jahren aktiver Lehrtätigkeit hiermit „seine erste Synthese" vorlegt, um „die Wahrheit zu sagen und die Irrtümer zu widerlegen" (*Spr* 8,7). In weiten Teilen erscheint die *S.c.G.* jedoch als „Ideenheft", das Thomas nach dem Zeugnis der Autographen häufig überarbeitet hat, oder als „Argumentationsarsenal", dem man eine Hinordnung auf die Praxis der Verkündigung nicht absprechen kann.

[67] Vgl. Thomas, *S.th.* I prol. – Zu den historischen Hintergründen ihrer Entstehung vgl. J.-P. Torrell (1995), 160-165.

[68] Vgl. summarisch zu dieser Textgattung U. Horst (2017), 113-126.

hens in der *Predigt*.[69] Unter den im Werk des Thomas überlieferten Predigten sind dabei *zwei Gattungen* zu unterscheiden:[70] (a) zum einen *Einzelpredigten*, die an der Universität entstanden sind und auf Latein gehalten wurden,[71] und (b) zum anderen *Volkspredigten*, die im Unterschied dazu öffentlich gehalten wurden – und dies wohl ursprünglich in seiner Muttersprache, d.h. auf Italienisch. Letztere sind in den ältesten Werkkatalogen als *collationes* bezeichnet und wurden mitunter als *Predigtreihen* konzipiert oder zusammengefaßt.[72] Zu ihnen zählen die Auslegungen zum *Apostolischen Glaubensbekenntnis* (*Collationes in Symbolum Apostolorum*), zum *Vater unser* (*Collationes in Orationem Dominicam*) und zum Dekalog sowie zum Doppelgebot der Liebe (*Collationes in decem praeceptis*). Ferner ist eine Auslegung zum *Ave Maria* überliefert (*Collatio in salutationem angelicam*).

Die *Collationes in decem praeceptis* beginnen mit dem programmatischen Hinweis:

> *Drei Dinge sind für den Menschen heilsnotwendig:*
> *[1] die Kenntnis dessen, was er glauben muß,*
> *[2] die Kenntnis dessen, was er ersehnen muß, und*
> *[3] die Kenntnis dessen, was er tun muß.*
> *[1] Das erste wird im Glaubensbekenntnis gelehrt,*
> *[2] das zweite im Gebet des Herrn,*
> *[3] das dritte aber im Gesetz.*[73]

Indem Thomas die drei Texte des *Credo*, des *Vater unser* und der *Zehn Gebote* mit den drei theologischen Tugenden des Glaubens, der Hoffnung und der Liebe (vgl. 1 *Kor* 13,12) verbindet, ordnet er sie in signifikanter Weise seinem eudaimonistischen Gesamtkon-

---

[69] Vgl. dazu auch R.A. Kahl (2006), 38: „‚Predigt' ist dabei in einem umfassenden Sinn zu verstehen: die Verkündigung auf der Kanzel in den eigenen Kirchen und außerhalb, [....] der religiöse Vortrag und die Seelenführung in Frauenklöstern, die Katechese vor Erwachsenen und Kindern, das Gespräch im Locutorium oder unterwegs, die literarische Verkündigung durch das Buch, die Arbeit des Missionars."

[70] Nur wenige Predigten sind von Thomas überliefert bzw. in ihrer Herkunft sicher als authentisch zu klassifizieren. So enthält der Band 44,.1 der kritischen Ausgabe der *Editio Leonina* ganze 20 *sermones*.

[71] Vgl. L.-B. Bataillon (1988) und (2014).

[72] Der Begriff *collatio* trägt wohl in erster Linie ihrer Eigenschaft als Predigtreihe Rechnung: vgl. H.-G. Nissing (2019), XIX u. Anm. 70. – Die Bezeichnung taucht bereits in der ersten offiziellen und „kanonischen" Liste der Werke des Thomas auf, die Bartholomäus von Capua für die Kanonisation erstellt hatte: vgl. *Fontes vitae s. Thomae Aquinatis. IV. Processus canonizationis* Nr. LXXXV (ed. Laurent, 389).

[73] Thomas, *Coll. in dec. praec.* prol. (n. 1128).

zept zu und unterstreicht die konstitutive Rolle, die den Tugenden auf dem Weg zur Glückseligkeit zukommt.[74] Freilich stammt das genannte Konzept nicht von ihm. Es geht vielmehr ursprünglich auf das *Enchiridion* Augustins (354-430) zurück, ein Handbuch zur Unterweisung von Taufbewerbern, das zum Vorbild der christlichen Katechese bis in die Gegenwart geworden ist.[75] In der Rezeption des Thomas erhält es insofern einen besonderen Akzent, als sich darin exakt jene Hervorhebung der drei theologischen Tugenden widerspiegelt, die in der *Summa theologiae* den Nukleus seiner Tugendlehre bilden. Zusammen mit den vier Kardinaltugenden (Klugheit, Gerechtigkeit, Tapferheit und Maßhaltung) bilden sie dort jene Siebenzahl, anhand derer Thomas das Bild des richtigen, d.h. gelungenen Menschseins skizziert.[76] Dabei sind letztere keineswegs als eine selbständige, natürliche Vorstufe der drei theologischen Tugenden gedacht, vielmehr werden sie in ihrer inneren Gestalt überformt und eingewurzelt verstanden in Glaube, Hoffnung und Liebe.[77]

2. Die *Auslegungen zu den Zehn Geboten*: Zeit und Umstände ihrer Entstehung

Überlieferungsgeschichtlich hat der programmatische Hinweis zum Auftakt dazu geführt, die drei von Thomas überlieferten Predigtreihen als eine Einheit zu verstehen und sie werkchronologisch in den letzten Monaten seines Lebens zu situieren. So berichten die Zeugen des Heiligsprechungsprozesses von 1323 sowie die

---

[74] Nach Thomas heißen diese Tugenden *„theologische" Tugenden*, weil sie nicht nur (a) allein von Gott dem Menschen eingegossen werden, sondern auch, weil sie (b) Gott zum Gegenstand haben und den Menschen in rechter Weise auf ihn hinordnen und überdies (c) einzig durch göttliche Offenbarung bekannt sind: vgl. *S.th.* I-II 62,1 c.

[75] Vgl. etwa den 1992 erschienenen *Katechismus der katholischen Kirche* (v.a. Nr. 13-22, dann Nr. 2083-2557), der allerdings als vierten Teil einen Abschnitt über die Liturgie hinzufügt. – Thomas selbst legt das dreiteilige Schema Augustins seinem allerdings unvollendet gebliebenen *Compendium theologiae* zugrunde: vgl. *Comp. theol.* 1 (Z. 33-46).

[76] Vgl. Thomas, *S.th.* II-II prol.

[77] Der Grundeinsicht entsprechend, daß der Mensch sein Gutsein und seine Vollkommenheit nicht aus eigener Kraft erreichen kann, daß er vielmehr der göttlichen Hilfe bedarf, erfahren die Tugenden in der *S.th.* überdies eine Ergänzung durch die sieben Gaben des Heiligen Geistes, von denen der Prophet Jesaja spricht (vgl. *Jes* 11,2), (b) die acht Seligkeiten der Bergpredigt (vgl. *Mt* 5,3-10) und (c) die zwölf Früchte des Geistes, die sich beim Apostel Paulus erwähnt finden (vgl. *Gal* 5,22f). – Zum Ganzen vgl. H.-G. Nissing (2022), 268f. – Vgl. hierzu auch unten S. XLVII f. und v.a. LXXII.

ältesten Biographen davon, Thomas habe diese Predigten in seinem letzten Lebensjahr, in der Fastenzeit 1273, in Neapel täglich als Volkspredigten gehalten.[78] Demnach wären sie als eine besondere Frucht seines Schaffens, als Ausdruck seines reifen Denkens, als „Schlußpunkt"[79] und finale Verdichtung seiner Lehre, ja: als „letztes Wort" und Vermächtnis des Thomas anzusehen. Allerdings werden in den Berichten nur das *Vater unser* und das *Ave Maria* ausdrücklich als Gegenstände der Predigten erwähnt, der Dekalog hingegen nicht.[80] Auch nennt keines der ca. 80 Manuskripte, in denen die *Collationes in decem praeceptis* überliefert sind, Neapel als ihren Entstehungsort.[81] Schließlich hat die eminent große Zahl von etwa 60 zu haltenden Predigten, die sich als Summe aller drei Reihen errechnen läßt, zu der Einschätzung geführt, daß ein solches Pensum „ein schwerer Zeitplan für einen einzigen Prediger"[82] gewesen wäre.

J. P. Torrell, der 1982 eine kritische Edition des Textes erstellt hat,[83] hat daher die Möglichkeit erwogen, einen anderen Ort und eine andere Zeit ihrer Entstehung anzunehmen und die Auslegungen zum Dekalog möglicherweise früher zu datieren. Anhaltspunkte dafür liefern etwa Bemerkungen in der ältesten Biographie, der *Historia S. Thomae de Aquino* des Wilhelm von Tocco (um 1240-1323), die von Predigten des Thomas in Rom im Rahmen der Heiligen Woche und zu Ostern sprechen.[84] Darüber hinaus geben biographische Unsicherheiten hinsichtlich der Zeit

---

[78] Vgl. *Fontes vitae s. Thomae Aquinatis. IV. Processus canonisationis* (ed. Laurent), Nr. LXX: Johannes Blasius (362); Nr. LXXXVII: Johannes Coppa (391); Nr. XCIII: Petrus Branchatius (399); Nr. LVIII : Wilhelm von Tocco (345); vgl. Wilhelm von Tocco, *Ystoria* c. 48 (Z. 7). – Demnach nimmt man an, daß Thomas in der Pfarrkirche San Domenico Maggiore, vermutlich am späten Nachmittag, gepredigt hat. – Zu dieser traditionellen Auffassung vgl. v.a. P. Mandonnet (1924).

[79] U. Horst (2017), 307f.

[80] Vgl. J.-P. Torrell (1982), 217 Anm. 17: „[I]l y a le fait que nul témoin au procès de canonisation n'a mentionné cette prédication sur le Décalogue."

[81] Vgl. als Überblick J. Weisheipl (1982), 349, der 79 vollständige Manuskripte und 13 Fragmente zählt.

[82] Vgl. N. Ayo (1988), 2. – Auch die Tatsache, daß die *Coll. in dec. praec.* von einem anderen Reportator – Petrus von Andria – als die beiden übrigen überliefert sind, spricht dafür, sie anderswo zu verorten.

[83] Der Text findet sich zuerst in: „Les *Collationes de decem praeceptis* de saint Thomas d'Aquin", in: *Revue des Sciences Philosophique et Théologique* 69 (1985), 24-40 ; 227-263, ein Wiederabdruck in: J.-P. Torrell (2000), 65-117.

[84] Vgl. Wilhelm von Tocco, *Ystoria* c. 53 (Z. 1-4). – Zur Bezeugung weiterer Predigten: vgl. *Fontes vitae s. Thomae Aquinatis. IV. Processus canonisationis* (ed. Laurent), Nr. LIII: Wilhelm von Tocco (126-127).

zwischen dem ersten Pariser Aufenthalt des Thomas (1256-1259) und dem Beginn seiner Tätigkeit als Lektor im Konvent in Orvieto (1261-1265) Anlaß, eine mögliche Rückkehr in seinen Heimatkonvent Neapel während dieser Zeit anzunehmen, sofern man am traditionellen Entstehungsort festhalten will – oder aber die *Collationes* auch anderswo zu lokalisieren. Als *terminus ante quo* ihrer Entstehung wird man jedenfalls das Jahr 1261 anzusetzen haben. In dieses Jahr datiert das früheste Zitat der *Politik* des Aristoteles in der Übersetzung Wilhelm von Moerbekes, das sich in der *Summa contra Gentiles* findet.[85] Und auch in den *Collationes in decem praeceptis* wird die *Politik* zitiert.[86] Somit erscheint es möglich, ihre Entstehung für die Jahre 1261-1268 anzusetzen – freilich auch für das Jahr 1273.

In die Richtung der „traditionellen" Datierung weisen darüber hinaus auch (a) eine Erwähnung der Debatte um die Ewigkeit der Welt, an der Thomas v.a. während der Zeit seines zweiten Pariser Aufenthalts teilnimmt[87], sowie (b) Spuren der *reportatio* vom *Matthäuskommentar* des Thomas, der ebenfalls während der zweiten Pariser Zeit notiert worden ist: Petrus von Andria, der neben dem noch bekannteren Reginald von Piperno (1230-1290) der zweite Sekretär des Thomas war,[88] hatte diese Mitschrift der *Lectura super Matthaeum* angefertigt und sie in seiner „aus dem Gedächtnis geschriebenen"[89] Mitschrift der *Auslegungen zum Dekalog* benutzt.

In ihrer ursprünglichen Gestalt handelt es sich bei den *Collationes in decem praeceptis* also um eine *reportatio,* d.h. um eine Mitschrift, die von Thomas nicht mehr durchgesehen und redigiert worden ist. Obwohl Thomas seine Predigten wohl in der Volkssprache gehalten hat, sind sie von Petrus wahrscheinlich in lateinischer Sprache niedergeschrieben worden. Diese Entstehungsbedingungen erklären auch die Unvollkommenheiten, die der Text in seiner jetzigen Gestalt besitzt:

---

[85] Vgl. Thomas, *S.c.G.* III 22 (n. 2031) und 81 (n. 2569).

[86] Vgl. Thomas, *Coll. in dec. praec.* 7 (n. 1259).

[87] Vgl. *ebd.*, 5 (n. 1218). – Vgl. allerdings bereits Referenzen in Thomas, *Super II Sent.* d. 1,1,5. – Auch die Tatsache, daß Thomas zumal in den ersten Predigten wiederholt Bezug auf das *Vater unser* nimmt (vgl. 3, n. 1187), mag für die Annahme einer Einheit der drei Predigtreihen sprechen.

[88] Auf Petrus geht auch die Reinschrift des *Jeremia-Kommentars* zurück. Nach dem Tod des Thomas blieb er zunächst in San Domenico in Neapel und war ab 1294 Provinzialprior der Provinz du Regne: vgl. dazu A. Dondaine (1956).

[89] J. Weisheipl (1982), 349, der außerdem darauf hinweist, daß sich die Predigtreihe in den ältesten Katalogen des Ptolemäus von Lucca und des Bernhard Gui nicht findet.

> *Der Stil ist eher grob, und man muß seine elliptischen Sätze manchmal mehrfach lesen, um sie richtig zu verstehen. [...]. Der mündliche Ausdruck ist hier sehr unmittelbar und bricht stellenweise in Form von direkten Fragen durch. Stellenweise werden die Argumente kaum skizziert, die Zitate auf ihren einfachsten Ausdruck reduziert, die Verweise angenähert, die Schlußfolgerungen verkürzt. Dies ist wahrscheinlich nicht genug, um die Gesamttreue des übermittelten Textes in Frage zu stellen, aber man muß zugeben, daß der Sekretär seine deutlichen Spuren hinterlassen hat.*[90]

Die Tatsache, daß Petrus selbst offenbar nicht Zeit und Gelegenheit gehabt hat, den Text weiter auszuarbeiten, gilt Torrell gleichwohl als „die beste Garantie, daß wir darin einen Zugang zu dem haben, was der heilige Thomas in seiner Predigt wirklich gesagt hat"[91]. So läßt sich in der „Kraft des Gedankens und seinem evangelischen Ton zweifellos ein Echo der Worte des hl. Thomas"[92] vernehmen. Schließlich haben aber auch spätere Überarbeitungen und nicht zuletzt die Versuche, den Text einem scholastischen Traktat anzugleichen[93], ihm viel von seinem Originalton und dem ursprünglichen Predigtstil genommen.[94]

3. Die biblische Grundlage der *Collationes in decem praeceptis*: Der Dekalog

Die besondere Bedeutung, die den *Collationes in decem praeceptis* zukommt, ergibt sich freilich nicht nur dadurch, daß sie einen Text zur Grundlage haben, der zum festen Bestandteil katechetischer Verkündigung gehört. Vor allem handelt es sich um einen Text, der wie kaum ein anderer für sich in Anspruch nehmen kann, *Wort Gottes im eigentlichen und strikten Sinne* zu sein und der somit in herausragender Weise Bezugspunkt für die thomanische Theologie und Spiritualität des Wortes Gottes wie für seine Tätigkeit als Lehrer und Prediger ist.

---

[90] Vgl. J.-P. Torrell (1982), 18.

[91] *Ebd.*

[92] *Ebd.*

[93] Vgl. etwa die Herausgabe als „Kleiner Katechismus des Heiligen Thomas von Aquin" (ed. Portmann/Kunz, 1882).

[94] Hierzu gehört z.B. eine Konklusionsformel am Ende jeder Predigt, wovon sich in den *Coll. in dec. praec.* einzig in 5 (n. 1236) eine Reminiszenz erhalten hat.

3.1. Der Dekalog im Rahmen des alttestamentlichen Gesetzes

Denn nach dem Zeugnis des Alten Testaments wurden die „Zehn Worte", der sog. „Dekalog" (von „deka logos"; vgl. *Ex* 34,28; *Dtn* 4,13), von Gott selbst auf dem heiligen Berg Sinai dem Volk Israel geoffenbart – im Rahmen einer *Theophanie* mit Donnern und Blitzen, Rauch und schweren Wolken und unter gewaltigem Hörnerschall (vgl. *Ex* 19,16-20; 20,1-18; vgl. *Hebr* 12,18-21), worin er seine *Herrlichkeit* kundmachte:

> *Diese Worte sprach der Herr auf dem Berg zu eurer vollzähligen Versammlung, mitten aus dem Feuer, aus Wolken und Dunkel, unter lautem Donner, diese Worte und sonst nichts. Er schrieb sie auf zwei Steintafeln und übergab sie mir (Dtn 5,22).*[95]

Mit dem Finger Gottes selbst geschrieben (vgl. *Ex* 31,18), müssen die Zehn Worte als *der zentrale und wichtigste Text* der Schriften des Alten Testaments gelten. Sie unterscheiden sich von den anderen von Mose aufgezeichneten Gesetzen: den Geboten (*praecepta moralia*), Kultvorschriften (*ceremonialia*) und Rechtssatzungen (*iudicalia*):

> *Der Herr offenbarte euch seinen Bund, er verpflichtete euch, ihn zu halten: die Zehn Worte. Er schrieb sie auf zwei Steintafeln.*
> *Mir befahl damals der Herr, euch Gesetze und Rechtsvorschriften zu lehren, die ihr in dem Land halten sollt, in das ihr hinüberzieht, um es in Besitz zu nehmen. [...]*
> *Dies sind die Gebote (praecepta), die Kultvorschriften (caeremonia) und die Rechtssatzungen (iudicalia; Dtn 4,13f; 6,1).*[96]

Diese *Zweistufigkeit* der Gesetzesübergabe diente in der Tradition zugleich zur Erklärung der Doppelüberlieferung, in der die Zehn Gebote sowohl in *Exodus* 20,2-17, als auch in *Deuteronomium* 5,6-21 vorliegen: Während der erstgenannte Text, der auch in der heutigen Exegese als der ältere gilt[97], gewissermaßen den

---

[95] Vgl. dazu Thomas, *Super Ad Hebr.* XIII 4 (n. 696-704). – Die Schriftlichkeit des Dekalogs wird für Thomas zum Ausgangspunkt seiner Betrachtungen in *Super III Sent.* d. 37-40. – Zum Motiv des *digitus Dei* und zur Heiligkeit des Dekalogs vgl. Thomas, *Super Ad Rom.* VII 3 (n. 557).

[96] Zu dieser Dreifachunterscheidung vgl. v.a. Thomas, *S.th.* I-II 99,3-4. – Alternative Bezeichnungen der heutigen Exegese sind einerseits „Kultgesetz", „Reinheitstora" oder „Heiligkeitstora", andererseits „Judizialgebote" oder „kasuistisches Recht". – Zur Geschichte der Dreiteilung vgl. O.-H. Pesch (1977), 496-502.

[97] Dabei bietet die *Dtn*-Fassung 13 Erweiterungen gegenüber dem Text aus *Ex*: vgl. F.L. Hossfeld/K. Berger (1991), 400-405.

ursprünglichen „göttlichen Wortlaut" wiedergibt, bietet letzterer seine Überlieferung in den Worten des Vermittlers – ist doch das gesamte Buch *Deuteronomium* als eine rückblickende Predigt des Mose gestaltet (vgl. *Dtn* 1,1-5; 32,45ff).[98] In solchem Sinne heißt es auch bei Thomas:

> *Das göttliche Gesetz ist nämlich dem jüdischen Volke durch einen Mittler übergeben worden, denn dieses Volk war nicht in der Lage, es unmittelbar von Gott zu empfangen. Daher heißt es in Dtn 5,5: „Ich stand dazwischen und war Vermittler zwischen euch und dem Herrn". […] Und daher gibt es zwei Stufen der Gesetzgebung.*
>
> *[1] Die erste Stufe ist die, daß das Gesetz von Gott her an den Mittler gelangt. […]. Daher liest man dort [d.h. im Buch Exodus] häufig: „Es sprach Gott zu Moses".*
>
> *[2] Die zweite Stufe ist, daß das Gesetz durch den Mittler dem Volke verkündet wird. Darauf ist das Buch Deuteronomium bezogen. Das wird dadurch sichtbar, daß es dort zu Beginn heißt: „Es sprach Moses zum Volke Israel".*[99]

Die *herausragende Würde* der Zehn Worte belegt schließlich die besondere Verehrung der beiden Steintafeln (*tabulae lapideae*), auf denen sie niedergeschrieben wurden, der sog. „Bundesurkunde" (*testimonium*; vgl. *Ex* 25,16; 31,18; 32,15; 34,29), sowie ihrer Aufbewahrung und Verehrung in der Bundeslade (*arca foederis*; vgl. *Ex* 25,16; 40,1-3), die später zum Mittelpunkt und „Allerheiligsten" (*sanctissimum*) des Jerusalemer Tempels (vgl. 1 *Kön* 8,9), zum Kristallisationspunkt der Gegenwart Gottes und zum Zentrum des Glaubens Israels wurde.[100]

---

[98] Insgesamt scheint das ganze Buch *Deuteronomium* den Dekalog auslegen zu wollen: vgl. *ebd.*

[99] Thomas, *Princ. bibl.* II (n. 1205). – Vgl. ebenso *S.th.* I-II 100,3 c.: „Die Gebote des Dekalogs unterscheiden sich von den anderen Geboten darin, daß, wie es heißt, Gott selbst die Gebote des Dekalogs dem Volk vorgelegt hat; die anderen Gebote legte er durch Mose dem Volk vor." – Vgl. ferner *Dtn* 5,4: „Auge in Auge hat der Herr auf dem Berg mitten aus dem Feuer mit euch geredet." – Von daher erklärt sich die Rolle, die Mose in der theologischen Tradition als dem größten der Propheten (vgl. *Dtn* 34,10) zugeschrieben wurde, da er es war, der stellvertretend für das Volk Gott von Angesicht zu Angesicht gesehen hatte: vgl. Thomas, *S.th.* II-II 174,4. – Zur Traditionslinie, die von einer Gabe des Gesetzes durch Engel spricht vgl. *ebd.*, I-II 98,3 c., v.a. ad 2.

[100] Zur Beschreibung der Bundeslade vgl. *Ex* 25,10-22; 1 *Kön* 8,9; zum Bau des „Bundeszelts" (*tabernaculum*) als Ort der Begegnung mit Gott während der Wüstenwanderung und Vorläufer des Tempels vgl. *Ex* 25,8ff;.; zum Tempel selbst vgl. 1 *Kön* 5,15-6,38; 1 *Chr* 1,18-5,1 (Erster Tempel); *Esr* 6,3-7 (Zweiter Tempel). – Im *Exodus*-Text gibt es allerdings keinen Anhalt für die

Der Dekalog ist so *Kern und Mitte der alttestamentlichen Gottesoffenbarung.* Seine Bekanntgabe geschieht – den biblischen Berichten gemäß – im Rahmen des *Bundesschlusses*, den Gott mit dem Volk Israel am Sinai vollzogen hat. Innerhalb dieses Bundes erhalten sie ihre volle Bedeutung. Daher ergeht die Offenbarung der Zehn Worte *zwischen* dem Bundesangebot Gottes (vgl. *Ex* 19) und dem Bundesschluß (vgl. *Ex* 24), nachdem sich das Volk verpflichtet hat, „alles zu tun, was der Herr gesagt hatte" (vgl. *Ex* 24,7).[101] Und das erste der Zehn Worte, das daran erinnert, daß Gott sein Volk zuerst geliebt hat,[102] und die folgenden Aufforderungen an den Menschen zum moralischen Handeln stehen in einer inneren Entsprechung, so daß letzteres als Antwort auf das vorangehende Handeln Gottes zu verstehen ist.

Dabei wird man nicht verkennen können, daß der Dekalog als göttliches Offenbarungswort im ganzen weniger den sich offenbarenden Gott als vielmehr den Menschen und sein Tun zum Thema hat. Dies mag für die besondere Adressatenorientierung der göttlichen Rede sprechen. Jedenfalls liegt darin der Grund, weshalb die Zehn Worte ihre besondere Qualität als *Gesetz*, d.h. als eine verpflichtende Handlungsnorm für den Menschen, haben. Als solche bietet sie Thomas die ideale Vorlage, um sie mit seinem praxisgeleiteten, aktualistischen Grundkonzept des Menschseins zu verbinden.

Der Dekalog und der Pentateuch. – Um den Dekalog als Mitte ordnen sich alle weiteren Inhalte, welche die fünf Bücher der Tora, der sog. „Pentateuch" [103], enthalten und die Thomas entsprechend kategorisiert.

– Dies gilt einerseits für die sog. *Zeugnisworte* (*testimonia*), welche die Machtvollkommenheit des gesetzgebenden Gottes anzeigen wollen. Zu ihnen zählt Thomas nicht nur das sog. *Schᵉma Jisrael* („Höre, Israel, der Herr, dein Gott, ist der einzige Gott", *Dtn* 6,4), sondern etwa auch den Anfang des Schöpfungsberichtes („Im Anfang schuf Gott Himmel und Erde", *Gen* 1,1) – wodurch es ihm gelingt, auch die *narrativen Passagen* des Pentateuch in dessen leitende Wahrnehmung als Gesetz zu integrieren.[104]

Verbindung von Bundestafeln und Dekalog.

[101] Zur Notwendigkeit der Gabe eines eigenen Gesetzes zusätzlich zum natürlichen Gesetz, das für Abraham und Noah galt: vgl. *S.th.* I-II 98,6 c.

[102] vgl. *Ex* 20,2; *Dtn* 5,6: „Ich bin der Herr, dein Gott, der dich aus Ägypten geführt hat, aus dem Sklavenhaus."

[103] Die griechische Bezeichnung leitet sich her von *pénte* („fünf"), und *teũchos* („Gefäß") her. Sie stammt von den Krügen, in denen Schriftrollen aufbewahrt wurden und deren Umfang auch die Einteilung in fünf ‚Bücher' bestimmte.

[104] Vgl. Thomas, *S.th.* I-II 99,5 c.

– Von den Zehn Worten her deutet er andererseits die weiteren Sittengebote, die sich in der Tora finden, als *praecepta supperaddita,* die sich systematisch aus den Geboten des Dekalogs entfalten lassen, „und zwar in Form einer gewissen Ergänzung zu diesen“[105].

Der Dekalog und die Kultvorschriften und Rechtssatzungen. – In solchem Sinne sind auch die beiden anderen großen Teile des Gesetzes, die Kultvorschriften (*caeremonialia*) und Rechtssatzungen (*iudicalia*), als positive Entfaltungen in jenen beiden Richtungen zu verstehen, die durch den doppelten Sinn der Zehn Worte vorgegeben sind, die Menschen in rechter Weise (a) auf Gott wie (b) auf die Mitmenschen hinzuordnen:

> *Wie daher [a] durch die Kultvorschriften das allgemeine Gebot des Gottesdienstes genauer bestimmt wird,*
> *[b] so erfährt das allgemeine Gebot der Gerechtigkeit, die unter den Menschen gewahrt werden muß, durch die Rechtssatzungen eine nähere Bestimmung.*[106]

Der Dekalog und die übrigen Schriften des Alten Testaments. – Schließlich kreisen auch alle weiteren Schriften des Alten Testaments um die Tora mit dem Dekalog als ihrer Mitte, indem sie sie interpretieren bzw. auf sie zurück verpflichten, wie die Schriften der Propheten und der Hagiographen:

> *Und demgemäß gliedert sich das Alte Testament in drei Teile […]*
> *[1] Der erste Teil ist enthalten im Gesetz, das sozusagen das vom König selbst erlassene Gebot ist: „Der Herr ist unser König, der Herr ist unser Gesetzgeber“ (Jes 33,22).*

---

[105] Vgl. *ebd.*, I-II 100,11 c. – Zusammen mit diesen bilden die Zehn Gebote die o.g. *praecepta moralia.* – In diesen Zusammenhang gehört ferner die begriffliche Unterscheidung von (a) *Geboten* (*praecepta*), die derart notwendig sind, daß ohne ihre Erfüllung die Ordnung des richtigen Menschseins nicht bestehen kann, und (b) *Weisungen* (*mandata*), die als eine Art von Anleitung und eindringlicher Mahnung nicht im strengen Sinne geboten oder verboten sind, sondern lediglich den Weg zum Besseren zeigen, sowie von (c) „Worten des gerechten Entgelts“ (*iustificationes*), die mit Belohnungen und Strafen die gerechte Vergeltung Gottes ankündigen.

[106] *Ebd.*, I-II 99,4 c.: „[Daher sagt der Apostel]: ‚Das Gebot ist gerecht und heilig und gut‘ (*Röm* 7,12); gerecht, hinsichtlich der Rechtssatzungen; heilig, hinsichtlich der Kultvorschriften [....]; gut und ehrbar, hinsichtlich der Sittengebote“ – Zum Begriff *determinatio*: vgl. unten S. LVII f. – Auf eine kultische Rezitation des Dekalogs weisen etwa *Ps* 50,7 und 81,9-11 hin. Von den Zehn Worten her erklären sich zugleich andere Dekaloge in der Tora, wie z.B. der „kultische Dekalog“ in *Ex* 34,19-27, ferner weitere Reihungen von Rechtssätzen, wie die aus der jüdischen Tradition bekannten 613 Ge- und Verbote.

[2] Der zweite Teil ist enthalten in den Propheten; sie waren gewissermaßen die Boten und Herolde Gottes, die im Namen Gottes zum Volk redeten und es zur Beobachtung des Gesetzes hinführten („Und es sprach Haggai, von den Boten des Herrn", Hag 1,13).

[3] Der dritte Teil ist enthalten in den Hagiographen, die, obwohl sie vom Heiligen Geist inspiriert sind, doch nicht ausdrücklich im Namen des Herrn, sondern sozusagen im eigenen Namen sprechen. Daher heißen die „Hagiographen", sozusagen „Heilige Schreiber" oder „Heiliges Schreibende", von „hagios", das heißt „heilig, und „graphia", das heißt „Schrift". Und daher sind die Gebote, die in diesen Büchern enthalten sind, gewissermaßen väterliche Ermahnungen, wie aus Spr 6,20 hervorgeht: „Mein Sohn, beachte die Gebote deines Vaters".[107]

Der Dekalog und das Evangelium. – Und auch im Hinblick auf das Verhältnis des Alten zum Neuen Testament gilt das Gesetz, d.h. die Zehn Gebote und ihre Entfaltungen in den anderen Teilen der Tora, für Thomas als entscheidende Bezugsgröße, die er im Rückgriff auf das *Johannes-Evangelium* anführt, wenn er im *Principium biblicum* eine umfassende systematische Ordnung der Heiligen Schrift entwirft:

Das Gesetz ist durch Mose gegeben, Gnade und Wahrheit aber sind durch Jesus Christus geworden (Joh 1,18).[108]

3.2. Gestalt und Ordnung des Dekalogs

Verschiedene Zählungen der Zehn Gebote. – Keineswegs einheitlich ist indessen die Zählung der Zehn Worte. Bereits in der Alten Kirche hatten sich verschiedene Traditionen herausgebildet, die bis in die Gegenwart in den einzelnen Religionen und Konfessionen unterschiedlich weiterwirken.[109] Für die westliche Kirche maßgebend war die von Augustinus entwickelte Zählung, die (a) *drei* auf Gott gerichtete und (b) *sieben* auf die Mitmenschen

[107] Thomas, *Princ. bibl.* II (n. 1204) in Anwendung einer Unterscheidung des Hieronymus.

[108] Vgl. *ebd.* II (n. 1203). – Zitiert an zentraler Stelle in *S.th.* I-II 98,1 c. – Vgl. von daher auch die verschiedenen Bezeichnungsweisen, die der Begiff *lex* biblisch umfaßt: *Super Ad Rom.* V 6 (n. 462).

[109] Im Judentum gilt der erste Satz des Dekalogs nicht als eine Glaubensaussage, sondern als erstes Gebot, an Gottes Existenz zu glauben; daher die abweichende Zählung. Die orthodoxe und reformierte Tradition begreift Fremdgötter- und Bilderverbot als getrennte Gebote. Jüdische und orthodoxe/ reformierte Tradition differenzieren nicht mehr beim Gebot des Begehrens, so erreichen auch sie die Zehnzahl.

bezogene Gebote unterschied und sie demgemäß den beiden Tafeln der Bundesurkunde zuordnete:[110]

Ich bin der Herr, dein Gott, der dich herausgeführt hat aus Ägypten, aus dem Sklavenhaus [= sog. „Präambel"].

[Erste Tafel:]

[1] Du sollst keine fremden Götter neben mir haben [= Fremdgötterverbot].

Du sollst dir kein Kultbild machen und keine Gestalt von irgendetwas am Himmel droben, auf der Erde unten oder im Wasser unter der Erde [= Bilderverbot].

Du sollst dich nicht vor ihnen niederwerfen und ihnen nicht dienen. Denn ich bin der Herr, dein Gott, ein eifersüchtiger Gott: Ich suche die Schuld der Väter an den Kindern heim, an der dritten und vierten Generation, bei denen, die mich hassen; doch ich erweise Tausenden meine Huld bei denen, die mich lieben und meine Gebote bewahren.

[2] Du sollst den Namen des Herrn, deines Gottes, nicht mißbrauchen; denn der Herr läßt den nicht ungestraft, der seinen Namen mißbraucht [= Namensmißbrauchsverbot].

[3] Gedenke des Sabbats: Halte ihn heilig! Sechs Tage darfst du schaffen und all deine Arbeit tun. Der siebte Tag ist ein Ruhetag, dem Herrn, deinem Gott, geweiht. An ihm darfst du keine Arbeit tun: du und dein Sohn und deine Tochter, dein Sklave und deine Sklavin und dein Vieh und dein Fremder in deinen Toren. Denn in sechs Tagen hat der Herr Himmel, Erde und Meer gemacht und alles, was dazugehört; am siebten Tag ruhte er. Darum hat der Herr den Sabbat gesegnet und ihn geheiligt [= Sabbatgebot].

[Zweite Tafel:]

[4] Ehre deinen Vater und deine Mutter, damit du lange lebst in dem Land, das der Herr, dein Gott, dir gibt! [= Elterngebot].

[5] Du sollst nicht töten [= Tötungsverbot].

[6] Du sollst nicht die Ehe brechen [= Ehebruchverbot].

[7] Du sollst nicht stehlen [= Diebstahlverbot].

[8] Du sollst nicht falsch gegen deinen Nächsten aussagen [= Falschzeugnisverbot].

[9] Du sollst nicht das Haus deines Nächsten begehren [= Begehrensverbot im Hinblick auf Besitz].

[110] Vgl. Augustinus, *Quaestiones in Heptateuchum* II 71 (CSEL 28.2, 135,24-136,1); *Sermo* 33,2 (CCL 41,414,40-44): „Wie die Liebe zwei Gebote umfaßt, auf die der Herr das ganze Gesetz und die Propheten bezieht […], so sind die zehn Gebote auf zwei Tafeln verteilt. Drei waren auf die eine Tafel und sieben auf die andere geschrieben."

> *[10] Du sollst nicht die Frau deines Nächsten begehren [= Begehrensverbot im Hinblick auf die Frau] (Ex 20,2-17).*

Thomas rechtfertigt die augustinische Gliederung in verschiedenen Richtungen:

(a) So hatte alternativ dazu eine Tradition, die auf Hesychius († ca. 450) zurückgeht und an die sich Hieronymus (347-420) angeschlossen hatte,[111] zwischen *vier* auf Gott und *sechs* auf die Mitmenschen gerichteten Geboten unterschieden. Dabei wurden die sog. *„Präambel"*, die den Glauben an den einen Gott zum Ausdruck brachte, und das *Fremdgötterverbot* als zwei Gebote gezählt. Thomas hingegen erklärt beide Anweisungen als zwei Seiten derselben Medaille, die den gleichen Sinn haben und daher unter dasselbe Gebot fallen.[112] Zudem unterstreicht er, daß *der Glaube an den einen Gott* nicht eigens geboten werden müsse und von den Geboten des Dekalogs *bereits vorausgesetzt* würde, so daß es in erster Linie darauf ankomme, die Verehrung Gottes zu regeln, wie es an erster Stelle im Fremdgötterverbot zum Ausdruck komme.[113] – Gegen einen Ausschluß des *Sabbatgebotes* aus dem Dekalog, der um der Zehnzahl willen mit dieser Zählung notwendig verbunden ist, verweist er außerdem auf den ausdrücklichen Wortsinn des Bibeltextes.[114]

(b) Anders als Origenes (195-253/4), der ebenfalls *vier* auf Gott gerichtete Gebote unterscheidet und dabei das *Bilderverbot* als eigenes Gebot zählte,[115] interpretiert Thomas den Sinn dieser Weisung dahingehend, daß sie nur solche Bilder beträfe, die man als Götter verehren wolle. Schließlich habe Gott in *Ex* 25,18ff die Aufstellung von Bildern von Seraphim im Bundeszelt ausdrücklich angeordnet. Damit aber fällt das Bilderverbot wiederum mit dem Fremdgötterverbot zusammen.

(c) Ausdrücklich rechtfertigt er hingegen die Unterscheidung eines *doppelten Begehrungsverbotes* nach Augustinus, das einerseits die Habe des anderen, andererseits seine Frau zum Gegenstand hat. Er begründet dies mit Aristoteles: „Es unterscheiden sich nämlich die Begierden nach der Verschiedenheit der Tätigkeiten und der begehrten Gegenstände."[116] Darüber hinaus mag in dieser Akzentuierung der Sinn für die besondere Qualität des

---

[111] Vgl. Hesychius, *Commentarius in Leviticum* VII ad 26,26 (PG 93,1150C); Hieronymus, *Commentariorum in Osee* III ad 10,10 (PL 25,908C).

[112] Vgl. Thomas, *S.th.* I-II 100,4 c.; ferner ad 2.

[113] vgl. *ebd.*, I-II 100,4 ad 1.

[114] Vgl. *ebd.*, I-II 100,4 c.

[115] Vgl. Origenes, *Homiliae in Exodum* 8 (PG 12,351C).

[116] Vgl. Thomas, *S.th.* I-II 100,4 ad 3 mit Hinweis auf Aristoteles, *Eth. Nic.* X 5 (1175b28).

göttlichen Gesetzes zum Tragen kommen, das im Unterschied zum menschlichen Gesetz nicht nur die äußeren Taten im Blick hat, sondern auch die innere Motivation. Hiervon wird weiter unten noch ausführlicher die Rede sein.[117]

Erweiterungen zu einzelnen Geboten. – Über die eigentlichen Weisungen hinaus enthalten einzelne Gebote zusätzliche Aussagen, die sie begründen oder mit Konsequenzen (Verheißungen oder Strafen) versehen, wie das Fremdgötterverbot, das Sabbatgebot oder das Elterngebot. Auch sie lassen sich nach Thomas als sinnvoll verständlich machen.

– So wurde das *Sabbatgebot* gegeben zur Erinnerung an vergangenen *Wohltaten* Gottes, die eigens erwähnt werden.[118]

– Und *Belohnung* und *Strafe* werden im *Fremdgötterverbot* und im *Elterngebot* zusätzlich genannt, um eine scheinbare Nutzlosigkeit der Weisung auszuschließen[119] bzw. einen schlechten Nutzen zu verhindern.[120] Auch ist die Androhung von Strafen, so Thomas, gerade in jenen Geboten formuliert, die es mit einem besonderen Hang zum Bösen zu tun haben, wie der Neigung zum Götzendienst oder zum Meineid, um die es in den ersten beiden Geboten geht.[121]

(Positive) Gebote und (negative) Verbote. – Auch wenn der Dekalog gemeinhin mit dem Namen „Zehn Gebote" bezeichnet wird, so finden sich darin doch im engeren Sinne ihrer Formulierung nach nur zwei Gebote, d.h. Weisungen, die *tatfordernd* sind und *positiv* zu einem bestimmten Verhalten verpflichten wollen (*praecepta affirmativa*), während es sich bei den übrigen acht um *Verbote* handelt, die *negativ* eine bestimmte Verhaltensweise *ausschließen* (*praecepta negativa*). Thomas begründet diese Tatsache mit dem Hinweis auf die größere *Allgemeinheit*, die den *praecepta negativa* eigen ist:

> *Die Verneinung erstreckt sich nämlich auf mehr als die Bejahung. Und daher kommt es, daß auch die Forderung, kein Unrecht zu tun, die unter die negativen Gebote fällt, sich [...] auf*

[117] Vgl. unten S. XCV.

[118] Vgl. Thomas, *S.th.* I-II 100,7 ad 4. – In *Ex* 20,8-11 wird das Sabbatgebot mit der Schöpfung, in *Dtn* 5,11f mit der Heilsgeschichte begründet.

[119] Vgl. *ebd.* I-II 100,7 ad 3: „Weil die Eltern die Höhe des Lebens überschritten haben, erwartet man von ihnen keinen Nutzen."

[120] Vgl. *ebd.*: „Denn in ihm [dem Fremdgötterverbot] schien jener Nutzen unterbunden, den die Menschen durch einen Vertrag mit den Dämonen zu erreichen glauben."

[121] Vgl. *ebd.*, I-II 100,7 ad 4.

mehr Personen erstreckt als die Verpflichtung, jemandem Dienst oder Gutes zu leisten.[122]

Positiv Wohltaten und Dienstleistungen zu schulden und zurückzuerstatten, ist dagegen nur dort zu fordern, wo der Mensch solche Wohltaten empfangen hat:

Zwei Wohltäter sind es nun, deren Gaben niemand genügen kann, nämlich Gott und der eigene Vater, wie es im 8. Buch der Nikomachischen Ethik heißt. Und deshalb werden nur zwei positive Gebote aufgestellt: das eine, die Eltern zu ehren; das andere, zum Gedächtnis der göttlichen Wohltat den Sabbat zu heiligen.[123]

3.3. Die Zehn Gebote im Christentum

Die bleibende Gültigkeit, die dem Dekalog auch für den christlichen Glauben zukommt, ist durch die Verkündigung Jesu belegt, der es um die Erfüllung des Gesetzes, nicht um seine Aufhebung oder Ersetzung geht.[124] So heißt es in der Bergpredigt:

Denkt nicht, ich sei gekommen, um das Gesetz [...] aufzuheben. Ich bin nicht gekommen, um aufzuheben, sondern um zu erfüllen. Amen, das sage ich euch: Bis Himmel und Erde vergehen, wird auch nicht das kleinste Jota des Gesetzes vergehen, bevor nicht alles geschehen ist (Mt 5,17f).

Die *Erfüllung* des Gesetzes, von der Jesus hier spricht, läßt sich dabei, so Thomas, umfassend verstehen und gemäß den verschiedenen o.g. Gesetzesarten der Tora differenzieren. Demnach finden die Kultvorschriften und die Rechtsvorschriften ihre Erfüllung dadurch, daß sie in Christus an ihr Ziel und Ende kommen.[125] Der *Unvergänglichkeitscharakter* dagegen bezieht sich ausdrücklich und exklusiv auf den Dekalog.[126]

---

[122] *Ebd.*, I-II 100,7 ad 1. – Vgl. ferner *Super Ad Rom.* XIII 2 (n. 1052). – Daher wird das Verbot durch Übertretung (*transgressio*) verletzt, das Gebot durch Unterlassung (*omissio*): vgl. *ebd.* I 8 (n. 157).

[123] *Thomas, S.th.* I-II 100,7 ad 1; Aristoteles, *Eth. Nic.* VIII 14 (1163b15).

[124] An verschiedenen Stellen des Neuen Testaments werden so einzelne oder mehrere Gebote des Dekalogs angeführt: vgl. *Mt* 5,21.27 (V,VI); *Mt* 15,4a/ *Mk* 7,10a (IV); *Mk* 10,19 par. (V -X, IV); *Lk* 13,14 (III?); *Röm* 2,21f (VII, VI); *Röm* 7,7 (X); *Röm* 13,9 (VI,V,VII,X); *Eph* 6,2-3 (IV); *Jak* 2,11 (VI,V).

[125] Vgl. Thomas, *Super Matth.* V 6 (n. 467). – Dazu unten S. XLIX f. – Vgl. ferner *Röm* 10,4: „Christus ist das Ende des Gesetzes", und die entsprechende Deutung durch Thomas, *Super Ad Rom.* X 1 (n. 819).

[126] Vgl. Thomas, *Super Matth.* V 6 (n. 470).

Eine *Verschärfung* und *Zuspitzung* der Gebote auf ihren wesentlichen Kern und ihre eigentliche Bedeutung enthält die Bergpredigt, die Thomas mit Augustinus als das „vollkommene Grundgesetz des christlichen Lebens“[127] bezeichnet, darüber hinaus in den sog. „Antithesen“

> *Ihr habt gehört, daß zu den Alten gesagt worden ist: Du sollst nicht töten; wer aber jemanden tötet, soll dem Gericht verfallen sein. – Ich aber sage euch: Jeder, der seinem Bruder auch nur zürnt, soll dem Gericht verfallen sein […]*
>
> *Ihr habt gehört, daß gesagt worden ist: Du sollst nicht die Ehe brechen. Ich aber sage euch: Wer eine Frau auch nur lüstern ansieht, hat in seinem Herzen schon Ehebruch mit ihr begangen."* (Mt 5,21f.27f)

Im Zuge dieser Zuspitzung, die bereits in den letzten Geboten des Dekalogs angelegt ist und in der es über das äußere Befolgen des Gesetzes um eine Verinnerlichung seiner Intention und insofern um ein Übermaß an Gerechtigkeit geht,[128] bindet Jesus den Dekalog an das Doppelgebot der *Gottesliebe* (vgl. *Dtn* 6,4f) und der *Nächstenliebe* (*Lev* 19,18) zurück (vgl. *Mt* 22,34-40).[129] Es wird von daher für die christliche Auslegungstradition zur zentralen Erschließungsgrundlage und steht auch am Ausgangspunkt der *Collationes in decem praeceptis* des Thomas.[130]

Daß die Zehn Gebote eine bleibende Gültigkeit für das christliche Leben behalten, unterstreicht nicht zuletzt die Antwort Jesu an den reichen Jüngling, der ihm mit der Frage: „Was muß ich tun, um das ewige Leben zu gewinnen?“ nachfolgen möchte (vgl. *Mt* 19,16-21). Diese Begebenheit ist nicht nur deswegen von Interesse, weil sie offenbar auch biographisch für die Berufung des Thomas und für das Verständnis seiner eigenen Nachfolge eine wichtige Bedeutung hatte,[131] sondern weil sie überdies dazu Anlaß gibt, den Unterschied zwischen den alle

---

[127] Augustinus, *De sermone Domini in monte* I 1,1 (CCL 35,1,1f.).

[128] Vgl. Thomas, *Super Matth.* V 7 (n. 475). – Vgl. *Mt* 5,20.46f: „Wenn eure Gerechtigkeit nicht weit größer ist, als die der Schriftgelehrten und Pharisäer …“

[129] Vgl. *Mt* 22,40: „An diesen beiden Geboten hängt das ganze Gesetz samt den Propheten.“ – Dazu Thomas, *Super Matth.* XXII 4 (n. 1812-1820). – Vgl. ferner *Röm* 13,9f: „[D]ie Gebote: Du sollst nicht die Ehe brechen, du sollst nicht töten, du sollst nicht stehlen, du sollst nicht begehren!, und alle anderen Gebote sind in dem einen Satz zusammengefaßt: Du sollst deinen Nächsten lieben wie dich selbst. […] Also ist die Liebe die Erfüllung des Gesetzes.“

[130] Vgl. unten S. LXIX-LXXVIII.

[131] Vgl. U. Horst (2017), 48.

Menschen verpflichtenden *Geboten* und den *(evangelischen) Räten* (*consilia*) herauszustellen, die der besonderen Christus-Nachfolge anempfohlen sind:

> *Es gibt nämlich einen zweifachen Weg:*
> *[1] Der eine genügt zum Heil, und dies ist die Liebe zu Gott und zum Nächsten ohne drückende Last [durch das Halten der Gebote].*
> *[2] Der andere ist der Weg der Vollkommenheit. [...] Er besteht in der Vollkommenheit der Liebe. [...] Daher ist die Gottesliebe die Vollkommenheit, das Zurücklassen der Dinge aber der Weg zur Vollkommenheit [...] Derjenige ist daher vollkommen in der Liebe, der Gott liebt bis zur Verachtung seiner und der Seinen. [...] Daher gibt es nichts, was den Geist so frei macht, wie daß er nicht mit Reichtümern belastet ist. Und dies ist der Weg der Vollkommenheit.*[132]

Die evangelischen Räte werden von daher auch zum Angel- und Zielpunkt der thomanischen Lehre vom *Neuen Gesetz*:[133]

– Dieses formuliert einerseits mit seinen *Geboten*, etwa den Weisungen der Bergpredigt, die die Gebote des Dekalogs bestätigen und verstärken, das zur Erlangung der Glückseligkeit absolut Notwendige.

– Darüber hinaus stellt es andererseits die Beseitigung der Hindernisse auf dem Weg dorthin ganz der Freiheit in der Befolgung des *Rates* anheim. Entsprechend erfolgt die Begründung der Räte in ihrer inneren Zusammengehörigkeit: Hinderlich auf dem Weg zur Glückseligkeit sind materielle Güter, Triebansprüche und Ehrsucht, wie sich v.a. mit 1 *Joh* 2,16 belegen läßt.[134]

> *Diese drei aber vollkommen hinter sich zu lassen, soweit es möglich ist, gehört zu den evangelischen Räten. Auf sie ist auch jeder Religiosenstand gegründet, der den Stand der Vollkommenheit beansprucht, denn*

---

[132] Thomas, *Super Matth.* XIX (n. 1587 und 1593). – Zur Unterscheidung von Geboten und Räten vgl. auch 1 *Kor* 7,25.

[133] Vgl. Thomas, *S.th.* I-II 108,4 c.: Gebote und Verbote können immer nur eine Handlungsrichtung abstecken, aber sie können nie konkret zur Erkenntnis dessen verhelfen, was im Einzelfall bzw. im Hinblick auf die Lebensform als ganze zu wählen ist. Daher ist die *lex nova* Gesetz der Freiheit.

[134] Vgl. *ebd.*: „Die Güter dieser Welt aber, die zum Gebrauch des menschlichen Lebens gehören, bestehen in einem Dreifachen, nämlich [1] im Reichtum an äußeren Gütern, die zur Begierde der Augen gehören; [2] in den Genüssen des Fleisches, die zur Begierde des Fleisches gehören; [3] und in Ehren, die zum Hochmut des Lebens gehören, wie aus 1 *Joh* 2,16 hervorgeht."

[1] der Reichtum wird verworfen durch die Armut;
[2] die Genüsse des Fleisches durch beständige Keuschheit;
[3] der Hochmut des Lebens durch den Dienst des Gehorsams.[135]

Mit der Ableitung der drei evangelischen Räte aber klingen zugleich die Thematik des „Mendikantenstreits" und die Rechtfertigung der Bettelorden an,[136] und es zeigt sich die Hinordnung, in der die Gesetzesthematik auf die Lehre von den *Lebensformen* und *Ständen* steht. In ihr findet schließlich auch die Tugendlehre der *Summa theologiae* ihren Endpunkt.[137]

4. Der Dekalog und das Verständnis des Gesetzes (*lex*) bei Thomas von Aquin

Es ist auch die *Summa theologiae*, an der sich das thomanische Verständnis des Gesetzes und seine Deutung des Dekalogs in ihrer endgültigen Gestalt ablesen lassen. Die Ausführungen der *Summa* markieren nicht nur den Abschluß einer gedanklichen Entwicklung, die sich durch das Gesamtwerk zieht (Abschnitt 4.1), sie machen überdies auch in paradigmatischer Gestalt die Einordnung der Gesetzesthematik in das eudaimonistische Gesamtkonzept von Ethik und Theologie sichtbar (Abschnitt 4.2) – wobei Thomas insbesondere dem Verhältnis des Dekalogs zu den Geboten des natürlichen Gesetzes sein Augenmerk widmet (Abschnitt 4.3). In diesem Rahmen können schließlich der Dekalog und das Alte Gesetz als eigentlicher Kern der thomanischen Lehre vom Gesetz hervortreten, in dem sich zugleich seine Sicht der Heilsgeschichte kristallisiert (Abschnitt 4.4). Als solche umreißt die Theologie des Gesetzes, wie sie im *lex*-Traktat der *Summa* entfaltet wird, auch den Hintergrund der Ausführungen der *Collationes in decem praeceptis*.

4.1. Stationen der Entwicklung

(1) Die herausragende Bedeutung, die dem Begriff des „Gesetzes" im Denken des Thomas von Aquin zukommt, zeigt sich bereits im schon genannten *Principium biblicum*. Sie zieht sich von hier aus leitmotivisch durch sein Werk.[138] Thomas stellt in

[135] *Ebd.*
[136] Vgl. H.-G. Nissing (2022), 198f.
[137] Vgl. dazu H.-G. Nissing (2006), 693-701.
[138] Zur Entwicklung vgl. v.a. U. Kühn (1965), der die fundamentale Bedeutung des *Principium biblicum* allerdings unberücksichtigt läßt.

seiner Antrittsvorlesung *die Heilige Schrift als ganze* unter dem leitenden Gesichtspunkt des Gesetzes vor. Als biblisches Motto, das ihm als für seine Gliederung der Bibel (*partitio Sacrae Scripturae*) dient, wählt er ein Zitat aus dem Buch *Baruch*:

> *Dies ist das Buch der Weisungen Gottes (liber mandatorum Dei), und das Gesetz (lex), das in Ewigkeit gilt; alle, die es annehmen, werden zum Leben gelangen (Bar 4,1).*[139]

Auf dieser Grundlage beschreibt er Sinn und Bedeutung der Heiligen Schrift vor allem damit, den Menschen „zum Leben zu führen" – womit das Leben der Gnade, das Leben der Gerechtigkeit und das Leben der Herrlichkeit gemeint ist.[140] Das Wort Gottes erscheint mithin unter dem vorrangigen Gesichtspunkt der *göttlichen Führung des Menschen zu seiner ewigen Vollendung und Glückseligkeit*. Diese Führung kann dabei in verschiedenen Modifikationen erfolgen: vorschreibend oder helfend, zwingend verpflichtend oder ermahnend etc.[141]

Die besondere *Autorität* des göttlichen Wortes kommt darin zum Ausdruck, daß es *per modum praecepti* vorgelegt wird und damit eine eigentümliche *Notwendigkeit* auferlegt.[142] Als „Gesetz, das in Ewigkeit gilt", enthält es überdies eine unwandelbare *Wahrheit*, die auf die Macht, Wahrheit und Unwandelbarkeit ihres Gesetzgebers zurückweist.[143] In dieser Gestalt erscheint *die Bibel als ganze* rückbezogen auf einen anthropologischen Ausgangspunkt und dem eingangs beschriebenen Dynamismus des Menschseins zugeordnet.

(2) In ähnlicher Weise hatte Thomas bereits in seinem kurz zuvor entstandenen *Kommentar zu den Sentenzen des Petrus Lombardus* (1252-1254) – dem kanonischen Lehrbuch der Theologie, das jeder angehende Magister auszulegen hatte – das göttliche Gesetz und seine Gebote in den Zusammenhang der Tugenden und Gaben des Heiligen Geistes gestellt und als Faktoren bedacht, die den Menschen zum guten Handeln anleiten – wobei ihm der Dekalog als der Inbegriff des Gesetzes galt.[144]

---

[139] Thomas, *Princ. bibl.* II (n. 1199).

[140] *Ebd.* (n. 1201). – Zur Verheißung des Lebens, die mit der Offenbarung des Dekalogs verbunden ist, vgl. *Dtn* 30,16.

[141] Vgl. *ebd.* (n. 1203f.).

[142] *Ebd.* (n. 1200).

[143] *Ebd.* (n. 1201).

[144] Vgl. Thomas, *Super III Sent.* d. 37,1,3 zur möglichen Rückführung aller Gesetzesvorschriften auf die Zehn Gebote.

Seine *Verschriftlichung* auf steinernen Tafeln deutet er gleich zu Beginn als Ausdruck seiner notwendigen Geltung und Durchsetzbarkeit wie seiner Unwandelbarkeit.[145] Darüber hinaus sind die thomanischen Ausführungen deutlich von einem *pädagogischen Grundduktus* bestimmt, der nachzuweisen versucht, daß es die leitende Intention des göttlichen Gesetzgebers war, die Menschen zu den Tugenden zu führen auf einem Weg, der vom Leichteren zum Schwierigeren, vom Äußeren zum Inneren, von den Taten zu den Haltungen führt[146] und dessen Ziel letztlich die Gemeinschaft mit Gott ist.[147] Die einzelnen Gebote des Dekalogs beschreiben dasjenige, was auf dem geistlichen Weg (*vita spiritualis*), der dabei beschritten wird, als erstes und vorrangig zu tun oder zu meiden ist.[148]

(3) In dieselbe Richtung einer Hinordnung des Gesetzes auf die Vollendung und Glückseligkeit des Menschen deutet auch die Herleitung des Gesetzesbegriffs, die Thomas in der *Summa contra Gentiles* (1259-1265) entwickelt.[149] Bei ihr handelt es sich zugleich um die wohl eindrücklichste und instruktivste Begründung von Existenz und Notwendigkeit des Gesetzes (*lex*) im thomanischen Gesamtwerk. Thomas beschreibt das Gesetz dort als jene *besondere Weise*, in der Gott seine vernunftbegabten Geschöpfe *leitet*. Eine Schlüsselfunktion kommt in diesem Zusammenhang dem Verständnis der *Person* zu, die durch eine eigentümliche Herrschaft über ihre Akte gekennzeichnet ist und daher eine besondere Würde besitzt:

> *Denn die geistigen oder vernünftigen Wesen [...] überragen die anderen Geschöpfe [1] sowohl in der Vollkommenheit ihrer Natur, [2] als auch in der Würde ihres Zieles.*
>
> *[1] In der Vollkommenheit der Natur nämlich, weil nur das vernünftige Geschöpf eine Herrschaft über seine Akte (dominium sui actus) besitzt und sich frei zur Tätigkeit hin bewegt; die übrigen Geschöpfe werden eher zu ihren eigentümlichen Tätigkeiten gebracht, als daß sie sich selbst dazu bringen [...].*
>
> *[2] In der Würde des Ziels aber [überragen sie die anderen Geschöpfe], weil allein das geistige Geschöpf durch seine Tätigkeit zu jenem letzten Ziel des Universums gelangt, nämlich*

[145] Vgl. Thomas, *Super III Sent.* 37,1,1 c. + ad 2.

[146] Vgl. *ebd.*, d. 37,1,2,1 c. + ad 2. – Allerdings läßt sich keine unmittelbare Entsprechung von Tugenden und Geboten im einzelnen feststellen, sondern nur im allgemeinen: vgl. ad 6.

[147] Vgl. *ebd.*, d. 37.1,2,2 c. – Daher ist auch in der Nächstenliebe die Gottesliebe als das erste Ziel eines jeden Gebotes eingeschlossen: vgl. *ebd.* ad 2.

[148] Vgl. *ebd.*, d. 37,1,2,3 c.

[149] Vgl. Thomas, *S.c.G.* III 111-118.

> *Gott zu erkennen und zu lieben; dagegen können die anderen Geschöpfe zum letzten Ziel nur durch eine gewisse Teilhabe an der Ähnlichkeit mit ihm gelangen. [...]*
>
> *Das vernünftige Geschöpf unterliegt [daher] der göttlichen Vorsehung in der Weise, daß es nicht nur von ihr gelenkt wird, sondern auch die Vernunft der Vorsehung gleichsam erkennen kann: daher kommt es ihm auch zu, anderen Wesen Vorsehung und Lenkung zu gewähren [...]. Das vernünftige Geschöpf hat also an der göttlichen Vorsehung nicht nur hinsichtlich des Gelenktwerdens teil, sondern auch hinsichtlich des Lenkens, denn es lenkt sich (selbst) in seinen eigenen Tätigkeiten und auch andere Dinge. [...] Folglich muß den Menschen [über die allgemeine Vorsehung hinaus] [...] etwas gegeben werden, wodurch sie in ihren personalen Akten (actus personales) gelenkt werden. Und dies nennen wir das Gesetz.*[150]

Das heißt mit der Gabe des Gesetzes trägt Gott bei seinem vorsehenden Wirken der *Freiheit* und *Eigenständigkeit* des vernunftbegabten Geschöpfes Rechnung, und mittels des Gesetzes hat der Mensch teil an der göttlichen Vorsehung und wirkt mit ihr mit.[151] Das Gesetz ist folglich gegeben nicht mit Blick auf die Schwäche und Unselbständigkeit des Menschen, sondern mit Blick auf seine *Größe* und *Würde*![152] Es kann dabei verschiedene Gestalten haben und ein inneres Wissen um die Prinzipien des Guten und des Bösen als Teilhabe am ewigen Plan der göttlichen Vorsehung ebenso umfassen wie die positiven Ausformulierungen des Rechts.[153]

---

[150] *Ebd.*, III 111-114 (n. 2855, 2873 und 2876). Im Kontext finden sich ausführliche Erörterungen zur Individualität der Person und ihrer Akte, v.a. III 113 (n. 2874). – Zur Definition des Gesetzes vgl. entsprechend III 114 (n. 2877f.): „Weil das Gesetz nichts anderes ist als eine gewisse Begründung und Richtschnur des Tätigseins (*quaedam ratio et regula operandi*), kommt es allein denjenigen zu, ein Gesetz zu erhalten, die den Grund ihrer Tätigkeit kennen. Dies aber kommt allein dem vernünftigen Geschöpf zu. Allein dem vernünftigen Geschöpf war es also angemessen, ein Gesetz zu erhalten." – Anders und pessimistischer hatte Thomas noch in *Super III Sent.* d. 37,1, c. u.ö. in Aufnahme der Sicht seines Lehrers Albert die Existenz des Gesetzes begründet mit der Verdunkelung der natürlichen Vernunft. – Zum Fortleben dieses Topos in der *S.th.* vgl. unten S. LIX.

[151] Vgl. hierzu nicht zuletzt den etymologischen Zusammenhang von *providentia* und *prudentia*, den Thomas herstellt: vgl. *Q. de ver.* 5,1 c.; 5,3 c.; *S.th.* I 22,1 c. – Zum Ganzen vgl. J.-P. Torrell (2002).

[152] Vgl. parallel dazu in einem kurzen Kapitel in *Comp. theol.* I 143 (Z. 14): „Ein Gebot zu erhalten, kommt nur dem zu, der Herr seiner Akte ist."

[153] Vgl. Thomas, *S.c.G.* III 114 und 115 (n. 2881-2887).

Leitendes Paradigma für die Exposition des Gesetzesbegriffs in der *Summa contra Gentiles* ist dabei das *göttliche Gesetz*, die *lex divina*, die „den Menschen vorrangig auf Gott hinordnet"[154] und deren erstes Ziel die *Gottesliebe* ist.[155] Aus dieser umfassenden Zielrichtung leiten sich alle weiteren Ziele und Gesetze ab – zuerst die Nächstenliebe, so daß das Doppelgebot der Gottes- und Nächstenliebe als Sinnspitze des göttlichen Gesetzes gelten kann.[156] Die *lex divina* enthält daher vor allem eine Verpflichtung zum rechten Glauben, denn im Glauben wird dem Menschen sein Ziel zugänglich.[157] Und in innerer Konsequenz dazu schließen sich im weiteren Duktus Erörterungen zu den Gesetzen der Gottesverehrung (*ceremonialia*) an.[158]

Mit Blick auf ihre drei zentralen Gesichtspunkte – (a) die providentielle Funktion des Gesetzes, (b) seinen göttlichen Charakter und (c) sein Ziel der Ausrichtung des Menschen auf Gott – hat man die Gesetzeslehre der *Summa contra Gentiles* als „den Schlüssel und Zielpunkt der thomanischen Lehre vom Gesetz"[159] bezeichnet, schließlich werde das Gesetz hierdurch zu einem intrinsischen Prinzip menschlichen Handelns und sei nicht mehr nur extrinsische Norm.[160] Zweifellos läßt sich an den Überlegungen der *Summa contra Gentiles* vielleicht am deutlichsten ablesen, worum es Thomas in seiner Deutung des Gesetzesbegriffs in erster Linie geht und in welche Richtung seine Interpretationen zielen. Hierzu gehört über die soeben genannten Elemente hinaus etwa auch (d) die Hinordnung des Gesetzes auf die Tugenden und (e) die Schlüsselbedeutung, die dem Glauben für den Zugang zu den Geboten zukommt. Doch wird man die Skizzenhaftigkeit und Fragmenthaftigkeit der Überlegungen nicht verkennen können, die nicht nur in diesem Zusammenhang für den Duktus der kleineren der beiden Summen des Thomas kennzeichnend sind.

(4) Ihre demgegenüber „klassische" Ausprägung findet die thomanische Lehre vom Gesetz vielmehr erst im *lex*-Traktat der *Summa theologiae* (1268-1273). Der *lex*-Traktat „zählt zu den prominentsten und wirkmächtigsten Lehrstücken des Thomas von

[154] Vgl. *ebd.*, III 115 (n. 2883).

[155] Vgl. *ebd.*, III 116 (n. 2888).

[156] Vgl. *ebd.*, III 116-117 (n. 2888-2900). – Eine systematische Ableitung des Dekalogs aus den Geboten der Gottesliebe und der Nächstenliebe erfolgt dabei getrennt in III 120 (n. 2941) und III 128 (n. 3006).

[157] Vgl. *ebd.*, III 118 (n. 2902).

[158] Vgl. *ebd.*, III 119ff.

[159] R. Brague (2005), 372-382.

[160] Vgl. hierzu auch unten S. LX ff.

Aquin"[161] und hat in der Thomas-Interpretation der vergangenen Jahrzehnte verstärkt Aufmerksamkeit gefunden als Bezugspunkt der Auseinandersetzung um Grundlagen und Methodik einer christlichen Ethik, um Fragen der Statuierung und Begründung sittlicher Normen und der sittlichen Autonomie des Menschen.[162] Nicht zu Unrecht ist allerdings bereits vor mehreren Jahrzehnten angemerkt worden, die Konzentration des Interesses auf den *lex*-Traktat und die Gesetzesproblematik vermittle den Eindruck, die thomanische Ethik sei ganz und gar vom *lex*-Begriff und der Konzeption des Neuen Gesetzes her aufgebaut.[163] Die daher unternommene Rehabilitierung der thomanischen Tugendethik, wie sie etwa durch Eberhard Schokkenhoff angeregt wurde, hätte dabei freilich nicht allein auf ein entsprechendes Interesse im französischen Raum in den 1930er bis 50er Jahren hinweisen können,[164] sondern auch auf jene Wiederbelebung des Themas, wie sie im deutschen Sprachraum bereits seit den 1930er Jahren durch Josef Pieper erfolgt ist.[165]

In paradigmatischer Weise wird das Gesetz in der *Summa theologiae* dem Gesamtaufbau der Ethik als Eudaimonismus oder Tugendethik zugeordnet, wie sie eingangs bereits skizziert wurde: Geht es unter der Maßgabe der Glückseligkeit als *Ziel* um die Untersuchung des menschlichen Handelns als *Weg* dorthin,[166] so führt diese Untersuchung – ganz im Sinne der aristotelischen Wissenschaftstheorie – vom *Gegenstand* (*subiectum*), dem menschlichen Akt, zu dessen *Prinzipien*, die sich in innere und äußere unterscheiden lassen: (1) Innere Prinzipien sind die Ver-

---

[161] A. Speer (2014), 355. – Dies hat nicht zuletzt seinen Grund darin, daß der *lex*-Traktat viele zentrale Elemente des thomanischen Denkens wie unter einem Brennglas versammelt. – Zur Diskussion um den *lex*-Traktat vgl. etwa die Beiträge in L-J. Elders/K. Hedwig (1987).

[162] Eine zentrale Rolle nimmt hier die Interpretation von W. Kluxen (1964, ³1998) ein. Zwar erkennt Kluxen an, daß Thomas seine Ethik im Stil einer Tugendethik aufbaut und daß dieser einen sachlichen Vorrang vor anderen Stilen der Ethik besitzt (vgl. 221ff.), doch findet im Rahmen seiner Interpretation anhand des Hinweises, ohne die komplementäre Ergänzung durch den Gesetzes- und Normgedanken könne eine reine Tugendethik die Aufgabe einer systematischen Interpretation des sittlichen Lebens nicht bewältigen, eine spürbare Verschiebung der Gewichte statt. – Als leitendes Interesse zumal der theologischen Diskussionen wird man darüber hinaus das Bemühen um eine sog. „autonome Moral" wahrzunehmen haben.

[163] Vgl. E. Schockenhoff (1987), 11f., mit explizitem Hinweis auf W. Kluxen (1964), 218-230.

[164] Vgl. *ebd.*

[165] Vgl. B. Wald (1996).

[166] Vgl. Thomas, *S.th.* I-II 1 prol.; 6 prol. – Zum Ganzen vgl. H.-G. Nissing (²2019), 58-62.

mögen der Seele und ihre Habitus, Tugenden und Laster; (2) das Gesetz dagegen gehört wie die Gnade zu den äußeren Prinzipien, mit denen Gott den Menschen leitet und ihm hilft. In diesem Kontext finden sich überdies zugleich eine umfassende *Definition* des Gesetzes sowie eine Unterscheidung seiner hauptsächlichen *Arten*.

Quellen. – Schon in der genannten Unterscheidung der inneren und äußeren Prinzipien menschlichen Handelns sowie der Disposition des *lex*-Traktats zeigt sich der Einfluß der verschiedenen Quellen dieses Lehrstücks.

– Von biblisch-theologischer Seite ist hier an erster Stelle natürlich an der Apostel Paulus mit seiner Deutung der Gesetzesbegriffs und seiner Entgegensetzung von Gesetz und Gnade, v.a. im *Römerbrief* (vgl. *Röm* 5ff) zu denken – eine Interpretation, die in der Tradition dann insbesondere durch Augustinus ausgearbeitet wurde.[167] Auf dieser Linie markiert auch der *Römerbrief-Kommentar* des Thomas eine entscheidende Etappe in der Entwicklung seiner *lex*-Konzeption.[168]

– Neben Augustinus selbst und über ihn sind zugleich philosophische Einflüsse der Stoa, v.a. Ciceros (106-43 v. Chr.), und des Neuplatonismus präsent.

– Ferner greift Thomas auf jüdische Erklärer des Alten Testaments, wie Moses Maimonides (1135-1204) und Flavius Josephus (um 37/38- um 100), aber auch auf das römische Recht zurück.

– Umstritten ist hingegen der Beitrag, den die zweite große Quelle des thomanischen Denkens, Aristoteles und seine Philosophie, zum Gesetzestraktat leistet.

Definition und Unterscheidungen des Gesetzes. – Mit Blick auf den Sprachgebrauch und die menschliche Praxis definiert Thomas das Gesetz als:

> *[1] eine Anordnung der Vernunft*
> *[2] im Hinblick auf das Gemeingut,*
> *[3] erlassen und*
> *[4] öffentlich bekannt gegeben von dem, der die Sorge für die Gemeinschaft innehat.*[169]

Das Ziel des Gesetzes ist es, die Menschen gut, d.h. tugendhaft zu machen. Es ist bindend („lex" kommt von „ligando" – „bin-

[167] Vgl. hierzu O.-H. Pesch (1977), 540-543; ferner W. Kluxen (2001), 13-27.
[168] Zur Bedeutung vgl. T. Domanyi (1979); M. Levering/ M. Dauphinais (2012).
[169] Thomas, *S.th.* I-II 90,4 c.

den"[170]), indem es befiehlt oder verbietet, erlaubt oder bestraft.[171] In der Deutung des Dekalogs wie des alttestamentlichen Gesetzes werden die verschiedenen Elemente der Gesetzesdefinition in je unterschiedlicher Weise zum Tragen kommen.

Als die vier hauptsächlichen *Arten des Gesetzes* unterscheidet Thomas:[172]

(a) das *ewige Gesetz* (*lex aeterna*): es besteht in der Anordnung der göttlichen Vorsehung und der Weltenlenkung; daher besitzt es eine universale Reichweite und ist die Grundlage und der Ursprung für alle anderen Gesetze, die von ihm abhängen;[173]

(b) das *natürliche Gesetz* (*lex naturalis*): dieses bezeichnet die Teilhabe des Menschen am ewigen Gesetz, es ist „das Licht der natürlichen Vernunft, durch das wir unterscheiden, was gut und böse ist"[174], und bildet damit die Grundlage für alle weiteren Konkretionen durch[175]

(c) das *menschliche Gesetz* (*lex humana*), womit im eigentlichen Sinne die politischen und juristischen Regelungen der menschlichen Gemeinschaft gemeint sind[176], die durch Schlußfolgerungen und Zusätze zum natürlichen Gesetz gefunden werden, sowie

(d) das *göttliche Gesetz* (*lex divina*)[177], das eigens durch göttliche Offenbarung ergangen ist. Es unterscheidet sich

(d.a) in das *Gesetz des Alten Bundes* (*lex vetus*)[178] und

(d.b) das *Gesetz des Neuen Bundes* (*lex nova*).[179]

Mit der Unterscheidung (i) zwischen dem ewigen und dem göttlichen Gesetz einerseits sowie (ii) zwischen dem natürlichen und

---

[170] Vgl. *ebd.*, I-II 90,1 c.

[171] Vgl. *ebd.*, I-II 92,2 c.

[172] Vgl. *ebd.*, I-II 91. –Vgl. in diesem Zusammenhang auch die Orientierung des Traktats über die Laster und Sünden an der augustinischen Definition der Sünde: „Sünde ist, was gegen das ewige Gesetz gesagt oder getan oder begehrt wird" (*ebd.*, I-II 71,6 c.).

[173] Vgl. *ebd.*, I-II 91,1; I-II 93 – in modifizierender Aufnahme einer Vorstellung Augustins, *De libero arbitrio* I 15 (CSEL 74,19-24).

[174] Thomas, *S.th.* I-II 91,2 c.; vgl. Augustinus, *De trinitate* XIV 15,21 (CCL 50A,451,47-53): „Wo sind denn diese Regeln verzeichnet, wenn nicht im Buch des Lichts, das man die Wahrheit nennt? Darin ist jedes gerechte Gesetz verzeichnet. Von da geht es in das Herz des Menschen über, der der Gerechtigkeit nachkommt – nicht, als ob es in dieses auswanderte, aber es prägt in es seinen Abdruck ein, so wie ein Siegel, das von einem Ring in das Wachs übergeht, aber ohne den Ring zu verlassen."

[175] Vgl. Thomas, S.*th.* I-II 91,2; I-II 94. – Vgl. *Super Ad Rom.* II 3 (n. 210-223).

[176] Vgl. Thomas, S.*th.* I-II 91,4; I-II 95-97.

[177] Vgl. *ebd.*, I-II 91,5.

[178] Vgl. *ebd.*, I-II 98-105.

[179] Vgl. *ebd.*, I-II 106-108.

dem positiven menschlichen Gesetz andererseits enthält der *lex*-Traktat dabei zwei markante Differenzierungen, die ihn von den Überlegungen des *Sentenzenkommentars* und der *Summa contra Gentiles* abheben.[180] Demnach ist unter dem *„göttlichen Gesetz"* stets das geschichtlich-positive Gesetz zu verstehen, das sich einer eigenen göttlichen Offenbarung verdankt.

Dabei ist zu beachten, daß es sich bei der beschriebenen Gliederung um eine *analoge* Einteilung handelt und nicht um die Einteilung einer Gattung in Arten, insofern die Einteilungsglieder bisweilen nur in einem uneigentlichen, ähnlichen Sinn die Wesensmerkmale des Gesetzes verwirklichen. Bereits quantitativ liegt der Schwerpunkt des Gesetzestraktates auf der *Lehre vom Alten und Neuen Gesetz*. Auf sie sind die vorangehenden Überlegungen wie „Prolegomena"[181] hingeordnet. Im Unterschied zum Alten Gesetz mit acht Quaestionen und 46 Artikeln wird das Neue Gesetz mit nur drei Quaestionen und insgesat 12 Artikeln relativ kurz behandelt.

Das Neue Gesetz. – Denn das Neue Gesetz besitzt über die oben skizzierte Hervorhebung der evangelischen Räte hinaus in erster Linie eine vorbereitende Funktion für die Lehre von der Gnade als zweitem äußeren Prinzip menschlichen Handelns, ja: es ist in gewissem Sinne bereits *Gnadenlehre*. So wird das Neue Gesetz in betonter Absetzung vom Alten als eine innere Wirklichkeit in der Seele (vgl. *Hebr* 8,8.10; *Jer* 31,33) bestimmt, als ein „inneres Gesetz", das in die Herzen der Gläubigen geschrieben ist (vgl. 2 *Kor* 3,3).[182] Das Neue Gesetz bringt nicht nur die Gnade mit sich, sondern es *ist* die Gnade selbst, und zwar die Gnade des Heiligen Geistes (vgl. *Röm* 3,27 und 8,2). Von daher ist das Neue Gesetz „Gesetz der Freiheit" (vgl. *Jak* 1,25; 2,12):

> *Wenn auch [schon] das Alte Gesetz die Gebote der Liebe gab, so wurde durch es doch nicht der Heilige Geist verliehen, durch den „die Liebe in unsere Herzen ausgegossen ist"* (*Röm* 5,5).[183]

---

[180] Zu den Konsequenzen vgl. A. Speer (2014), 358.

[181] O.-H. Pesch (1977), (8).

[182] Vgl. Thomas, *S.th.* I-II 106,1 c. – Die ethischen Weisungen des Neuen Testaments, die Jesus als „Gesetzgeber" in der Bergpredigt formuliert hat (vgl. summarisch *ebd.*, I-II 108,3 c.), sollen daher aus dem Weg räumen, was mit der Liebe nicht vereinbar ist, und zum rechten Gebrauch der Gnade disponieren.

[183] *Ebd.*, I-II 107,1 ad 2. – Hier wird die konstitutive Bedeutung sichtbar, die der Pneumatologie im Denken des Thomas zukommt. Sie findet ihre Ausprägung v.a. in der Lehre von den sieben Gaben des Heiligen Geistes, die die Tugenden vervollkommnen: vgl. U. Horst (2001). – Vgl. dazu auch oben S. XXIV und unten S. LXXII.

Das Alte Gesetz. – Demgegenüber sind die Ausführungen zum Alten Gesetz von sehr langen Interpretationen gekennzeichnet, in denen Thomas seine *Theologie des Alten und des Neuen Bundes* und sein *Verständnis der Heilsgeschichte* entfaltet.[184] Bemerkenswerterweise findet sich die längste Quaestio der *Summa theologiae* insgesamt – die Quaestio I-II 102 – innerhalb der Darlegungen zum Zeremonialgesetz. Dies hat seinen Grund vor allem in der *prophetischen Deutung*, die Thomas diesem unterlegt: während der Dekalog auch im Neuen Bund seine Gültigkeit behält, sind (a) die Kultvorschriften und (b) die Rechtssatzungen derart auf Christus hingeordnet, daß sie – wie gesehen - mit ihm ihre Erfüllung und ihr Ende finden.[185]

(a) Mit Hilfe der Methode des sog. *vierfachen Schriftsinnes* läßt sich daher vor allem in den Bestimmungen der *Kultvorschriften* über ihren wörtlichen Sinn hinaus (den Thomas übrigens „mit erstaunlicher Akribie"[186] und gestützt auf die genannten Maimonides und Josephus als Quellen herausarbeitet) ein *geistlicher, symbolischer Sinn* entdecken, in dem ihre Worte noch auf etwas anderes hinweisen, nämlich auf Christus.[187] So kann das Paschalamm (vgl. *Ex* 12) ein Sinnbild für das Kreuzesopfer Christi und seine Feier in der Eucharistie sein[188] und die Beschneidung (vgl. *Gen* 17,10-14; *Ex* 4,24ff) einen Hinweis auf die Taufe enthalten.[189] Ebenso versinnbildlichen im Aufbau des Tempels (vgl. *Ex* 15-31) die Bundestafeln Christus als Gesetzgeber, der siebenarmige Leuchter deutet auf ihn als Licht der Welt hin (vgl. *Joh* 8,12), die Schaubrote symbolisieren ihn als Brot des Lebens (vgl. *Joh* 6,41.51)[190] etc. Auf diese Weise kann Thomas in den *caeremonialia* des Alten Gesetzes gewissermaßen die ganze Christologie in symbolischer Weise wiederentdecken.

(b) Im Unterschied dazu schreibt er eine solche hinweisende Funktion den *Rechtssatzungen* nur indirekt zu. Sie hatten vorrangig den Sinn, das Gemeinwesen Israels politisch zu ordnen und

---

[184] Vgl. hierzu O.-H. Pesch (1988), 308-317. – Vgl. dazu unten S. LX ff.

[185] Vgl. Thomas, *S.th.* I-II 103,3 c.; 104,3 c.

[186] O.-H. Pesch (1988), 294.

[187] Vgl. oben Anm. 62.

[188] Vgl. Thomas, *S.th.* I-II 102,5 ad 2.

[189] Vgl. *ebd.*, I-II 102,5 ad 3.

[190] Vgl. *ebd.*, I-II 102,4 ad 6. – Im Ganzen unterscheidet Thomas mit Petrus Lombardus in den Kultvorschriften des Alten Gesetzes die Opfer (*sacrificia*), die Heiligtümer (*sacra*), zu denen Aufbau und Inventar des Tempels gehören, die Sakramente (*sacramenta*) und die Bräuche (*observantiae*), worunter Nahrung, Kleidung u.a. zu zählen sind. Sie alle lassen sich in einem figürlichen Sinn auf Christus beziehen: vgl. *ebd.*, I-II 101,4 c.

werden von Thomas daher mit rein historischem Interesse gelesen, wenngleich sie ebenfalls eine Art göttliches Modell repräsentieren.[191]

Sowohl Kultvorschriften, als auch Rechtssatzungen stehen jedenfalls unter der allgemeinen Bestimmung des Alten Gesetzes, die darin liegt, den Menschen auf Christus hinzuführen.[192]

4.2. *Der eudaimonistische und tugendethische Deuterahmen des Gesetzesbegriffs*

In seiner Begründung der Existenz und Notwendigkeit des Alten Gesetzes führt Thomas ergänzend zu diesem Aspekt dessen Absicht an, den Menschen zum *Ziel der ewigen Glückseligkeit* zu führen.[193] Unverkennbar wird damit das Alte Gesetz mit dem Dekalog als seinem Zentrum in das eudaimonistische Gesamtkonzept seiner Ethik eingebunden, das als Leitmotiv auch ansonsten den *lex*-Traktat durchzieht. In diesem Sinne hatte Thomas schon im Rahmen der Unterscheidung der verschiedenen Gesetzesarten auf die übernatürliche Ausrichtung des menschlichen Verlangens hingewiesen, welche die Anordnung eines eigenen *göttlichen Gesetzes* notwendig gemacht hatte.[194]

Der Zielsinn des Alten Gesetzes. – So ist es die Hauptabsicht des göttlichen Gesetzes, Freundschaft zwischen Mensch und Gott zu stiften. Diese Freundschaft aber gründet sich auf Ähnlichkeit.[195] Dabei entspricht der Heiligkeit Gottes das Gutsein des Men-

---

[191] So spricht O.-H. Pesch (1988), 312, von einem „Schwelgen" des Thomas in der Methode des vierfachen Schriftsinnes.

[192] Vgl. Thomas, *S.th.* I-II 98,2 c.: „Und zwar auf eine Weise, indem sie Zeugnis von Christus geben. Daher sagt er selbst in *Lk* 16,44: ‚Es muß sich alles erfüllen, was im Gesetz, in den Psalmen und den Propheten von mir geschrieben steht.' Und in *Joh* 5,46: ‚Wenn ihr Mose glauben würdet, dann würdet ihr auch mir glauben. Von mir nämlich hat er geschrieben' – Auf die andere Weise durch eine gewisse Hinordnung, indem es die Menschen vom Götzendienst zurückhielt und sie dadurch im Kult des einen Gottes zusammenschloß, von dem das Menschengeschlecht durch Christus geretter werden sollte. Daher sagt der Apostel in *Gal* 3,23: ‚Bevor der Glaube kam, wurden wir unter dem Gesetz eingeschlossen im Glauben, der erst offenbart werden sollte'."

[193] Vgl. *ebd.*, I-II 98,1 c. – Das Ziel, die Menschen gut zu machen, gilt in umfassender Weise für das Gesetz und etwa auch für den weltlichen Gesetzgeber.

[194] Vgl. *ebd.*, I-II 91,4 c.

[195] Wiederholt rekurriert Thomas dabei auf *Lev* 19,2: „Seid heilig, weil ich heilig bin"; vgl. *ebd.*, I-II 98,4 c.; 99,2 c.

schen, und dieses besteht im Leben nach der Tugend, die „den gut macht, der sie besitzt"[196]. Daher sind die Gebote des Dekalogs, die im Zentrum des Alten Gesetzes stehen, auch *sittliche Gebote (praecepta moralia)*.[197] Den eigentümlichen sittlichen Erziehungscharakter des Alten Gesetzes und die in ihm enthaltene göttliche Pädagogik, die den Menschen über verschiedene Stufen zum Ziel hinführen will, begründet Thomas mit dem paulinischen Gedanken, nach dem

> *das Gesetz unser Lehrer in Christus geworden ist (Gal 3,24).*[198]

Er wird von hier aus zur zentralen Begründungsinstanz für die Bestimmung von Alten und Neuem Gesetz. Demnach ist das Alte Gesetz gut, aber unvollkommen. Denn es konnte den Menschen nicht ganz und gar geeignet machen zur Teilnahme an der ewigen Glückseligkeit, da dieser überdies der Mitteilung der Gnade bedurfte.[199] Es verhält sich folglich wie das Unvollkommene zum Vollkommenen, wie der Schatten zur Wahrheit, wie das Bild zur Wirklichkeit, wie das Kind zum Erwachsenen oder wie der Knecht zum Sohn.[200]

Dekalog und Tugenden. – Inwieweit aber sind Gebote, noch dazu, wenn sie wie im Dekalog v.a. negativ formuliert sind, ausreichend, um den Menschen in seinem Gutsein, seiner Tugend zu erziehen? Inwiefern genügen sie, um ihn in der Liebe zu formen? – Der Einordnung in den größeren Kontext der thomanischen Tugendlehre entsprechend schließen sich für Thomas die Fragen an, (1) ob denn die Sittengebote tatsächlich *alle* Tugendakte vorschreiben[201], (2) ob das Handeln aus *Tugend* unter das

---

[196] Aristoteles, *Eth. Nic.* II 5 (1106a15).

[197] Thomas, *S.th.* I-II 99,2 c.

[198] Gegenüber dieser Sicht des Alten Gesetzes als *praeparatio Evangelii* tritt der ebenfalls bei Paulus akzentuierte Gesichtpunkt merklich zurück, wonach es Aufgabe des Gesetzes sei, die Sünde anzuzeigen und ans Licht zu bringen, daß es Gesetz der Knechtschaft, Gesetz der Begierlichkeit sei (vgl. *Röm* 7,23 u.ö.). Das Urteil von O.-H. Pesch (1988), 302, das Gesetz sei in den Augen des Thomas „ein völlig untauglicher Erzieher", erscheint mir daher unzutreffend.

[199] Vgl. Thomas, *S.th.* I-II 98,1.

[200] Vgl. *ebd.*, I-II 99,6 c.; ferner I-II 91,5 c.; 98,1 c.; 98,2 ad 1 + ad 2; 98,3 c.; 100,12 c.; 106,3 c. + 4 c. u.ö. – Im Hintergrund steht ein bestimmtes Verständnis von Heilsgeschichte: dazu unten S. LX ff.

[201] Vgl. *ebd.*, I-II 100,2 c. – Zum Verhältnis von Gesetz und Tugend vgl. *ebd.* I-II 96,3 ad 2; II-II 44,4 ad 1; *Super II Sent.* d. 28,3; *Super IV Sent.* d. 15,3,4,1 et 3.

Gebot des Gesetzes fällt[202], und (3) ob das Handeln aus *Liebe* durch das Gebot des göttlichen Gesetzes umfaßt ist.[203]

(1) Die Hinordnung der Vorschriften des Dekalogs auf die menschlichen Tugenden ergibt sich für Thomas dabei aus dem umfassenden Ziel des göttlichen Gesetzes, den Menschen auf die Gemeinschaft mit Gott auszurichten, in der eine Orientierung an bloß *äußeren* Akten und am Kriterium der Gerechtigkeit, wie sie für das menschliche Gesetz kennzeichnend sind, auf das *Innere* hin überschritten ist. Denn der Mensch wird mit Gott verbunden durch die *Vernunft* oder den *Geist*, in dem er Ebenbild Gottes ist. Das göttliche Gesetz zielt daher auf eine richtige Ordnung der menschlichen Vernunft – und zwar sowohl durch die *Verstandestugenden (virtutes intellectuales)*, welche die Vernunftakte in sich selbst in die richtige Verfassung bringen, wie die Klugheit, als auch durch die *sittlichen Tugenden (virtutes morales)*, welche jene Vernunftakte in die richtige Verfassung bringen, die sich auf die inneren Leidenschaften richten, wie die Tapferkeit und die Maßhaltung, und auf die äußeren Tätigkeiten, wie die Gerechtigkeit.[204]

(2) Auch wenn Gesetz und Tugend somit eine Übereinstimmung besitzen, so weist die Tugend in ihrer Bestimmung doch über das gesetzmäßig, d.h. durch Zwang und Sanktion zu Regelnde, hinaus. Denn das Handeln aus Tugend besteht, so Thomas mit Aristoteles, in einem Dreifachen: (a) daß jemand *wissend* handelt, (b) daß er *wollend* handelt und (c) daß er *gefestigt* und *unbeirrbar* sich führt und handelt. Während sich das erste und das zweite durch das göttliche Gesetz abdecken läßt (denn das göttliche Gesetz richtet sich, wie gesagt, nicht nur auf die äußeren Taten, sondern auch auf die innere Gesinnung), fällt das dritte – die Vollzugsweise der Tugend – nicht unter das Gebot, ist es doch etwa möglich, die Eltern zu ehren ohne den Habitus der Ehrfurcht (*pietas*) als eine feste und in der Seele eingewurzelte Tugend zu besitzen.[205]

(3) Ähnliches gilt für das Handeln aus Liebe: (a) insofern es sich dabei um einem selbständigen Akt handelt, fällt es unter das Gebot des Gesetzes, denn der Mensch kann sich darauf vorbereiten, die Liebe zu haben, und wenn er sie empfangen hat,

---

[202] Vgl. Thomas, *S.th.* I-II 100,9 c.

[203] Vgl. *ebd.*, I-II 100,10 c.

[204] Vgl. *ebd.*, I-II 100,2 c. – Dies geschieht allerdings in einer Stufung, insofern einiges, ohne das die Ordnung der Tugend, d.h. die Ordnung der Vernunft, nicht eingehalten werden kann, als Verpflichtung geboten wird (*sub obligatione praecepti*), anderes hingegen, was zum Bestand vollkommener Tugend gehört, in Form der Ermahnung (*sub admonitione consilii*).

[205] Vgl. *ebd.*, I-II 100,9 c.

kann er sie üben; (b) insofern das Handeln aus Liebe dagegen die Vollzugsweise der übrigen Tugendakte ist, d.h. insofern die Akte der anderen Tugenden hingeordnet werden auf die Liebe oder durch sie getragen werden, fällt es nicht unter das Gebot. Wer also seine Eltern ehrt, auch wenn er die Liebe nicht besitzt, übertritt damit nicht das vierte Gebot.[206]

Im Hinblick auf das umfassendere Konzept gelingenden Menschseins, das die Tugendlehre enthält, markieren die Gebote des Dekalogs somit den *Weg* dorthin, indem sie zunächst einmal negativ Grenzen abstecken, – einen Weg freilich, der – und darauf kommt es Thomas an – durch *eine besondere Eingängigkeit für den menschlichen Geist* ausgezeichnet ist, und dies nicht zuletzt deswegen, weil sich darin das teleologische Grundmotiv des Eudaimonismus wiederkennen läßt. So sind

> *die Gebote des Dekalogs in Bezug auf dasjenige gegeben, was der Geist des Menschen sofort bereitwillig annimmt. Es liegt jedoch auf der Hand, daß die Vernunft um so eher etwas annimmt, je schwerwiegender und vernunftwidersprechender sein Gegenteil ist.*
>
> *[1] Da nun die Vernunftordnung beim Ziel beginnt, ist es offenbar am meisten gegen die Vernunft, wenn der Mensch sich seinem Ziel gegenüber ungeordnet verhält. Ziel des menschlichen Lebens und der menschlichen Gemeinschaft aber ist Gott. Darum mußte der Mensch durch die Gebote des Dekalogs zuerst auf Gott hingeordnet werden. [...]*
>
> *[2] In den Geboten indes, die den Menschen auf den Nächsten hinordnen, widerspricht es der Vernunft offenbar mehr und ist schwerere Sünde, wenn der Mensch die geschuldete Ordnung nicht wahrt zu den Personen, denen er mehr schuldig ist.*
>
> *[2.1] Deswegen steht unter den Geboten, die auf den Nächsten hinordnen, das Gebot der Elternliebe an erster Stelle.*
>
> *[2.2] Die übrigen Gebote zeigen aber gleichfalls eine Ordnung nach der Schwere der jeweiligen Verfehlungen.*
>
> *[2.2.1] Denn es ist schwerwiegender und widerstreitet mehr der Vernunft, zu sündigen im Werk [= 5.-7. Gebot] als im Wort [= 8. Gebot],*
>
> *[2.2.2] und wiederum mehr im Wort als im Herzen [= 9.-10. Gebot].*[207]

---

[206] Vgl. *ebd.*, I-II 100,10 c., allerdings mit der Einschränkung, daß er gleichwohl das Gebot über den Akt der Liebe übertritt und deswegen Strafe verdient.

[207] *Ebd.*, I-II 100,6 c. – Aufgrund dieser Vernünftigkeit liebt der Mensch das Gesetz Gottes: vgl. Thomas, *Super Ad Rom.* VII 4 (n. 585).

Die Vernünftigkeit des Dekalogs. – Die besondere Bezogenheit der Zehn Gebote auf die Vernunft, die in dieser Eingängigkeit wie in der erwähnten Gottebenbildlichkeit des menschlichen Geistes zum Tragen kommt und die ja schon die Definition des Gesetzes in seinem ersten Element („Das Gesetz ist eine Anordnung der Vernunft") bestimmt hat,[208] ermöglicht es Thomas schließlich, die konkrete Gestalt des Dekalogs, d.h. die Auswahl an Weisungen, die er enthält, zu begründen und plausibel zu machen. Denn:

> *Unter den Geboten werden [...] zwei Arten von Geboten nicht aufgezählt:*
>
> *[1] jene nämlich, die die ersten und allgemeinen (prima et communia) sind, die keiner anderen Bekanntgabe bedürfen, als daß sie, durch sich selbst bekannt (per se nota), der natürlichen Vernunft eingeschrieben sind, wie z.B. daß der Mensch niemandem ein Übel zufügen darf, und anderes dergleichen.*
>
> *[2] außerdem jene, die durch intensives Nachdenken der Weisen als der Vernunft entsprechend erschlossen werden [...].*
>
> *Beide von ihnen sind dennoch in den Geboten des Dekalogs enthalten, jedoch auf verschiedene Weise.*
>
> *[1] Denn die ersten und allgemeinen sind in ihnen enthalten wie die Prinzipien in den nächsten Schlußfolgerungen;*
>
> *[2] jene dagegen, die durch die Weisen erkannt werden, sind in ihnen umgekehrt enthalten wie Schlußfolgerungen in den Prinzipien.*[209]

Indem Thomas den Dekalog so auf ein geordnetes System moralischen Wissens bzw. moralischer Urteile abbildet, das in ersten unmittelbar einleuchtenden Prinzipien seinen Anfang hat und durch Schlußfolgerungen zu immer größeren Konkretionen gelangt, erscheinen die Zehn Gebote in ihrer Formulierung in einer eigentümlichen *Mittelstellung*.

(a) Weil sie sich einerseits auf frühere moralische Prinzipien zurückführen lassen, von denen sie als den ersten und allgemeinen Grundsätzen abhängen, die der menschlichen Vernunft durch sich selbst bekannt sind, läßt sich einsichtig machen, daß alle Gebote des Dekalogs zurückbezogen sind auf die Gebote der *Gottes*- und der *Nächstenliebe* – und zwar „wie Schlußfolgerungen auf die allgemeinen Prinzipien"[210]. So las-

[208] Vgl. oben S. XLV.

[209] Thomas, *S.th.* I-II 100,3 c.

[210] Vgl. *ebd.*, I-II 100,3 ad 1.

sen sie sich in ihrer inneren Ordnung von hier aus erschließen.[211]

(b) Zugleich wird es andererseits möglich, alle weiteren Sittengebote, die sich im Alten Gesetz finden, als Entfaltungen zu interpretieren, die dem Dekalog beigefügt sind „in der Form einer gewissen Ergänzung zu diesem" und die „auf die Gebote des Dekalogs zurückgeführt werden"[212].

4.3. *Zum Verhältnis des Dekalogs zu den Geboten des natürlichen Gesetzes (lex naturalis)*

Mit dieser Rekonstruktion ist zugleich die vielleicht wichtigste und interessanteste Frage berührt, die Thomas im Zusammenhang seiner Auslegungen zum Dekalog erörtert: die Frage nach dem Verhältnis der Zehn Gebote zu den Geboten des natürlichen Gesetzes (*lex naturalis*) bzw. des später sog. „Naturrechts".[213] Mit der Erörterung dieser Frage setzen die Überlegungen zum Dekalog in der *Summa theologiae* bezeichnenderweise ein.[214] Denn ihrem Inhalt nach stimmen die Gebote des Naturgesetzes, so Thomas, mit denen des Dekalogs überein:

> *Alle Sittengebote [des Alten Gesetzes] gehören zum Naturgesetz.*[215]

In ihrer inneren Vernünftigkeit stehen sie mit der natürlichen Vernunft des Menschen in Einklang, lassen sich von ihr erkennen und aus ihr herleiten. Die Gebote des Naturgesetzes begründen den unbedingten, ausnahmslosen und andauernden Verpflichtungscharakter des Alten Gesetzes, das sie offenbar gemacht hat (*manifestabat*)[216], und verleihen ihnen ihre Wirk-

---

[211] Vgl. *ebd.*, I-II 100,5 c. – Vgl. dazu unten S. LXIII ff.

[212] Vgl. *ebd.*, I-II 100,11 c.

[213] Zur Unterscheidung der Begriffe „natürliches Gesetz" und „Naturrecht" bei Thomas selbst vgl. O.-H. Pesch (1977), 568-571; W. Kluxen (2001), 9-13 und 35f.

[214] Vgl. Thomas, *S.th.* I-II 100,1. – Zur Diskussion des Verhältnisses von Naturrecht und Dekalog vgl. *Super III Sent.* d. 37,1,3.

[215] Thomas, *S.th.* I-II 100,1 c. – Bereits das *Decretum Gratiani* hatte diese Übereinstimmung formuliert: „Ius naturale est quod in lege et evangelio continetur" (I, d. 1,1, ed. Friedberg 1).

[216] Vgl. Thomas, *S.th.* I-II 98,5 c.: „Das Alte Gesetz stellte die Gebote des Naturgesetzes klar und fügte noch einige Gebote hinzu. Hinsichtlich dessen also, was das Alte Gesetz vom Naturgesetz enthielt, waren alle zur Beobachtung des Alten Gesetzes verpflichtet: nicht weil diese Dinge im Alten Gesetz standen, sondern weil sie zum Naturgesetz gehörten." –

samkeit.[217] Auch die beiden Hauptabsichten des göttlichen Gesetzes, die Menschen aufeinander und auf Gott hinzuordnen, fallen im allgemeinen (*in communi*) unter den Spruch des Naturrechts[218], und die Hauptgebote der Gottes- und Nächstenliebe lassen sich – zumindest anfanghaft – auf das in der *lex naturalis* enthaltene Wissen zurückführen.[219] Schließlich ist das natürliche Gesetz nach Thomas Kriterium dafür, warum im Dekalog vor allem untersagende Gebote formuliert sind und nur ein tatforderndes Gebot enthalten ist.[220] – All diese Ausführungen machen zugleich die *fundamentale* und *kardinale* Bedeutung erkennbar, die der Lehre von der *lex naturalis* im Rahmen der thomanischen Gesetzeskonzeption zukommt.

Die Bedeutung der lex naturalis. – Zugleich ist mit der Frage nach der *lex naturalis* und ihren Inhalten „einer der bevorzugten Kampfplätze der Thomas-Interpretation"[221] betreten. Denn in seiner oben beschriebenen „Scharnierfunktion" zwischen dem ewig-göttlichen und dem positiv-menschlichen Gesetz besitzt das Naturgesetz die Stellung eines zentralen hermeneutischen Instrumentes, das – ausgestaltet in der Lehre vom „Naturrecht" – bis in die Gegenwart der ethischen Verständigung christlicher Philosophie und Theologie mit fremden Völkern (Völkerrecht), unter den Konfessionen (Naturrecht als Vernunftrecht) sowie mit den Religionen und der säkularen Gesellschaft der Gegenwart eine gemeinsamen Grundlage gegeben hat.[222] Schließlich kommt in der Betonung des natürlichen Gesetzes

---

Allerdings wurde einiges darüber hinaus den Juden hinzugegeben wegen ihrer besonderen Erwählung und hat daher nur für Israel Geltung.

[217] Vgl. *ebd.*, I-II 100,11 c: „Die Sittengebote haben ihre geltende Kraft aus dem Richtspruch der natürlichen Vernunft, auch wenn sie niemals in einem Gesetz festgestellt würden."

[218] Vgl. *ebd.*, I-II 99,4 c.

[219] Vgl. *ebd.*, I-II 100,11 c.: „Denn einige sind höchst gewiß (*certissima*) und derart offenbar, daß sie einer Bekanntgabe nicht bedürfen, wie die Weisungen der Gottes- und der Nächstenliebe und anderes dergleichen, [...]. Sie sind gewissermaßen die Ziele der Gebote. Daher kann niemand in ihnen nach dem Urteil der Vernunft irren." – Vgl. *ebd.*, I-II 100,5 ad 1.

[220] Vgl. *ebd.*, I-II 100,5 ad 4: „Unmittelbar (*statim*) befiehlt die natürliche Vernunft, daß niemandem Unrecht zuzufügen sei, und daher erstrecken sich die Gebote, die eine Schädigung verbietenm auf alle. Aber die natürliche Vernunft befiehlt nicht unmittelbar, daß etwas für einen anderen zu tun sei, es sei denn, der Mensch schulde ihm etwas. [...] Und daher ist unter dem Gebot des Dekalogs nicht angeordnet, daß jemanden eine Wohltat erwiesen oder eine Schuld erstattet werde, es sei denn den Eltern."

[221] A. Speer (2014), 362, mit Blick auf Thomas, *S.th.* I-II 94,2.

[222] Zum *ius naturale* und zum *ius gentium* vgl. Thomas, *S.th.* II-II 57,2-3.

jene besondere Wertschätzung alles Natürlichen, Weltlichen, Geschaffenen zum Tragen, das in der Philosophie des Aristoteles wie im christlichen Schöpfungsverständnis seine Quellen hat und im thomanischen Verständnis von „Kreatürlichkeit" konvergiert. Josef Pieper hat es als „Notenschlüssel" bezeichnet, der vor dem Denken des Aquinaten im Ganzen steht.[223]

Definition und Inhalte der lex naturalis. – Auf der Grundlage der biblischen Vorgaben, die sich v.a. bei Paulus finden (vgl. *Röm* 1,20), bestimmt Thomas die *lex naturalis,* wie bereits gesagt, als eine „Teilhabe am ewigen Gesetz im vernunftbegabten Geschöpf" *(participatio legis aeternae in rationali creatura),* wodurch wir eine naturhafte Neigung *(naturalis inclinatio)* zu bestimmten Handlungen und einem entsprechenden Ziel haben, und als „Einstrahlung des göttlichen Lichtes in uns" *(impressio luminis divini in nobis),* durch die wir an der göttlichen Vorsehung mitwirken.[224]

(1) Als sein erstes Gebot, das die Grundlage für alle anderen Gebote des Naturgesetzes bildet, enthält es das erste Prinzip der praktischen Vernunft, das besagt: „Das Gute ist zu tun, das Böse zu lassen (*Bonum est faciendum, malum vitandum*)."

(2) Von diesem formalen Prinzip aus ergeben sich auf einer ersten Stufe der Konkretion mit Blick auf *drei „natürliche Neigungs- oder Strebungstypen" (inclinationes naturales)* und die ihnen entsprechenden Güter in sukzessiver Besonderung die ersten *inhaltlichen* Regeln oder Gebote des natürlichen Gesetzes:

(a) So führt das Streben nach *Selbsterhaltung,* das dem Mensch mit allen Naturdingen gemeinsam ist, zu den Geboten zum Schutz des menschlichen Lebens;

(b) das Streben nach *Arterhaltung,* das er mit allen Sinnenwesen teilt, führt zu den Geboten des Geschlechts- und Familienlebens,

(c) und das spezifisch menschliche Streben nach *Erkenntnis,* v.a. nach Gotteserkenntnis, und nach einem Leben in Gemeinschaft schließlich hat die Gebote zur Folge, die die Bildung sowie die sozialen und politischen Beziehungen betreffen.[225]

---

[223] Vgl. J. Pieper (2001c), 441: Der Begriff der „Kreatürlichkeit" besagt, daß der „Gedanke [...] von Schöpfung und Geschöpflichkeit in [...] der Mitte der Weltaussage des heiligen Thomas" steht, „[d]aß die Welt die Seinsqualität von etwas Erschaffenem habe und daß es außer dem Schöpfergott und seiner Kreatur nicht etwas Drittes gebe noch auch geben könne".

[224] Vgl. Thomas, *S.th.* I-II 91,3 c. – Vgl. oben S. XLVI.

[225] Vgl. *ebd.,* I–II 94,2 c. – Die Ableitung der *inclinationes naturales* wird somit entfaltet anhand der klassischen Trias von *esse-vivere-intelligere,* wie sie von Platon her (vgl. *Sophistes* 248e-249a) v.a. im Neuplatonismus wirkmächtig wurde.

Weil die menschliche Natur vielschichtig ist, lassen sich ferner auch alle weiteren Neigungen der menschlichen Natur, woher auch immer sie stammen, etwa aus dem begehrenden oder zornmütigen Teil der Seele, dem Naturgesetz zuordnen, sofern sie von der Vernunft geleitet sind.[226]

(3) In einer weiteren Stufung hin auf die Formulierung des *menschlichen Gesetzes (lex humana)*, das sich notwendigerweise vom natürlichen Gesetz herleiten lassen muß, um gerecht zu sein, kennt Thomas schließlich zwei Weisen der Ableitung: die Schlußfolgerung *(conclusio)* aus Prinzipien und die nähere Bestimmung *(determinatio)* allgemeinerer Sätze:

> *Auf dem Weg der Schlußfolgerung (conclusio) wird demnach etwas von den allgemeinen Prinzipien des Naturgesetzes abgeleitet, wie z.B. das Verbot zu töten aus dem Prinzip, daß man niemandem etwas Böses antun darf.*
>
> *Anderes ergibt sich nur als nähere Bestimmung (determinatio), wie z.B. das Naturgesetz gebietet, denjenigen, der sich vergeht, zu bestrafen, während die Festsetzung des Maßes der Strafe in der Form einer näheren Bestimmung des Naturgesetzes erfolgt.*[227]

Kontroversen der Thomas-Deutung. – Die zentrale und bis in die Gegenwart kontrovers diskutierte Frage besteht dabei in der *Verhältnisbestimmung* des obersten, zunächst formal formulierten Prinzips der praktischen Vernunft zu den inhaltlichen Ausgestaltungen des Naturgesetzes und den sittlichen Einzelurteilen und damit zugleich in der Beschreibung des Verhältnisses der materiellen Vorgaben der *lex naturalis* gegenüber der aktiven Rolle der praktischen Vernunft. Typologisch lassen sich hier *drei Richtungen* der gegenwärtigen Thomas-Deutung unterscheiden:

(1) Einer rein *formalen* Lesart gilt das natürliche Gesetz lediglich als formales Strukturgesetz der praktischen Vernunft, während die Frage nach seinen möglichen Inhalten offen bleibt. Die *lex naturalis* beschreibt so lediglich die formale Freisetzung der Vernunft zu Eigenaktivität und eine autonome Strukturgesetzlichkeit (Vertreter: am ehesten L. Honnefelder).

(2) Eine *vermittelnde* Deutung sieht im natürlichen Gesetz mit der Vernunftbestimmtheit des menschlichen Handelns zugleich einen materialen Vorentwurf des sittlich Richtigen angelegt. Die

[226] Vgl. Thomas, *S.th.* I-II 94,2 ad 2.

[227] *Ebd.*, I-II 95,2 c.: „Die zweite Art ist der technischen Fertigung zu vergleichen, in der allgemeine Vorlagen auf etwas Konkretes angewandt werden, wie etwa der Baumeister die Grundform eines Hauses auf diese oder jene Ausführung übertragen muß."

inhaltlichen Bestimmungen der *inclinationes naturales* werden allerdings nicht als handlungsleitende Regeln verstanden, sondern lediglich als grundrißartige Vorprägungen oder Beschreibungen eines Dispositionsfeldes, auf das die praktische Vernunft verwiesen ist und auf dem sie sich im konkreten Einzelnen unter der Variabilität der Lebensbedingungen als Klugheit zu bewähren hat (Vertreter: W. Korff, K. Demmer).

(3) Eine *vereinheitlichende* Position schließlich nimmt eine normative Maßgeblichkeit der praktischen Vernunft an, in der diese jedoch auch in der Lage ist, die Inhalte des natürlichen Gesetzes unfehlbar zu erfassen und abzuleiten. Unter der Voraussetzung einer Eigenständigkeit der praktischen Vernunft wird das erste Prinzip der praktischen Vernunft nicht nur *formal*, sondern *inhaltlich* verstanden: als ein zum Handeln bewegendes Prinzip, das sich in das Ensemble naturhafter Strebungen und menschlicher Grundgüter entfaltet und in die Vielzahl der Einzelgebote des natürlichen Gesetzes auffächert. Natürliches Gesetz und praktische Vernunft erscheinen so (unter tendenzieller Abblendung der Variabilität der Lebensbedingungen) als zwei Seiten ein und derselben Medaille (Vertreter: M. Rhonheimer).[228]

Zur Komplementarität von Dekalog und lex naturalis. – Welche Gründe und Argumente mit größerer und geringerer Stichhaltigkeit auch im einzelnen für die verschiedenen Positionen angeführt werden – im Ganzen zeigen sich in dieser Diskussion m.E. vor allem die *Grenzen* eines rein *philosophischen* Fragens nach den inhaltlichen Maßgaben des Naturrechts nach Thomas – zumal, wenn es vom Interesse geleitet ist, eine rein *philosophische* Ethik zu rekonstruieren, die ihre Prinzipien einzig in der praktischen Vernunft hat.[229] Demgegenüber hat Josef Pieper zu Recht betont, daß Thomas

---

[228] Zum Ganzen vgl. E. Schockenhoff (1996), 148–154. – Zur Veränderlichkeit des natürlichen Gesetzes vgl. Thomas, *S.th.* I-II 94,5 c.

[229] Vgl. W. Kluxen (1964), 51-56. – Vgl. in diesem Sinne O.-H. Pesch (1988), 294: „Das philosophische Ergebnis [ist]: daß es kein Naturgesetz gibt, jedenfalls nicht in dem Sinne, wie es gewöhnlich in Anspruch genommen wird, nämlich als Katalog inhaltlich vorgegebener und verpflichtender Weisungen, die jeden menschlichen Gesetzgeber binden" (im Rückgriff auf W. Kluxen [1964], 218-241). – Zur Kritik dieser Position vgl. B. Wald (2020), der im Ausgang vom aristotelischen Diktum „Bonum est quod omina appetunt" die tranzendentale Grundlegung des Guten anhand des Gedankens der Kreatürlichkeit des Seins herausarbeitet. Demgegenüber erscheint Peschs Versuch, mit Hilfe einer formalen, praktisch-pragmatischen Wesensbestimmung des Guten Ansatzpunkte einer Autonomie der praktischen Vernunft in Thomas hineinzulesen „mehr gemein [zu haben] mit existentialphilosophischen und pragmatischen Ausffassungen menschlicher Freiheit" (221).

> *zweifellos* unterschieden *[hat] zwischen Wissen und Glauben, Philosophie und Theologie; diese Unterscheidung begründet und verteidigt zu haben ist sogar, wie man weiß, seine besondere Leistung gewesen. Dennoch gibt es keine „Philosophie des heiligen Thomas", die abgetrennt von seiner Theologie dargestellt werden könnte*[230].

So wird man vor allem anderen zu beachten haben, daß die dargestellten Bestimmungen eingefügt sind in den größeren Kontext eines *theologischen* Werkes, eben der *Summa theologiae*. Auch die o.g. Gesamtkomposition des Gesetzestraktats selbst weist mit ihrer inneren Zielgerichtetheit auf das göttliche Gesetz und ihren quantitativen Proportionen auf diese *theologische Leitperspektive* hin. Nicht zuletzt mit Blick auf die Skizzenhaftigkeit, in der Thomas seine Bestimmungen zu den konkreten inhaltlichen Normen der *lex naturalis* entwirft, erscheint es mir daher sinnvoll, seine *theologischen* Erörterungen zu den Zehn Geboten als eine notwendige Ergänzung zu seiner *philosophischen* Konzeption des natürlichen Gesetzes zu verstehen, durch die ihr inhaltlicher Sinn leichter erkennbar wird, und beide unter dem Gesichtspunkt einer inneren *Komplementarität* und Zusammengehörigkeit zu fassen. So finden die natürlichen Strebungen nach (a) Selbsterhaltung, (b) Arterhaltung und (c) Erkenntnis und Wahrheit, die das natürliche Gesetz auf einer ersten Ebene konkretisieren, ihre unmittelbare Entsprechung im (a) Tötungsverbot, (b) Ehebruchsverbot und (c) Falschzeugnisverbot des Dekalogs. Insofern das spezifisch menschliche Streben nach Erkenntnis auch die Gotteserkenntnis umfaßt und überdies auf ein Leben in Gemeinschaft zielt, ergibt sich darüber hinaus eine Korrespondenz zur allgemeinen Zweiteilung des Dekalogs in die Gebote der Gottes- und der Nächstenliebe.

In solchem Sinne betont Thomas gegen die Vermutung, daß es über das sittliche Wissen des natürlichen Gesetzes hinaus keines eigenen göttlichen Gesetzes bedarf, den *Zuschuß an Erkenntnis*, den die Offenbarung der Zehn Gebote gegenüber dem natürlichen sittlichen Wissen mit sich bringt. Diese Kenntnis betrifft an erster Stelle die ewige Glückseligkeit als übernatürliches Ziel des menschlichen Lebens, ferner (2) die Sicherheit des Urteils in konkreten Entscheidungen und (3) die Vollkommenheit der Tugend, so daß der Mensch in allen seinen Tätigkeiten richtig existiere.[231] Auch spricht Thomas in diesem Zusammenhang mehrfach von einer *Verdunkelung der Vernunft* und ihrer

---

[230] J. Pieper (2001a), 145. – Hervorhebung im Original.

[231] Vgl. Thomas *S.th.* I-II 91,4; 91,5; 98,5.

Irrtumsanfälligkeit aufgrund der Sünde[232], weshalb die Gebote der *lex naturalis* einer eigenen *determinatio* und der Hinzufügung einiger weiterer Gebote bedürfen.[233] In all dem bleibt freilich bestehen, daß das Naturgesetz nicht etwas vom Alten Gesetz völlig Verschiedenes ist, sondern

> *wie die Gnade die Natur voraussetzt, so ist es notwendig, daß das göttliche Gesetz das natürliche Gesetz voraussetzt.*[234]

4.4. Der Dekalog und das Alte Gesetz als Zentrum des lex-Traktats

Läßt sich somit summarisch von einer Komplementarität sprechen, in der einerseits [...] „die Lehre vom göttlichen Gesetz das natürliche Gesetz [interpretiert, und] [...] [a]ndererseits [...] das natürliche Gesetz das Verständnis des göttlichen Gesetzes"[235] konkretisierend und präzisierend interpretiert (eine Komplementarität, in der man im Übrigen zugleich die Komplementarität der beiden Prinzipien thomanischen Denkens – Aristoteles und der Bibel – wiedererkennen kann), so kommt dem Dekalog und dem Alten Gesetz innerhalb der *lex*-Traktates noch in einer anderen Hinsicht eine wesentliche Bedeutung zu: Denn zweifellos zielt der Gesetzestraktat als ganzer mit seiner eudaimonistischen Sinnspitze zugleich auf ein Verständnis des Gesetzes im Sinne des *Habitus* und der *Tugend*, d.h. auf eine *Verinnerlichung des Gesetzesbegriffs*. In solchem Sinne beginnt gleich der erste Artikel zum natürlichen Gesetz mit der Frage, ob dieses ein Habitus sei,[236] und auch die Lehre vom Neuen Gesetz, die das eigentliche Ziel der Überlegungen markiert, hebt – wie gesehen – dessen Qualität als *inneres, geistliches*, in die Herzen geschriebenes Gesetz hervor. Zwischen diesen beiden Polen wird man allerdings *die besondere Qualität des Alten Gesetzes* als einer *lex scrip-*

---

[232] Vgl. *ebd.*, I-II 98,6 c.; 99,2 ad 1.

[233] Vgl. *ebd.*, I-II 99,3 ad 2: „Die Gebote des Naturgesetzes sind allgemein und bedürfen einer näheren Bestimmung (*determinatio*). Sie werden aber näher bestimmt durch das menschliche Gesetz und durch das göttliche Gesetz." – So sind (1) die Sittengebote mit dem Dekalog im Zentrum, die inhaltlich mit dem natürlichen Gesetz indentisch sind, der Form nach eine göttliche Determination des ewigen Gesetzes, während (2) die Kultvorschriften und (3) die Rechtssatzungen *determinationes* der ersten und zweiten Tafel des Dekalogs sind: vgl. *ebd.*, I-II 99,4 c.

[234] Vgl. *ebd.*, I-II 99,2 ad 1.

[235] O.-H. Pesch (1988), 299.

[236] Vgl. Thomas, *S.th.* I-II 94,1. – Vgl. von hier aus den Bezug zur Thematik des Gewissens: dazu H.-G. Nissing (2021), v.a. 64-68.

ta und eines gewissermaßen „von außen" geoffenbarten Gesetz wahrzunehmen haben, die als konstitutives Element in die Gesamtkonzeption eingeht.[237]

Einen bedenkenswerten Hinweis auf die Bedeutung, die dem Alten Gesetz in dieser Hinsicht zukommt, gibt Wilhelm von Tocco, der in seiner *Vita S. Thomae de Aquino* neben (1) dem Averroistenstreit (vgl. c. 19), in dem es um die rechte Aristoteles-Deutung ging, und (2) dem Mendikantenstreit (vgl. c. 20), in dem das Ideal biblischer Nachfolge zur Debatte stand, die Auseinandersetzung (3) mit dem sog. Joachimitismus das dritte große Kampffeld herausstellt, auf dem Thomas sich in seiner akademischen Tätigkeit zu bewähren hatte und auf dem er entscheidende Richtigstellungen vornahm: Der Urheber dieser Lehre, der kalabresische Abt Joachim von Fiore (um 1130/35-1202), hatte die Geschichte trinitarisch strukturiert gedacht und nach dem Alten Bund als Zeitalter des Vaters und dem Neuen Bund als Zeitalter des Sohnes ein Zeitalter des Heiligen Geistes (das sog. „Dritte Reich") angenommen, das in der Folge mit dem Auftreten des Franz von Assisi (1181/2-1226) und der Mendikanten identifiziert wurde und v.a im Franziskanerorden im 13. Jahrhundert Resonanz gefunden hatte. Eine Spiritualisierung, Ent-Materialisierung und Ent-Institutionalisierung des kirchlichen Lebens lagen in der inneren Konsequenz dieses Ansatzes. Bereits auf dem IV. Laterankonzil 1215 waren die Thesen Joachims verurteilt worden, doch spielten sie noch in den Polemiken des Mendikantenstreits eine wesentliche Rolle.[238] – Die Bedeutung der thomanischen Antwort auf Joachim lag nach Tocco darin, daß

> *er zeigte, daß nach Christi Evangelium und dem letzten Testament des Sohnes Gottes, durch das jeder Gläubige in das himmlische Erbe eintritt, kein weiteres Alter der Kirche folgen*

---

[237] Dies gilt unbeschadet der Tatsache, daß das Alte Gesetz keine für den Menschen rechtfertigende Kraft besitzt, wie Thomas im Licht der Spannung von *Röm* 2,13 und *Röm* 4,2 festhält: vgl. *ebd.*, I-II 100,12; I-II 98,1; 100,12; *Super III Sent.* d. 40,3; *Super Ad Gal.* II 4; III 4; *Super Ad Rom* II 3; III 2. Daher ist auch fraglich, ob die Interpretation O.-H. Peschs, der in der Herausarbeitung der Lehre vom natürlichen Gesetz die Vorbeugung zu einer Vergesetzlichung des Alten Gesetzes (wie auch des Evangeliums) erkennen will, die Position des Thomas tatsächlich trifft oder nicht doch zu stark aus einer lutherisch-protestantischen Perspektive formuliert ist.

[238] Vgl. Wilhelm von St. Amour, der in seiner polemischen Schrift *De periculis novissimorum temporum* die Mendikanten als ein Phänomen der Endzeit beschrieben und beschimpft hatte: als Bedrohungen, die vom Antichrist ausgingen und bei denen es sich um die vom Apostel Paulus angekündigten Pseudo-Prediger handelte.

> *darf, sondern daß dieses, das jetzt ist, das Zeitalter der Gnade, als Vorbereitung der Herrlichkeit bis zum Ende der Welt dauern wird.*[239]

Im Gegensatz zu Joachim vertrat Thomas also keine „Geschichtsverlaufstheorie", die die Zeit trinitarisch chronologisierte. Er deutete die Heilsgeschichte vielmehr dreiteilig, indem er zwischen (a) dem *status veteris legis*, (b) dem *status novae legis* und (c) dem *status futurae gloriae* unterschied. Dabei stellte er Christus als den Mittelpunkt der Geschichte heraus, auf den hin die Zeit des Alten Gesetzes zulief, um in ihm seine Erfüllung zu finden, der zugleich aber selbst die unüberbietbare Fülle der Zeit repräsentierte. Diese im Rahmen der Christologie erhobene Unterscheidung dreier Zeiten der Heilsgeschichte[240] wird zum Grundmotiv, das in den verschiedensten Feldern theologischer Diskussion seine Anwendung findet. Im Zusammenhang der Gesetzesthematik ist sie vor allem dazu geeignet, die Bedeutung der *lex vetus* als *konkreter* und *konstitutiver Weise der Heilsvermittlung* hervortreten zu lassen. Denn durch die *lex vetus*, die auch im Neuen Bund gültig bleibt, wird – entgegen aller Tendenz zur Spiritualisierung und Verinnerlichung – der Geist auf das Wort und die Schrift zurückverpflichtet.[241] Auf diese Weise aber kann die Lehre vom Alten Gesetz in seiner wesentlichen Hinordnung auf Christus als die eigentliche Mitte des *lex*-Traktats gelten, und der Dekalog als Zentrum der *lex vetus* erscheint im Ganzen als ein normativer Rahmen, der von Gott gegeben ist, um dem Menschen den Weg zum Ewigen Leben zu weisen. Er „interpretiert den wahren Sinn der Grundstrebungen des menschlichen Wesens und bringt den Menschen auf die Bahn zu seinem wahren Ziel"[242]. In diesem Sinne ist er den Gläubigen mit Nachdruck zu empfehlen und wird daher zum vorrangigen Thema christlicher Predigt.

5. Die *Collationes in decem praeceptis*: Ihr Aufbau und ihre formalen Kennzeichen

Auch in seiner Predigtreihe zu den Zehn Geboten stellt Thomas den Dekalog so in die Dynamik des Menschseins, dessen Hinord-

---

239 Wilhelm von Tocco, *Ystoria* c. 21 (Z. 34-38).

240 Vgl. H.-G. Nissing (2022), 192f. – Vgl. von hier aus die Wiederentdeckung des heilsgeschichtlichen Denkens bei Thomas in der Interpretation der vergangenen 50 Jahre; dazu O.-H. Pesch (1988), 308-315.

241 Vgl. v.a. Thomas, *S.th.* I-II 106,4. – Zum Ganzen vgl. W. Schachten (1980).

242 O.-H. Pesch (1988), 300.

nung auf die übernatürliche Erfüllung und seine charakterliche Formung durch die Tugenden. Schon die programmatische Zuordnung mit *Credo* und *Vater unser* zu den drei göttlichen Tugenden deutete darauf hin. Die thomanischen Predigten enthalten daher zugleich ein eigentümliches Stück *Anthropologie*, die ihn nicht nur als Philosophen und Theologen, sondern auch als geistlichen Lehrer und feinfühligen Kenner der menschlichen Psyche zeigen. Es wäre von eigenem Interesse, die Verbindungen, die Thomas hier zu den Tugenden herstellt, weiter in jene umfassenderen Untersuchungen hinein zu verfolgen, welche die *Secunda Secundae* enthält. Doch kann dies im folgenden nur punktuell und durch einzelne Hinweise geschehen.

(I.) In ihrem Gesamtaufbau gliedern sich die *Collationes in decem praeceptis* in 13 Predigten: Nach einem einleitenden Vorwort, das um die Begriffe des „Gesetzes" und der „Liebe" kreist, sind die beiden folgenden Auslegungen der Gottes- und Nächstenliebe gewidmet, die als zentrale Erschließungsgrundlage für die Deutung der Zehn Gebote und das Verständnis ihrer inneren Ordnung dienen.

Anders als in seinen systematischen Werken stellt Thomas seinen Ausführungen keine Gliederung voran, sondern entwickelt sie im Laufe der einzelnen Darlegungen organisch jeweils mit einigen Bemerkungen zu Beginn einer Predigt. Demnach ergibt sich die erste und grundlegende Unterscheidung der Zehn Gebote nach ihrer Hinordnung auf die Gottes- oder die Nächstenliebe, wie sie durch die beiden Tafeln angezeigt ist.[243] Die Dreifachgliederung der auf die Gottesliebe ausgerichteten Gebote macht Thomas darüber hinaus mit Hilfe der Trias „Herz"-„Mund"-„Tat" verständlich:

> *[1] Erstens müssen wir Gott mit dem Herzen verehren, daher das Gebot, nur ihn als den einen Gott anzubeten: „Du sollst keine fremden Götter neben mir haben."*
>
> *[2] Zweitens müssen wir ihn mit dem Munde verehren, daher heißt es: „Du sollst den Namen des Herrn, deines Gottes, nicht eitel gebrauchen."*
>
> *[3] Drittens auch durch die Tat, und das bedeutet: „Gedenke, daß du den Tag der Gottesruhe heiligst." Gott bestimmte einen Tag, an dem die Menschen seinem Dienst obliegen sollen.*[244]

[243] Vgl. Thomas, *Coll. in dec. praec.* 3 (n. 1193); *ebd.* 6 (n. 1237). – Vgl. zum folgenden parallel die Gliederungen in *Super III Sent.* d. 37,1,2,2 c.; *S.th.* I-II 100,5 c.; *Q. de virt.* 7 ad 10; *Super Ad Rom.* XIII 2; *S.c.G.* III 120 und 128.

[244] Vgl. Thomas, *Coll. in dec. praec.* 5 (n. 1217); 4 (n. 1204).

Dieselbe Differenzierung begegnet – in umgekehrter Reihenfolge – auch im Rahmen der Gebote der Nächstenliebe: So sind

(1) die Verbote der Tötung, des Ehebruchs und des Diebstahls auf die *Taten* bezogen (5.-7. Gebot),

(2) das Verbot des falschen Zeugnisses dagegen auf die *Worte* (8. Gebot),

(3) und die beiden Verbote des Begehrens auf die *innere Haltung* oder *Gesinnung* des Menschen (9.-10 Gebot). Die beiden letzten, auf die *Gesinnung* gerichteten Gebote unterscheiden sich überdies aufgrund der hauptsächlichen Ziele menschlichen Begehrens, das entweder

(3.1) auf das Fleisch bzw. die eheliche Verbindung (9. Gebot)

(3.2) oder auf Besitz, Reichtum, gesellschaftlichen Rang oder Ehre (zusammengefaßt im Begriff des „Hauses") gehen kann (10. Gebot). Als biblischer Beleg gilt Thomas dabei 1 *Joh* 2,16.

In ähnlicher Weise unterscheiden sich auch die Verbote von *Taten* gegenüber dem Nächsten danach, ob sie

(1.1) auf sein Eigentum bzw. *äußere* Güter (Diebstahlsverbot, 7. Gebot),

(1.2) auf die mit ihm ehelich *verbundene* Person (Ehebruchverbot, 6. Gebot) oder

(1.3) auf ihn selbst in seiner *eigenen* Person gehen (Tötungsverbot, 5. Gebot).[245]

Im Unterschied zu diesen Geboten, die *Unterlassungen* vorschreiben bzw. *Verbote* formulieren, ist das 4. Gebot dadurch hervorgehoben, daß es ausdrücklich etwas Positives gebietet. Nicht von ungefähr erscheint es in einer eigentümlichen Mittelstellung zwischen den Geboten der Gottes- und der Nächstenliebe.

(a) Seine besondere *Gestalt* als positive Vorschrift ergibt sich für Thomas aus der grundlegenden Einsicht, daß die Gebote nicht nur auf das Verbot von Bösem, sondern auch auf die Anleitung zum Guten ausgerichtet sind.[246]

(b) Sein besonderer *Gegenstand* – die Eltern zu ehren – resultiert darüber hinaus aus der Überlegung, daß es zwar

> *in unserer Macht [steht], uns vom Bösen fernzuhalten: wir können aber nicht jedem Gutes tun. Daher sagt der hl. Augustinus, daß wir alle zu lieben verpflichtet, aber nicht gehalten*

---

[245] Vgl. *ebd.*, 7 (n. 1258).

[246] Vgl. *ebd.*, 6 (n. 1237). – Darüber hinaus rekurriert Thomas mehrfach auf den Unterschied zwischen dem Tun des Guten und dem Meiden des Bösen als Grund der Unterscheidung zwischen *Ge*boten und *Ver*boten.

sind, allen Gutes zu tun. Vor allen anderen müssen wir denen Gutes tun, die uns näherstehen [...]. Unter allen Verwandten aber sind uns die Nächsten Vater und Mutter; deswegen sagt Ambrosius: „Zuerst müssen wir Gott lieben, dann Vater und Mutter".[247]

Dies entspricht dem bereits oben Gesagten.[248] Im Hintergrund läßt sich hier das augustinische Konzept des *ordo amoris* erkennen, das Beziehungen unterschiedlicher Nähe und Ferne zu den Menschen und folglich gestufte Pflichten und Verantwortlichkeiten kennt.[249] Eine analoge Stufung liegt der aristotelischen Dreiteilung der praktischen Philosophie in Ethik, Ökonomik und Politik zugrunde.[250]

Somit ergibt sich schließlich das Gesamtbild einer summarischen Ableitung der Zehn Gebote, die am Ende der Predigtreihe noch einmal eigens angeführt wird in Form einer wiederholenden Zusammenfassung der verschiedenen Einzelbemerkungen in den Predigten.[251] Im Nachweis dieser Ordnung zeigt sich für Thomas nicht nur, daß sich darin die höchste Weisheit zum Ausdruck bringt, die ihre Weisungen auf höchst geordnete Weise manifestiert.[252] Zugleich läßt sich der Dekalog als ein organisches und unteilbares Ganzes wahrnehmen, in dem die einzelnen Gebote sich bedingen und einander erhellen. Auf diese Weise wird die Feststellung des *Jakobusbriefes* nachvollziehbar:

Wer ein Gebot übertritt, verstößt gegen das ganze Gesetz (Jak 2,10f).

(II.) Die Predigten zu den einzelnen Geboten selbst gliedern sich in mehrere Sinnabschnitte, die jeweils durch eine einleitende Wiederholung des betreffenden Gebotes angezeigt wird.[253]

---

[247] *Ebd.* (n. 1238). – Vgl. eine entsprechende Dreiteilung der *vitia* gegen die kommutative Gerechtigkeit auch in Thomas, *S.th.* II-II 64 prol.

[248] Vgl. oben S. XXXV f. und S. LV

[249] Vgl. Augustinus, *De civitate Dei* XV 22 (CCL 48,488,33-37).

[250] Vgl. Thomas, *Super Eth.* I 1 (Z. 99-106).

[251] Vgl. Thomas, *Coll. in dec. praec.* 12 (n. 1332).

[252] Vgl. Thomas, *S.th.* I-II 100,7 c.: „In den Geboten des göttlichen Gesetzes ist die größte Weisheit enthalten. Daher heißt es in *Dtn* 4,6: ‚Dies ist eure Weisheit und Einsicht vor den Völkern.' Dem Weisen aber kommt es zu, alles in der angemessenen Weise und Ordnung einzurichten. Und daher muß offenkundig sein, daß die Gebote des Gesetzes auf angemessene Weise gegeben wurden."

[253] Vgl. etwa Thomas, *Coll. in dec. praec.* 2 (n. 1176); (n. 1183); (n. 1188); 3 (n. 1198); 4 (n. 1211) etc. – J.-P. Torrell erkennt darin jeweils den Beginn einer neuen Predigt: vgl. dazu unten S. XCVIII.

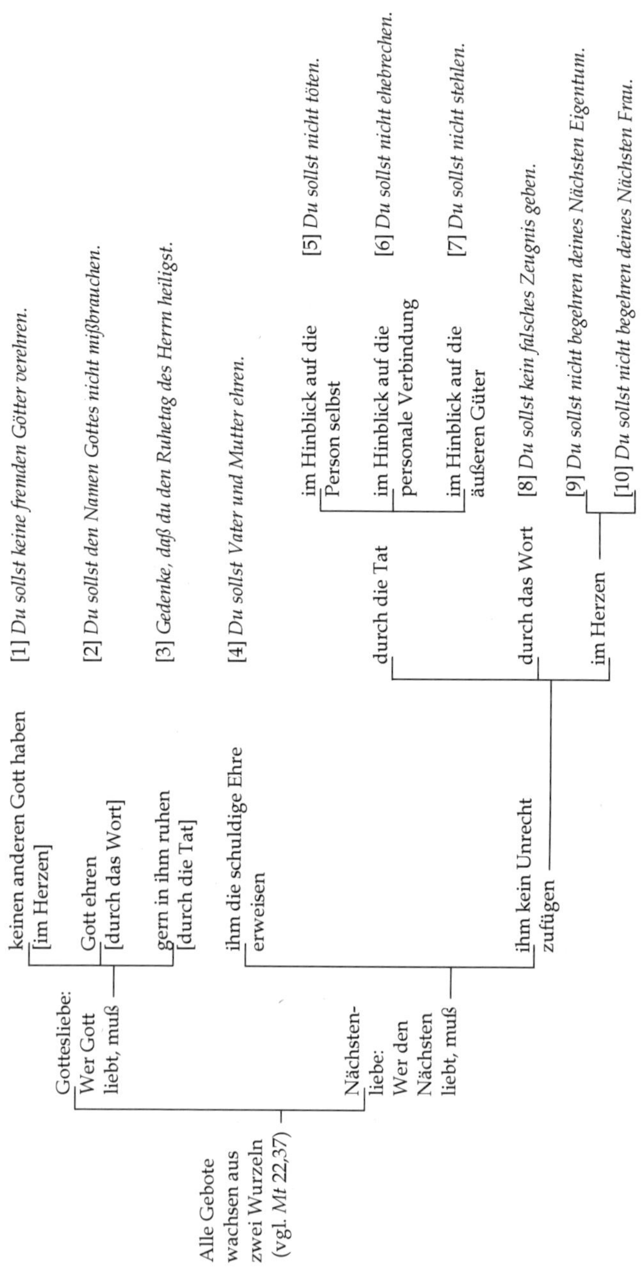

Abb.: Die Ordnung der Zehn Gebote nach den *Collationes in decem praeceptis*

Inhaltlich kreisen sie in der Regel um zwei Schwerpunkte: (a) die genaue Erklärung der *Bedeutung* des Gebotes und (b) die Darlegung der *praktischen Dimensionen* und *Konkretionen*, die sich daraus ergeben. Ersteres kann dabei durch erklärende Begriffsbestimmungen und Definitionen[254], die Abgrenzung gegen Mißverständnisse und Fehlinterpretationen[255] oder die Begründung des tieferen Sinnes des jeweiligen Gebotes geschehen.[256] Mehrfach faßt Thomas die beschriebene Zweiteilung mit der Unterscheidung zwischen dem „daß" und dem „wie" eines Gebotes.[257]

Wenn der *Stil* der thomanischen Predigten mit seinen Aufzählungen und Unterscheidungen dabei mitunter als sehr thetisch erscheinen mag, so liegt dies nicht nur an der nachträglichen Überarbeitung der Texte durch die Redaktoren liegen, von der oben bereits die Rede war.[258] Zugleich zeigt sich darin das eigene Bemühen des Thomas um eine Darlegung im Sinne seines Stilideals eines *pointierten und geordneten Denkens* und Sprechens. Zum Eindruck gedanklicher Ordnung und Systematik tragen schließlich verschiedene *Zusammenfassungen* bei, die den Predigten eine Abrundung geben.[259]

(III.) Häufig sind nach scholastischer Manier kleine *quaestiones* eingeschaltet, die sich inhaltlich an bestimmten Begriffen oder Formulierungen festmachen und an bestimmten Signalwörtern wie „Sed contra", „Sed (forte) dices" u.ä. leicht erkennbar sind.[260] Gleiches gilt für Aussagen, die von Thomas mit einem Akzent versehen werden, da sie eine eigene Wichtigkeit haben. Sie werden durch Wendungen wie „Sed (Et) sciendum", „Sed (et) considerandum", „Et nota"[261] angezeigt. Dabei ist es gerade die Vielzahl dieser Einwände und Hervorhebungen, die eine eigentümliche *Lebendigkeit* und *Diskursivität* der Darlegung bedingt. Man hat den Eindruck, daß der Prediger nicht nur vorträgt, sondern mit dem Hörer zugleich in ein argumentatives Gespräch, in eine Diskussion, eintritt.

---

[254] So finden sich etwa Begriffsbestimmungen von „Begehrlichkeit" (*cupiditas*; vgl. *ebd.*, prol., n. 1158); „vergeblich" (*in vanum*; vgl. *ebd.*, 4, n. 1204ff), „Zorn" (*ira*; vgl. *ebd.*, 7, n. 1268ff.) oder „Gerechtigkeit" (*iustitia*; vgl. *ebd.*, 4, n. 1209).

[255] Vgl. z.B. *ebd.*, 2 (n. 1183ff.); 6 (n. 1259ff.); 11 (n. 1316ff.).

[256] Vgl. z.B. *ebd.*, 3 (n. 1198ff.); 5 (n. 1218ff.).

[257] Vgl. z.B. *ebd.*, 1 (n. 1166); 2 (n. 1176); 5 (n. 1225).

[258] Vgl. oben S. XXVI f.

[259] Vgl. Thomas, *Coll in dec. praec.* prol. (n. 1137); 7 (n. 1276); 11 (n. 1322).

[260] Vgl. *ebd.*, prol. (n. 1147); 1 (n. 1165); 7 (n. 1267); 8 (n. 1285); 9 (n. 1294).

[261] Vgl. *ebd.*, prol. (n. 1132); (n. 1134); (n. 1138); (n. 1139); 4 (n. 1208) etc.

(IV.) Der extensive Gebrauch von *Schriftzitaten*, der die *Collationes in decem praeceptis* kennzeichnet, zeugt ferner von der elementaren Bedeutung, die der Bibel als entscheidender Norm der Verkündigung im allgemeinen wie als Maßstab im Denken und Schaffen des Thomas im besonderen zukommt: sie ergibt sich gleichermaßen aus der Einsicht, daß Predigen zuerst und zuvorderst ein Präsentmachen des Wortes Gottes ist, wie aus der oben skizzierten thomanischen „Theologie des Wortes". Dieser Gebrauch führt so weit, daß z.T. die gesamte Argumentation durch eine Aneinanderreihung von Schriftzitaten bestritten wird oder daß bestimmte Begriffe und Sachverhalte ausschließlich mit biblischen Belegen und Beispielen entwickelt werden.[262]

Von hervorgehobener Bedeutung sind dabei unter den biblischen Büchern, aus denen Thomas seine Zitate schöpft, neben dem *Psalter* die Bergpredigt (*Mt* 5-7) sowie – im Zusammenhang des Liebesgebots – die johanneischen Schriften, auf die er häufig und an zentralen Stellen rekurriert.[263]

(V.) Sekundierend dazu führt Thomas gelegentliche Zitate von *Kirchenvätern*, v.a. von Augustinus und Gregor dem Großen (um 540-604), schließlich auch von Hieronymus (347-420) an.[264] Zurück tritt dagegen Aristoteles, der als zweite große Quelle des thomanischen Denkens nur punktuell namentlich genannt wird.[265] Ähnliches gilt auch für weitere pagane Quellen, die freilich zumeist über die augustinische Rezeption vermittelt erscheinen. Doch auch wenn der „Philosophus" nicht ausdrücklich zitiert wird, so ist er offensichtlich in Stil und Gesamtperspektive der Auslegung, v.a. aber auch in der Zeichnung psychologischer Prozesse, die sich auf die *Nikomachische Ethik* stützt, beständig präsent.[266]

(VI.) Eine aktualisierende Bezugnahme auf *zeitgenössische akademische Debatten* findet sich im Rahmen der *Collationes in decem praeceptis* lediglich in der bereits erwähnten Reminiszenz zur Frage bzgl. der Ewigkeit der Welt.[267] In den Vordergrund treten

---

[262] Vgl. z.B. *ebd.*, 10 (n. 1304-1308).

[263] Vgl. das Bibelstellenregister unten S. 98-101.

[264] Vgl. das Verzeichnis der von Thomas zitierten Autoren: S. 101.

[265] Vgl. Thomas, *Coll. in dec. praec.* 4 (n. 1238); 7 (n. 1259); (n. 1267f.).

[266] Vgl. v.a. die Diskussion um die Rolle der Leidenschaften in Verbindung mit der Tugend: *ebd.*, 7 (n. 1267); ferner 7 (n. 1270ff.); 11 (n. 1316ff.).

[267] Vgl. *ebd.*, 5 (n. 1218). – Zur Auseinandersetzung mit dieser Thematik vgl. v.a. das Opusculum *De aeternitate mundi*. – Im Ganzen vertritt Thomas eine Position, in der es ihm darum geht, die Möglichkeit des *Glaubens* an eine göttliche Weltschöpfung offenzuhalten – allerdings nicht nur gegen die Averroisten, die meinten, eine Anfanglosigkeit der Welt rein

demgegenüber der spezifische Erfahrungshorizont der hochmittelalterlichen Welt und das *Leben und der Alltag des zeitgenössischen Menschen*, an den Thomas mit seinen Beispielen bewußt anknüpft.[268] In diesem Sinne hält J.-P. Torrell summarisch fest:

> *Thomas [...] unterscheidet sich von der Mehrheit seiner Zeitgenossen durch seine Einfachheit und Nüchternheit. Er verwendet kaum scholastische Spitzfindigkeiten und Fachbegriffe. [...] [Auch] findet man in seinen Predigten keine Anekdoten (exempla), die sonst bei den Predigern sehr beliebt waren. [...] Es erstaunt ferner, daß die Predigten eines Intellektuellen wie Thomas so konkret sind [und] sich auf tägliche Erfahrung stützen [...]. Zwar spiegeln sie die Mentalität seiner Zeit [...], aber sie zeugen auch von einem starken Zug auf die Bibel und einer tiefen Liebe zum Wort Gottes.*[269]

6. Inhaltliche Schwerpunkte

6.1. *Das Vorwort und die Predigten zur Gottesliebe und zur Nächstenliebe*

Bereits quantitativ kommt den einführenden Bemerkungen des Vorworts sowie den beiden ersten Predigten zu den Geboten der Gottes- und der Nächstenliebe besondere Bedeutung zu: sie allein umfassen allein ein Drittel der Ausführungen der *Collationes* und zeigen damit die grundlegende Funktion, die der theologischen Tugend der Liebe in ihren verschiedenen Dimensionen als Prinzip für die Interpretation des Dekalogs zukommt.

Gleichwohl setzt Thomas zunächst mit der Unterscheidung von vier verschiedenen Arten des *Gesetzes* ein: (1) dem natürlichen Gesetz, (2) dem Gesetz des Mose, (3) dem Gesetz des Evangeliums und (4) dem Gesetz der Begierde (*lex concupiscentiae*), von dem zumal in den Briefen des Apostels Paulus mehrfach die Rede ist

---

mit den Mitteln der Philosophie verfechten zu können, sondern auch gegen Strömungen bei den Franziskanern um Bonaventura (1221-1274), die eine Beweisbarkeit des ersten Glaubensartikels durch strikte Vernunftgründe vertraten. – Vgl. A. Zimmermann (1976), 322; J. Wippel (1984).

[268] Vgl. etwa Thomas, *Coll. in dec. praec.* 9 (n. 1290-1295; 1298) oder 10 (n. 1314). – Zum Ganzen vgl. J.-P. Torrell (1982) und (1985), 226-229: „[C]'est peut-être dans sa prédication qu'on trouve à l'état le plus spontané ces indices révélateurs d'un homme et de son milieu. [...] [I]ls montrent au moins comment même un grand-esprit reste un homme de son temps."

[269] J.-P. Torrell (1995), 92f.

(vgl. etwa *Röm* 7,23 u.ö.).[270] Ihren Dreh- und Angelpunkt hat diese Aufzählung im Gesetz des Evangeliums, welches das „Gesetz Christi" ist. Die Differenzierung der vier Gesetzesarten ähnelt jener oben erwähnten in der *Summa theologiae* – mit dem Unterschied, daß hier statt des positiven menschlichen Gesetzes das Gesetz der Begierde eigens akzentuiert wird. Dies mag nicht nur bedingt sein durch die Semantik der Bibel, die für die Textgattung der Predigt prägend und kennzeichnend ist, sondern vor allem durch den geistlichen Anspruch der Ausführungen, welche die *conditio humana*, den *Menschen* in seinem Streben nach der endgültigen Glückseligkeit und Vollendung, als entscheidenden Bezugspunkt der Überlegungen in den Blick nimmt.

In dieser anthropologischen Grundperspektive ist es (1) die *lex naturalis,* die von Schöpfungs wegen eine natürliche Erkenntnis von Gut und Böse bringt.[271] Im heilsgeschichtlichen Zusammenhang von Versuchung und Sündenfall erscheint sie überdies (2) in die Differenz zwischen Fleisch und Geist gestellt, in der Seele und Leib des Menschen nicht mehr Gott untertan sind, d.h. unter das Gesetz der Begierde. Daher bedurfte es, um den Menschen „zu den Werken der Tugend zurückzuführen"[272], des Gesetzes der Schrift, zunächst (3) in Form des Gesetzes des Mose, dann (4) als Gesetz des Evangeliums. – Dabei ist es seine besondere *Motivationskraft* im Hinblick auf das Gute oder Schlechte[273], die das Gesetz Christi, so Thomas, gegenüber dem des Mose hervorhebt: anders als dieses ist es nicht Gesetz der Furcht, sondern Gesetz der Liebe.[274] Als solches wird es zur Richtschnur für das menschliche Tun (*regula omnium actuum humarorum*), worin zugleich der *Begriff des Gesetzes* seine wesentliche Bestimmung erfahren kann. Denn:

> *Wie im Handwerk jedes Werkstück nur dann gut und recht genannt wird, wenn es nach der Meisterregel gearbeitet ist, so ist auch jede menschliche Handlung nur dann recht und sittlich, wenn sie mit dem göttlichen Gesetz der Liebe übereinstimmt.*[275]

---

[270] Vgl. Thomas, *Coll. in dec. praec.* prol. (n. 1129-1133). – In *S.th.* I-II 81,6 c. wird es auch *lex fomitis* genannt.

[271] Thomas weist in diesem Zusammenhang auf die goldene Regel hin.

[272] Thomas, *Coll. in dec. praec.* prol. (n. 1131).

[273] Vgl. *ebd.* (n. 1133-1136).

[274] Vgl. *ebd.* (n. 1134-1137). – Mit den Gegensätzen (a) Furcht-Liebe, (b) zeitliche-himmlische Güter (c) drückend-leicht wird dieser Unterschied dreifach profiliert.

[275] *Ebd.* (n. 1138).

Damit aber ist die Verbindung von Gesetz und Liebe hergestellt: Das Gesetz des Evangeliums „ist das Gesetz der göttlichen Liebe".[276]

Darüber hinaus ist das Gesetz Christi durch eine eigentümliche *Kürze* ausgezeichnet, die es für alle einsehbar macht und darin auf ihren Urheber, das *Verbum abbreviatum*, durchsichtig wird.[277]

(1) *Das Gesetz der göttlichen Liebe*

Die Feststellung ist Ausgangspunkt für ein kleines „Loblied der Liebe", in dem Thomas ausführlich (1.1) ihre Wirkungen, (1.2) ihren Nutzen und (1.3) ihren Erwerb und ihr Wachstum beschreibt.

(1.1) *Die Wirkungen der Liebe.* – Unter den vier hauptsächlichen Wirkungen im Menschen, welche die Liebe „sehr erstrebenswert" machen, verdienen v.a. die erste und die letzte Beachtung, da sie unmittelbar das Sein des Menschen wie sein Ziel betreffen.[278]

(a) *Das Sein des Menschen.* – So hat die Liebe eine elementar belebende Wirkung, sie begründet im Menschen das geistliche Leben, das Thomas als Einswerdung und Unwandlung des Liebenden in den Geliebten beschreibt. Die Elementarität und Totalität dieses Vorgangs belegt er in Anknüpfung an Augustinus mit dem Vergleich von Seele und Leib:

> *Wie die Seele das Leben des Leibes ist, so ist Gott das Leben der Seele.*[279]

Dabei ist an dieser Stelle der thomanische Hylemorphismus in seiner ganzen Tragweite mitzudenken. Wohl kaum einer hat die Einheit und Ganzheit des Menschen, die Einheit von Materie und Form, von Leib und Seele, so intensiv und konsequent bedacht wie Thomas von Aquin: Weil die Seele als einer und „einziger Akt" und „einzige substantielle Form" (*anima unica forma corporis*)[280] dem Leib Existenz, Art und Einheit verleiht und untrennbar mit ihm verbunden ist, geht die Materialität und Leiblichkeit als konstitutives Element in das Verständnis des Menschen wie aller übrigen Dinge der geschaffenen Wirklichkeit ein, und erst beide zusammen bilden ein Eines und Ganzes.[281]

---

[276] *Ebd.* (n. 1137).

[277] Vgl. *ebd.*

[278] Vgl. *ebd.* (n. 1139-1145).

[279] *Ebd.* (n. 1140). – Vgl. Augustinus, *Enarrationes in Psalmos* 70,3 (CCL 39,962,59) u.ö.

[280] Vgl. Thomas, *S.th.* I 76, 3-4.

[281] Vgl. dazu H.-G. Nissing (2022), 43f. und 410ff.

> *Dann nämlich sagen wir, der Leib lebe durch die Seele, wenn er durch Wirken und Bewegung die ihm eigenen Lebensäußerungen zeigt. Trennt sich aber die Seele vom Leibe, dann ist das Wirken und die Bewegung des Leibes zu Ende.*[282]

Dieser Gedanke wird nun auf das Verhältnis von Seele und Liebe übertragen:

> *Ebenso ist auch das Wirken der Seele nur dann tugendkräftig und vollkommen, wenn sie durch die Liebe wirkt, kraft welcher Gott in ihr wohnt. Ohne die Liebe aber wirkt sie nicht.*[283]

In solchem Sinne ist die Liebe auch Lebensprinzip für die *Gaben des Heiligen Geistes*, die der „Schmuck der Seele" sind. Die Erwähnung der *septem dona Sancti Spiritus* nicht nur an dieser Stelle[284] belegt im Übrigen die elementare Bedeutung, die dieses Lehrstück seit seinem Kölner Erstlingswerk, dem *Jesaja-Kommentar*, für Thomas besitzt und seiner Pneumatologie ihr eigentümliches Gepräge gibt.[285]

(b) *Das Ziel des Menschen*. – Darüber hinaus liegt die besondere Wirkung der Liebe darin, daß sie den Menschen auf die ewige Glückseligkeit hinordnet, worin sich der leitende teleologische Gesichtspunkt der Auslegungen spiegelt: denn „nur denjenigen, die die Liebe besitzen", ist das Ewige Leben versprochen.[286] Auf dem Weg zu diesem Ziel ist die Liebe insofern eine Hilfe, als sie überdies (c) die Beachtung der göttlichen Gebote sowie (d) das Überwinden von Widerwärtigkeiten bewirkt.[287]

(1.2) *Der Nutzen der Liebe*. – Auch für die Darlegung der fünf weiteren Wirkungen, die Thomas anführt und in denen die Liebe den Menschen zum Nutzen ist, ist der eschatologische Gesichtspunkt leitend: Neben (a) der Vergebung der Sünden, die eine notwendige Verbindung von Reue und Liebe impliziert und für die die im Dominikanerorden besonders verehrte Maria Magdalena als Beispiel steht, und (b) der Erleuchtung des Herzens durch den Heiligen Geist bringt sie v.a. (c) eine Vervollkommnung der Freude am Ewigen, Göttlichen und (d) den vollkommenen Frieden, der sich aus dem Blick auf die vollkommene Erfüllung unseres Verlangens durch Gott herleitet. So be-

---

[282] Thomas, *Coll. in dec. praec.* prol. (n. 1140).
[283] *Ebd.*
[284] Vgl. ferner *ebd.* (n. 1154).
[285] Vgl. hierzu U. Horst (2001).
[286] Vgl. Thomas, *Coll. in dec. praec.* prol. (n. 1144).
[287] Vgl. *ebd.* (n. 1141-1143).

wirkt die Liebe (e) im Ganzen die Erhebung des Menschen zu einer solch großen Würde, daß er als Freier, als Freund, ja: als Sohn Gottes ausgezeichnet ist. Und seine Erbschaft als Sohn besteht eben im Ewigen Leben.[288] – Mehrfach findet sich in den *Collationes in decem praeceptis* eine derartige Hervorhebung der menschlichen *Würde.* Sie reflektiert die zentrale Bedeutung, die der Personbegriff als Dreh- und Angelpunkt der Anthropologie und Ethik auch in diesem Text besitzt.

(1.3) *Erwerb und Wachstum der Liebe.* – In den aus diesen Überlegungen abgeleiteten praktischen Ratschlägen (a) zum Erwerb und (b) zur Bewahrung bzw. zum Wachstum der Liebe schärft Thomas zwar eigens ihren *Geschenkcharakter* ein (unsere Liebe zu Gott ist nur eine Wirkung seiner Liebe zu uns), doch macht dies ein Disponiertsein von Seiten des Menschen keineswegs überflüssig. Als Voraussetzungen (a) für ihren Erwerb weist er daher v.a. auf das Hören des Wortes Gottes hin und rät zu einem fortwährenden Bedenken des Guten. Als Bedingung (b) für ihre Bewahrung und ihr Wachstum nennt er die Trennung des Herzens von allen Weltlichen sowie die sichere Geduld im Widerwärtigen.[289]

Auf der Grundlage dieser *anthropologischen Erschließungen des Phänomens der Liebe* erscheinen die folgenden beiden Predigten zur Gottes- und Nächstenliebe wie zwei sich öffnende Flügel eines Triptychons, die auf einer ersten Stufe eine Entfaltung und Konkretisierung im Hinblick auf ihre verschiedenen Adressaten bringen. Jeweils zu Beginn markiert Thomas ihren biblischen Aufgangspunkt, indem er an die Situation der Streitgespräche Jesu mit den Schriftgelehrten im Tempel in der Woche vor seinem Leiden und Sterben erinnert.[290] Im Rückgriff auf die Rede vom Gesetz Christi erscheint Christus dabei als Gesetzgeber (*legislator*), der das Neue Gesetz der Liebe gibt, indem er das Gesetz des Alten Bundes zusammenfaßt und konzentriert:

> *Ein Schriftgelehrter [...] ging zu ihm hin und fragte ihn: Welches Gebot ist das erste von allen? Jesus antwortete: Das erste*

[288] Vgl. *ebd.* (n. 1146-1152).

[289] Vgl. *ebd.* (n. 1153-1159). – Sehr schön bemerkt Thomas zum Bedenken der Guten: Keiner kann hart (*durus*) bleiben, der die göttlichen Wohltaten empfangen hat, und: Schlechte Gedanken zerstören die Liebe (vgl. n. 1156). – Für die Trennung vom Weltlichen weist er ausdrücklich auf die Lebensform der Religiosen hin, die auf allen Besitz verzichtet. Demgegenüber sei der durch Weltliches beschwerte menschliche Intellekt wie die Sonne im Nebel (vgl. n. 1158).

[290] Vgl. *ebd.*, 1 (n. 1160) und 2 (n. 1171).

ist: Höre, Israel, der Herr, unser Gott, ist der einzige Herr. Darum sollst du den Herrn, deinen Gott, lieben mit ganzem Herzen und ganzer Seele, mit all deinen Gedanken und all deiner Kraft. Als zweites kommt hinzu: Du sollst deinen Nächsten lieben wie dich selbst. Kein anderes Gebot ist größer als diese beiden. (Mk 12,28-31)[291]

(2) *Die Gottesliebe*

Dem oben erwähnten zweiteiligen Grundaufbau der einzelnen Predigten entsprechend, beschreibt Thomas zuerst das „Daß" und dann das „Wie" des ersten Hauptgebotes.

(2.1) *Beweggründe für die Gottesliebe*. – So nennt er zunächst vier Beweggründe, die zur Gottesliebe motivieren.[292] Die für alles Weitere grundlegende (a) Dankbarkeit in Erinnerung an die empfangenen göttlichen Wohltaten, angefangen beim eigenen Selbst, der Seele und dem Leib, (b) das Bedenken der göttlichen Majestät, d.h. des Wesens Gottes, das immer größer ist als der Mensch sich vorstellen oder als solches verehren kann[293], (c) das daraus folgende Bewußtsein für seine Unvergleichlichkeit, der nichts Geschaffenenes gleichkommt, durch die Geringschätzung des Weltlichen und Irdischen und (d) das Meiden der Sünde als Wahrung der eigenen Integrität und Hinordnung auf Gott[294] finden ihren Konvergenzpunkt im Gedanken der *Hingabe* an Gott: „Homo se dare tenetur".[295]

(2.2) *Die Art und Weise der Gottesliebe*. – Für die Art und Weise, diese Hingabe zu vollziehen, liefert das erste Hauptgebot eine exakte Beschreibung: der Mensch soll Gott „mit ganzem Herzen, mit ganzer Seele, mit ganzem Verstand und mit all seinen Kräften" lieben. Diese verschiedenen Bestimmungen, die sich in unterschiedlichen Reihungen an mehreren Stellen der Heiligen Schrift finden[296], lassen sich in einer differenzierten kleinen Handlungs-

---

[291] Daher ist der Dekalog im Licht des zweifachen Liebesgebotes auszulegen, das die Erfüllung des Gesetzes ist (vgl. *Röm* 13,9-10): vgl. Thomas, *Coll. in dec. praec.* prol. (n. 1142).

[292] Zum folgenden vgl. *ebd.*, 1 (n. 1161-1165).

[293] Vgl. an dieser Stelle den deutlichen Anklang an die zweite Strophe der *Fronleichnamssequenz „Lauda Sion"*: „Quantum potes/ tatum aude,/ quia maior omni laude,/ nec laudare sufficis": *ebd.* (n. 1162).

[294] Vgl. *ebd.* (n. 1164): Der Verstoß dagegen kann entweder (a) durch Vermeiden der einen und Tun der anderen Sünde oder (b) durch das Bekenntnis zu Verschiedenem erfolgen. In jedem Falle ist der Sünder gespalten.

[295] *Ebd.* (n. 1166).

[296] Vgl. *Dtn* 6,5; *Mt* 22,37; *Mk* 12,30; *Lk* 10,27 – Vgl. Thomas, *S.th.* II-II 44,5 c.

psychologie ausdeuten: So ist (a) unter dem „Herzen" (*cor*) als Bezeichnung der Innerlichkeit des Menschen die Intention als alles tragende Grundlage zu verstehen, (b) unter der „Seele" (*anima*) der gute Wille, (c) unter dem „Verstand" (*mens*) die innere Haltung des Geistes und der Gedanken[297] und (d) unter der „Kraft" (*virtus, fortitudo*) das Vermögen zur Ausführung: „Igitur ad diligendum Deum danda sunt ista Deo: scilicet intentio, voluntas, mens, fortitudo."[298]

Eine eigene, sehr persönliche Formulierung hat Thomas dieser Haltung in der ersten Strophe des *Hymnus „Adoro te devote"* gegeben, den er auf dem Totenbett gebetet haben soll und der daher als sein „poetisches Testament" gelten kann:

Adoro te devote, latens veritas,
te, qui sub his formis vere latitas,
tibi se cor meum totum subiicit,
quia te contemplans totum deficit.[299]

Deutlich sind darin die Referenzen auf das erste Hauptgebot zu erkennen.

(3) *Die Nächstenliebe*

(3.1) *Beweggründe für die Nächstenliebe.* – Auch die zweite Predigt, die der Nächstenliebe gewidmet ist, gibt zunächst vier Beweggründe für diese an.[300] Die Nächstenliebe wird an erster Stelle motiviert (a) durch die Liebe Gottes, der alle Gläubigen als Söhne und Töchter liebt sowie durch die Zugehörigkeit zu Christus, durch die alle eine Familie und ein Leib sind. So bedeutet Haß gegen den Nächsten zugleich einen Mangel an Liebe Gott gegenüber. (b) Überdies gilt die Liebe, in der das Gebot Christi („Liebt einander") befolgt wird, als das entscheidende Kennzeichen (*signum*) der zu Christus Gehörenden, wie Thomas mit einigem Nachdruck herausstellt.[301] (c) Von philosophischer Seite findet es

---

[297] Vgl. *ebd.* (n. 1169): Als Beispiele nennt Thomas diejenigen, die nicht im Werk sündigen, aber gern daran denken, sowie diejenigen, die nur auf ihre eigene Weisheit vertrauen, aber nicht glauben wollen.

[298] *Ebd.* (n. 1170). – Thomas orientiert sich an den Versionen bei *Mk* und *Lk*. – Parallele Auslegungen finden sich in *S.th.* II-II 44,5; *Super III Sent.* d. 27 exp. text.; *Super Matth.* XXII 4 (n. 1814)

[299] „Ich bete dich ergeben an, verborgene Wahrheit,/ dich, der du dich unter diesen Gestalten wahrhaft verbirgst,/ Dir unterwirft sich mein ganzes Herz,/ denn indem ich dich betrachte, verschwindet alles." – Vgl. dazu H.-G. Nissing (2022), 13-20 und 38-51.

[300] Zum folgenden vgl. Thomas, *Coll. in dec. praec.* 2 (n. 1172-1175).

[301] Vgl. *ebd.* (n. 1173): „Er sagt nicht: An der Auferweckung der Toten

seine Unterstützung durch die wechselseitige Freundschaft, in der die Menschen von Natur aus zueinander stehen und miteinander kommunizieren.[302] Dieser Grundgedanke liegt der praktischen Philosophie des Aristoteles zugrunde. (d) Freilich handelt es sich im christlichen Sinne um eine Verbindung, die im Übernatürlichen bis ins Jenseits hinüberreicht, insofern die Gläubigen sich in der Kirche als geistiger Einheit gegenseitig Hilfe leisten und voneinander über den Tod hinaus Nutzen empfangen.

(3.2) *Die Art und Weise der Nächstenliebe.* – Interessant ist im folgenden, wie Thomas die Art und Weise der Nächstenliebe (a) im Ausgang von der Klausel „wie dich selbst" beschreibt. Anders als in modernen Interpretationen, nach denen die Selbstliebe die *Voraussetzung* der Nächstenliebe ist („Erst wenn ich mich selbst liebe und angenommen habe, kann ich auch den Nächsten lieben") versteht Thomas diesen Hinweis als solchen, der gerade auf die *Selbstlosigkeit* der Liebe hinweist – denn es gibt (i) eine Liebe um des Nutzens willen, (ii) eine Liebe um des Genusses willen und (iii) eine Liebe um der Tugend (oder um seiner selbst) willen.[303] Eben dann aber lieben wir den anderen „wie uns selbst", wenn wir ihn nicht um unseres Nutzens oder um des Genusses willen lieben, sondern um seiner selbst (und seiner Tugend) willen – also zweckfrei oder selbstlos . – So heißt auch (b) den Nächsten „geordnet lieben" nicht, ihn wie Gott lieben, sondern „wie dich selbst", dem die Gottesliebe als erstes Gebot aufgetragen ist.[304] Ferner erfordert die Nächstenliebe (c) Wirksamkeit und Aktivität, (d) Beharrlichkeit und Dauerhaftigkeit und (e) Gerechtigkeit, ja: Heiligkeit.[305] Wenn Thomas in diesem Zusammenhang wiederholt *Liebe* und *Freundschaft* in eine enge Verbindung bringt, so schlägt sich darin jenes Anliegen nieder, den christlichen Begriff der *caritas* mit dem aristotelischen Gedanken der Freundschaft zu deuten, dem der „Philosoph" ganze zwei Bücher seiner *Nikomachischen Ethik* gewidmet hatte.[306]

---

oder an einem sichtbaren Abzeichen wird man euch als meine Jünger erkennen, sondern daran, ‚daß ihr einander liebt'."

[302] Vgl. *ebd.* (n. 1174): „So heißt es nämlich im Buch *Jesus Sirach* 13,19: ‚Jedes Lebewesen liebt seinesgleichen.' Weil daher alle Menschen einander von Natur aus ähnlich sind, müssen sie einander lieben. Den Nächsten zu hassen, ist daher nicht nur gegen das göttliche Gesetz, sondern auch gegen das Naturgesetz."

[303] Vgl. *ebd.* (n. 1177).

[304] Vgl. *ebd.* (n. 1178).

[305] Vgl. *ebd.* (n. 1179-1182).

[306] Vgl. H.-G. Nissing (^{2}2019), 78f.

In solchem Sinne verweist Thomas eigens auf zwei Tugenden zur Erhaltung der Freundschaft: die Geduld (*patientia*) und die Demut (*humilitas*) als deren Ursache.[307]

Primat der Gottesliebe. – Auch wenn Thomas im Ganzen bemüht ist, die Nächstenliebe als Gebot zu interpretieren, das als zweites „dem ersten gleich ist" (*Mt* 22,39), wird man bei der Lektüre siner Ausführungen nicht die konstitutive Bedeutung verkennen können, die der Gottesliebe auch in seinen Begründungen der Nächstenliebe zukommt, so daß erstere tendenziell als die grundlegendere, letztere dagegen als die abgeleitete erscheint. Dies entspricht freilich voll und ganz dem oben beschriebenen Grundverständnis des *göttlichen Gesetzes*, wie es vor allem in der *Summa contra Gentiles* zum Vorschein kam. Demnach liegt dessen erste Intention darin, den Menschen auf Gott hinzuordnen.[308]

Die Feindesliebe. – Einen ganz eigenen Akzent im Hinblick auf die Nächstenliebe setzt Thomas damit, daß er die Feindesliebe als Impilikat des zweiten Hauptgebotes eigens herausstellt. Seinen eigenen Worten nach beabsichtigt er damit, ein Mißverständnis auszuschließen, das bereits die Pharisäer in ihren Disputen mit Christus geleitet hat.[309] – Unter den vier Argumenten, die sich gegen dieses Mißverständnis anführen lassen, ragt dabei (a) einerseits die Handlungsweise Christi als Vorbild und Beispiel der Feindesliebe hervor. Anhand ihrer sowie mit Hilfe der Unterscheidung zwischen (i) Person und (ii) Tat läßt sich zugleich einsichtig machen, daß es möglich ist, (i) die Natur des Feindes zu lieben, aber (ii) seine Sünde zu hassen (womit sich zugleich ein Ausgleich zwischen verschiedenen sich scheinbar widersprechenden Bibelzitaten herstellen läßt).[310]

(b) Von besonderer Eindrücklichkeit ist andererseits der Hinweis darauf, daß der andere Mensch (i) stets Geschöpf ist und zur Teilnahme am Ewigen Leben fähig. Als solcher kann er zugleich auch noch in besonderer Weise (ii) unser Freund und Gefährte sein. (i) Im ersten Sinne nun ist, so Thomas, von einer allgemeinen Nächstenliebe auch der Feind nicht auszuschließen: „So muß jeder für jeden beten und jedweden in der äußersten Not unterstützen."[311] Doch meint Feindesliebe nicht, daß man (ii) im zweiten Sinne familiären Umgang mit ihm pflege – es sei denn, er bitte um Verzeihung und die Freundschaft werde dadurch wiederher-

---

307 Vgl. Thomas, *Coll. in dec. praec.* 2 (n. 1181).
308 Vgl. oben S. XLI ff.
309 Vgl. Thomas, *Coll. in dec. praec.* 2 (n. 1183).
310 Vgl. *ebd.* (n. 1184f.).
311 *Ebd.* (n. 1187).

gestellt. In diesem Zusammenhang erhält für Thomas die Bitte des *Vater unser* ihren tieferen Sinn: „Vergib uns unsere Schuld, wie auch wir vergeben unseren Schuldigern" (*Mt* 6,9).[312]

All diese Überlegungen stehen dabei unter der Maßgabe, daß es zur Feindesliebe keineswegs ausreicht, dem anderen nicht nur nichts Übles zu wünschen, sondern auch darum, ihm Gutes zu wünschen, ja: Gutes zu tun.[313] Die praktischen Gründe, die Thomas anführt und die zur Feindesliebe bewegen sollen, haben daher – ganz im Sinne des thomanischen Aktualismus – den Tenor, dem anderen, dem Feind, mit der Liebe *zuvorzukommen*, *aktiv* zu werden, sich nicht in die Rolle des Opfers zu begeben, sondern *vergebend tätig* zu werden. So ist es vollkommener, selbst zu verzeihen, als abzuwarten. Und die Feindesliebe wird zum hervorragenden Zeichen des Kindes Gottes und seiner Würde.[314]

6.2. *Die drei Gebote der Gottesliebe*

Auf einer zweiten Stufe der Entfaltung finden die beiden Gebote der Gottes- und der Nächstenliebe ihre Konkretisierungen in den Zehn Geboten. Parallel zu Christus, der im Tempel das Neue Gesetz gegeben hat, weist Thomas daher auf Mose als den Überbringer des Alten Gesetzes hin, das er auf dem Berg Sinai empfangen hat. Die Konkretisierung der beiden Hauptgebote geschieht entsprechend in jenen beiden Richtungen, die durch die beiden Tafeln des Dekalogs symbolisiert sind.[315] Zum Leitfaden ihrer weiteren Unterscheidung wird dabei die o.g. Trias von „Herz – Mund – Tat". Immer wieder kommt freilich zugleich die *Liebe* als treibendes Motiv in der Beachtung der Gebote zum Vorschein.[316]

(1) *Das erste Gebot*: *das Fremdgötterverbot*

(1.1) *Der Sinn des Fremdgötterverbots*. – Zur Plausiblisierung des ersten Gebotes listet Thomas unter Hinweis auf eine Reihe biblischer Beispiele verschiedene Möglichkeiten auf, fremde Götter zu haben, die auch in Geschichte und Gegenwart anzutreffen sind. Als Ersatzgottheiten konnten und können so fungieren: (a) Dämonen (in Wahrsagerei und Zeichendeuten), (b) die Himmelskörper (in der Astrologie), (c) die Elemente, (d) Menschen, Vögel oder

---

[312] Vgl. dazu auch Thomas, *Coll. in Orat. Dom.* 5 (n. 1081-1091).
[313] Vgl. Thomas, *Coll. in dec. praec.* 2 (n. 1187).
[314] Vgl. *ebd.*, 2 (n. 1199-1192). – Vgl. *Coll. in Orat. Dom.* 5 (n. 1091).
[315] Vgl. den entsprechenden Hinweis in Thomas, *Coll. in dec. praec.* 3 (n. 1193).
[316] Vgl. z.B. *ebd.*, 1 (n. 1169); 6 (n. 1237); 7 (n. 1262).

auch man selbst – wobei er für die letztere Haltung als Ursachen (i) die Fleischlichkeit (*carnalitas*), (ii) die Schmeichelei (*adulatio*), (iii) die Vermessenheit (*praesumptio*) anführt.[317] Sie alle führen dazu, Gott nicht den gebührenden Platz im eigenen Leben einzuräumen, ihn nicht an die erste Stelle zu setzen.

(1.2) *Praktische Dimensionen und Konkretionen.* – Unter den fünf Vernunftgründen, die im Unterschied dazu gegen Idolatrie sprechen und zur Verehrung des einen Gottes anregen wollen, erscheint an erster Stelle (a) die Würde Gottes (*dignitas Dei*), ferner (b) seine Großzügigkeit und freigebige Güte (*largitas*), deren Nichtbeachtung in der Orientierung an Ersatzgottheiten der Undankbarkeit und Hoffnungslosigkeit entspringt, (c) die Festigkeit und Verläßlichkeit des Versprechens (*firmitas promissi*), das die Gläubigen ihm in der Taufe gegeben haben, (d) die Leichtigkeit (*levitas*) der göttlichen Herrschaft, die sich von der Härte einer Unterwerfung unter die Macht des Teufels abhebt, und schließlich – wie sollte es nach thomanischem Denken anders sein – (e) die Unermeßlichkeit der von ihm versprochenen Gabe (*immensitas muneris*): die Glückseligkeit des ewigen Lebens.[318]

Zum Vorschein kommen im Rahmen dieser Argumentation zugleich zentrale Aspekte des *thomanischen Gottesbildes*, die zur Motivation der Gottesliebe unterstützend beitragen. So führt Thomas die Würde Gottes einerseits etymologisierend auf den Gottesnamen zurück, insofern Gott derjenige ist, „der alles weiß“:

> *Daher wird der Name „Gott“ von „sehen“ hergeleitet. [....] „Alles liegt nackt und offen vor seinen Augen“ (Hebr 4,13).*[319]

Darüber hinaus läßt sich der Gottesname aber auch zur Erklärung dafür anführen, daß er Schöpfer und Geber alles Guten ist:

> *Dies nämlich ist im Namen „Gott“ erhalten, der sich von „Verteilung“ (distributio) herleitet, das heißt der Geber der Dinge, denn alles erfüllt er mit seiner Güte.*[320]

Im Namen „Gott“ werden somit gleichermaßen (a) jene *intellektualistischen* Züge des Gottesbegriffs sichtbar, die Thomas in Fortführung der aristotelischen Vorstellung Gottes als „Denken

---

[317] Vgl. *ebd.*, 3 (n. 1194-1197). Vgl. parallel Thomas, *Coll. in Symb. Apost.* 1 (n. 873-877).
[318] Vgl. Thomas, *Coll. in dec. praec.* 3 (n. 1198-1203).
[319] *Ebd.* (n. 1199).
[320] *Ebd.* (n. 1200).

des Denkens"[321] in der Lehre vom göttlichen Wort fruchtbar macht, „in dem" diese Erkenntnis ihren Ausdruck findet[322], wie auch (b) seine *dynamischen Implikate*, von denen oben bereits die Rede war, nämlich insofern dieses Wort als *actus purus* und „Akt vom Akt" zugleich in seiner Hinordnung auf Offenbarung schöpferisch wirksam ist.[323]

(2) *Das zweite Gebot: das Namensmißbrauchsverbot*

(2.1) *Der Sinn des Namensmißbrauchsverbots.* – Dementsprechend betrifft die Verehrung Gottes v.a. seinen Namen. Die thomanischen Auslegungen setzen mit einer Begriffserklärung der Formulierung „eitel gebrauchen" (*in vanum assumere*) bzw. des Begriffs „eitel" (*vanum*) ein: er kann (a) „falsch" bedeuten, wie beim Schwören eines Meineides[324], (b) „unnütz", wie im Falle von Geringfügigkeiten und Nichtigkeiten, in denen der Name „Gott" als Berufungsinstanz im Mund geführt wird, oder (c) „sündhaft" und „ungerecht", d.h. zum Begehen der Sünde oder zum Herbeiführen von Ungerechtigkeit.[325]

(2.2) *Praktische Dimensionen und Konkretionen.* – Als positive Alternativen, den Namen Gottes zu gebrauchen, nennt Thomas demgegenüber: (a) die Bestätigung (*confirmatio*) des Gesagten im Schwur, die sich auf Gott als erste Wahrheit zurückführen kann, sowie (b) die Heiligung (*sanctificatio*), wie es exemplarisch in der Taufe bei der Anrufung der Dreifaltigkeit geschieht.[326] Diese umfaßt zugleich (c) die Austreibung des Bösen (*expulsio adversarii*) und (d) das Bekenntnis (*confessio*) zur Offenbarung der göttlichen Herrlichkeit.[327] (e) Ferner kann der Gebrauch des Namens Gottes zur Verteidigung (*defensio*) gegen Dämonen und böse Kräfte dienen sowie schließlich (f) zur Vollendung des Werks (*completio operis*), gemäß dem Psalmvers: „Unsere Hilfe steht im

---

[321] Vgl. Aristoteles, *Metaphysik* XII 7 (1072bff.); 9 (1074b34).

[322] Vgl. dazu H.-G. Nissing (2006), 123-145.

[323] Vgl. H.-G. Nissing (2017), XIXf.

[324] Vgl. Thomas, *Coll. in dec. praec.* 4 (n. 1205f.): Der Meineid umfaßt dabei ein dreifaches Vergehen: an Gott, an sich selbst und an den Mitmenschen.

[325] Zum Ganzen vgl. *ebd.* (n. 1204-1209), u.a. mit einer Erklärung zum Verbot Jesu, überhaupt zu schwören (vgl. *Mt* 5,33f) und der Deutung des Eides als einer Arznei.

[326] Vgl. *ebd.* (n. 1212f.). – Eine solche Anspielung auf die Taufe findet sich mehrfach in den *Coll. in dec. praec.*: vgl. etwa auch *ebd.*, 8 (n. 1285).

[327] Vgl. *ebd.*, 4 (n. 1214): dieses Bekenntnis geschieht (1) mit dem Mund, um seine Herrlichkeit zu bekennen, (2) mit dem Werk, indem wir tun, was seine Herrlichkeit sichtbar macht.

Namen des Herrn" (*Ps* 124 [123],8). – All diese Verwendungsweisen sind dabei von dem Grundgedanken geleitet, daß der Name „Gott" nicht einfach nur ein Wort ist, das man wie jedes andere gebraucht, sondern vielmehr ein *Name*, dem als solchem eine eigentümliche Kraft innewohnt. In diesem Sinne ist er schließlich auch durch die Heilige Schrift vielfach bezeugt.[328]

(3) *Das dritte Gebot: das Sabbatgebot*

Daß Thomas unter den drei Geboten der ersten Tafel dem dritten Gebot, das die Heiligung des Sabbats oder Sonntags vorschreibt, die größte Aufmerksamkeit widmet, belegen nicht nur der Umfang und die Sorgfalt der Predigt zu diesem Gebot in den *Collationes in decem praeceptis* und die Emphase, die den Darlegungen anzumerken ist. Auch die Ausführungen zum Dekalog in anderen Schriften zeigen ein entsprechendes Augenmerk für das Gebot, den Tag der Gottesruhe zu halten.[329]

(3.1) *Der Sinn des Sabbatgebots.* – Thomas arbeitet zunächst den Sinn dieser Weisung anhand von fünf Gründen heraus.[330] Sie spannen den Bogen (a) vom Gedächtnis des göttlichen Schöpfungswerks, das zugleich den Irrtum der Lehre von der Ewigkeit der Welt ausschließt, und dessen christlicher Interpretation im Sinne der Neuschöpfung durch Christus (sie belegt den Übergang vom Sabbat auf den Sonntag als Ruhetag),[331] über (b) die bleibende Würdigung des Sabbats als Tag der Grabesruhe Christi bis hin (c) zur Bekräftigung der Verheißung einstiger Ruhe gegen die Unruhe des gegenwärtigen Lebens, gegenwärtiger Versuchungen und der Knechtschaft des Teufels. So ist dieses Gebot gegeben,

> *um unsere Liebe zu entflammen. [...] Deswegen neigt der Mensch stets abwärts zum Erdhaften, wenn er auch immer wieder bemüht ist, sich darüber zu erheben; für dieses Bemühen muß ihm eine feste Zeit der Besinnung gesetzt sein, [...]*

---

[328] Zum Ganzen vgl. *ebd.* (n. 1211-1216).

[329] So wird in *Super III Sent.* d. 37,1,5 nach der allgemeinen Erläuterung der Zehn Gebote das Sabbatgebot als erstes behandelt; vgl. parallel *S.c.G.* III 120ff., wo als erste Konkretion der drei Gebote der Gottesliebe der Gottesdienst behandelt wird; ferner *S.th.* I-II 101.

[330] Zum folgenden vgl. Thomas, *Coll. in dec. praec.* 5 (n. 1218-1224).

[331] Insgesamt ist bemerkenswert, wie häufig in der Auslegung des dritten Gebots ein affirmativer Hinweis auf die Juden, ihre Traditionen und Bräuche begegnet. Dies entspricht der o.g. minutiösen Ausarbeitung der wörtlichen Bedeutung des Kultgesetzes in der *Summa theologiae*: vgl. S. XLVIII f.

> *damit er Gott nicht ganz fremd werde (ne totaliter alienetur) [...] und die Liebe zu ihm in ihm nicht gar zu sehr erkalte [...]. Es ist dieser Tag [also] darauf hingeordnet, Gott zu loben und zu ihm zu beten.*[332]

Hieraus ergibt sich schließlich auch eine Verpflichtung gegenüber den Mitmenschen, genauer gesagt, den Untergebenen, wie Thomas in Beachtung des genauen Wortlauts von *Dtn* 5,12ff. ausführt.[333]

(3.2) *Praktische Dimensionen und Konkretionen.* – Die praktischen Anweisungen zum „Wie" der Umsetzung des Sabbatgebots setzen mit dem Hinweis darauf an, daß es gemäß der genauen Formulierung des Gebotes nicht nur darum gehe, den Sabbat zu *„halten"* (*custodire*), sondern ihn zu *„heiligen"* (*sanctificare*).[334] Zum Ausgangspunkt wird daher die Erklärung des Begriffs „heilig" (*sanctum*), der sowohl Reinheit besage, als auch eine für den Dienst vor Gott geweihte Sache bezeichne:

> *In diesem doppelten Sinne müssen wir die Festtage „heilig" halten: in Reinheit und in Hingabe an den göttlichen Dienst.*[335]

Die weiteren Ausführungen orientieren sich an der Unterscheidung (a) dessen, was zu meiden, und (b) dessen, was zu tun ist, um dem dritten Gebot zu entsprechen:

(a) *Zu meiden* sind (i) körperliche und knechtische Arbeit, da sie dem freien Werk der Seele entgegengesetzt ist (wobei Thomas zugleich mit Berufung auf die Worte und Taten Christi Ausnahmen davon einräumt), (ii) die Sünde, da sie als Last dem knechtischen Werk gleichkommt, sowie (iii) Nachlässigkeit und Müßiggang, da sie die innere Gefaßtheit einer wahren Haltung der Muße vermissen lassen.[336]

(b) *Zu pflegen* ist statt dessen (i) ein Verhalten, in dem in geistlicher Freude (*spiritualis laetitia*) die Seele und mit ihr unser Leib und unsere Habe auf Gott hingeordnet und ihm dargebracht werden, so daß der ganze Mensch hingegeben ist, ferner (ii) eine Beschäftigung mit dem Wort Gottes in Hören, Studium

---

[332] *Ebd.* (n. 1223).

[333] „Der siebte Tag ist ein Ruhetag, dem Herrn, deinem Gott, geweiht. An ihm darfst du keine Arbeit tun: du, dein Sohn und deine Tochter, dein Sklave und deine Sklavin, dein Rind, dein Esel und dein ganzes Vieh und der Fremde, der in deinen Stadtbereichen Wohnrecht hat. Dein Sklave und deine Sklavin sollen sich ausruhen wie du." – Dazu *ebd.*, 5 (n. 1224).

[334] *Ebd.* (n. 1225).

[335] *Ebd.* (n. 1227).

[336] Vgl. *ebd.* (n. 1227-1230).

und Predigt sowie (iii) allgemein ein Sich-Üben im Umgang mit Gott (*exercitia divinorum*), in dem die Seele ihre endgültige Ruhe findet.[337] In Vorbereitung darauf und als Vorgeschmack dieser endgültigen Ruhe in der Vollendung hat die Seele verschiedene andere Formen der Ruhe – von der Unordnung der Sünde, von den Leidenschaften des Fleisches, von den Beschäftigungen der Welt – zu durchlaufen, um frei für Gott zu werden:

> *Dies [aber] ist „die kostbare Perle, die der Mensch, der sie findet, verbirgt und vor Freude an ihr hingeht, all seinen Besitz veräußert und sie kauft" (Mt 13,45f). Diese Ruhe ist das Ewige Leben, das ewige Ergötzen. „Das ist meine Ruhe für ewig – hier will ich wohnen, denn ich habe sie erkoren" (Ps 132 [131],14).*[338]

Die Zielperspektive der eschatologischen Ruhe in Gott, die im Sonntag vorgebildet wird, läßt somit vor allem die *geistlichen Dimensionen* zum Vorschein kommen, die sich für Thomas mit diesem Thema verbinden. Thomas hat sie unter dem Begriff der *contemplatio* als zweckfreier Betrachtung der Wahrheit verschiedentlich profiliert. In ihr wird uns anfanghaft das Ewige Leben zuteil.[339] Bereits *philosophisch* wird diese kontemplative Haltung zugänglich in der Unterscheidung von knechtischen oder handwerklichen (*artes serviles*) und freien Künsten (*artes liberales*), die Thomas anführt, um das Ideal der Weisheitssuche zu erläutern, wie Aristoteles es zu Beginn seiner *Metaphysik* skizziert. Sie liegt auch den Ausführungen der *Collationes in decem praeceptis* zugrunde.[340] Demnach handelt es sich bei den *artes liberales* um all jene Beschäftigungen, die eines freien Mannes würdig sind – zuhöchst um das Studium der Philosophie als Weisheit.[341] – Seine *theologische* Entsprechung hat dieses Ideal in

[337] Vgl. *ebd.* (n. 1231-1234).

[338] *Ebd.* (n. 1236).

[339] Zum Ganzen vgl. H.-G. Nissing (2022), 81-84.

[340] Vgl. Thomas, *Coll. in dec. praec.* 5 (n. 1227).

[341] Thomas, *Super Metaph.* I 3 (n. 59): „Daher werden einzig jene Künste freie genannt, die auf das Wissen hingeordnet sind; jene dagegen, die darauf hingeordnet sind, durch Tätigsein einen Nutzen zu erlangen, werden mechanische oder knechtische genannt"; vgl. *Super Boeth. De trin.* 5,1 ad 3; *S.th.* I-II 57,3 ad 3. – Vgl. ferner auch *Super Boeth. De hebd.* prol., wo die *contemplatio veritatis* mit dem Spiel verglichen wird. – In diesem Verständnis wurzelt zugleich das bereits genannte „klassische" Modell der sieben freien Künste, das von Augustinus her zum Ausbildungsprogramm im Frühmittelalter wurde und vom Ideal geleitet war, den menschlichen Geist vom Körperlichen zum Unkörperlichen, vom Sinnenfälligen zum Geistigen, ja: letztlich zur Erkenntnis der Seele und Gottes, emporzuführen. So erklärt Augustinus in *De ordine* II 30 (CSEL 63,168,

der Unterscheidung zwischen der *aktiven* und der *kontemplativen Lebensform*, wie sie in der christlichen Tradition im Ausgang von Gregor dem Großen entwickelt worden war. So besteht das kontemplative Leben darin,

> *von äußerer Tätigkeit zu ruhen, mit dem Verlangen einzig dem Schöpfer anzuhangen, auf daß nichts mehr zu tun gefällt, sondern der Geist, aller Sorgen ledig, entbrenne, das Angesicht seines Schöpfers zu sehen.*[342]

Die Bedeutung des Konzepts der *contemplatio*, das Thomas von hier aus entwickelt, für die Personalität und das Verständnis gelingenden Menschseins hat Josef Pieper verschiedentlich herausgearbeitet. Denn es sind die Dimensionen von Kontemplation, von Muße und Kult, aus denen das Menschsein seinen eigentlichen Reichtum und seine innere Fülle empfängt, in denen „die volle Lebenshabe, die äußerste Stillung sich verwirklicht, so daß [der Mensch] wieder Geradheit empfinge und Richte"[343] für sein Dasein.

In dieser nachdrücklichen Betonung der Zielperspektive des Menschseins im Rahmen der *Collationes in decem praeceptis* zeigt sich mithin zugleich jene eigentümliche Sehnsucht, die Thomas beseelt und die für seinen Charakter wie für die „teleologische Grundsignatur" seines Denken im Ganzen kennzeichnet ist.[344] Ihren summarischen Ausdruck hat sie in der letzten Strophe des *Hymnus „Adoro te devote"* gefunden, wo es mit Blick auf die im Sonntag vorgebildete eschatologische Erfüllung heißt:

16f.) das Entstehen der freien Künste aus den beiden Grundfähigkeiten der menschlichen Vernunft, dem Urteilen und dem Zählen, und gelangt dadurch zum sog. Trivium (mit Grammatik, Rhetorik und Dialektik) und zum Quadrivium (mit Musik, Geometrie, Astronomie und Arthmetik). Man hat es daher auch als Modell einer „sapientialen Einheitswissenschaft" bezeichnet, das vor allem als Instrument und Werkzeug für die Betrachtung der Bibel und die Theologie rezipiert wurde. Als solches steht es dem pluralistisch gestalteten Wissenschaftsideal des Aristoteles mit einer Vielzahl unterschiedlicher Gegenstände und Methoden gegenüber, durch das es im Laufe der Zeit zunehmend verdrängt wurde. Doch auch wenn sich das thomanische Verständnis gegenüber Augustinus in einem anderen, eben durch die aristotelischen Schriften bestimmten hermeneutischen Rahmen bewegt, wird man eine entsprechende Dynamik in seiner *Metaphysik*-Auslegung nicht verkennen können. – Vgl. dazu H.-G. Nissing (2006), 612-618.

[342] Gregor der Große, *Homiliae in Ezechielem* II 8 (CCL 142,230,187-196).

[343] Platon, *Nomoi* 653 c-d. – Vgl. hierzu J. Pieper (1998).

[344] Vgl. dazu H.-G. Nissing (2022), 18f. u.ö.

Iesu, quem velatum nunc aspicio,
quando fiet illus, quod tam sitio,
ut te revelata cernens facie
visu sim beatus tuae gloriae?[345]

6.3. *Die sieben Gebote der Nächstenliebe*

(1) *Das 4. Gebot: das Elterngebot*

Bildet mit dem Sabbatgebot ein *tatforderndes* Gebot den summarischen Abschluß der ersten Tafel des Dekalogs mit den Geboten der Gottesliebe, so steht mit dem Elterngebot ein solches ebenso am Anfang der Gebote der Nächstenliebe auf der zweiten Tafel.

(1.1) *Der Sinn des Elterngebots.* – Die Begründung des vierten Gebots, die Thomas gibt, setzt bei den elementaren Gaben an, welche die Kinder von ihren Eltern empfangen: (a) Sein (*esse*), (b) Ernährung (*nutrimentum*) und Erziehung (*disciplina/ documentum*).[346] Zumal erstere stellt das Tun der Eltern in eine unmittelbare Nähe zum göttlichen Schöpfungswirken und läßt die Scharnierstellung dieses Gebots zwischen den Vorschriften der beiden Tafeln verständlich werden.[347] – Aus den drei genannten Gaben kann entsprechend abgeleitet werden, was wir den Eltern schulden: (a) die größte Ehrfurcht, die man nach Gott jemandem erweisen kann, (b) Fürsorge im Alter sowie (c) Gehorsam.[348]

Wenn Thomas den letzteren bemerkenswerterweise sogleich mit der Einschränkung versieht, daß man im Zweifelsfall eher Gott als den Eltern gehorchen müsse und dies mit dem Nachfolgewort Jesu *Lk* 14,26 belegt („Wenn jemand zu mir kommt und nicht Vater und Mutter, Frau und Kinder, Brüder und Schwestern, ja sogar sein Leben gering achtet, dann kann er nicht mein Jünger sein"), so mag man darin durchaus einen autobiographischen Reflex jener Widerstände

[345] Thomas, *Hymnus „Adoro te devote"*, 7. Strophe: „Jesus, den ich jetzt verhüllt anschaue,/ wann wird sein, wonach ich so sehr dürste?/ Indem ich dich unverhüllten Angesichtes erkenne,/ werde ich sehend deiner Herrlichkeit glückselig sein."

[346] Vgl. Thomas, *Coll. in dec. praec.* 6 (n. 1239). – Thomas verknüpft diese Feststellung mit einem kleinen „Erziehungsratgeber" für Eltern (vgl. n. 1240).

[347] Vgl. *ebd.* (n. 1241): „Weil wir von ihnen das Dasein haben, muß unsere Ehrfurcht gegen sie größer sein als gegen die, von denen wir nur äußere Güter empfangen. Höchste Ehrfurcht aber gebührt Gott, denn er gab uns unsere Seele."

[348] Vgl. *ebd.* (n. 1241-1243).

sehen dürfen, die er in der eigenen Familie gegen seinen Eintritt in den Dominikanerorden erlebt hat.[349] Bekanntlich wurde er von seinen Brüdern entführt und für etwa ein Jahr auf der familieneigenen Burg Monte San Giovanni in Haft gehalten, um ihn von seinem Entschluß anzubringen.[350]

Zur Begründung der *ergänzenden Versprechungen*, die für die Erfüllung des vierten Gebotes eigens angefügt werden, weist Thomas auf die Nicht-Selbstverständlichkeit der Weisung hin: man solle nicht glauben, man schulde den Eltern keine Ehre, weil dies natürlich sei.[351] Ferner präzisiert er die Verheißung eines langen Lebens durch die besondere Qualität, die dieses Leben haben sollte: es geht – im Sinne der von Aristoteles her geläufigen Unterscheidung[352] – nicht nur um ein (langes) *Leben*, sondern um ein *gutes Leben*: „Dann aber ist das Leben erfüllt (*plena*), wenn es tugendhaft ist“[353].

(1.2) *Praktische Dimensionen und Konkretionen*. – Ein eigener Akzent liegt darüber hinaus in einer semantischen Erweiterung des *„Vater“-Begriffs*, nach der nicht nur die leiblichen Eltern, sondern auch (a) Apostel und Heilige, (b) Vorgesetzte, (c) Könige und Fürsten, (d) Wohltäter und (e) Alte „Väter“ (und „Mütter“) genannt werden können.[354] Denn sie alle haben nicht nur auf irgendeine Weise eine Ähnlichkeit mit den leiblichen Eltern, sondern auch mit dem Vater im Himmel.[355]

Mit dieser *„Spiritualisierung“* des eigentlichen Wortlauts des Gebots ist nun freilich ein Akzent gesetzt, der auch in den Auslegungen der folgenden Gebote immer wieder begegnet. In ihr kann man das Interesse des Thomas erkennen, die Weisungen des Dekalogs über ihren bloß wörtlichen, legalistischen Sinn hinaus im Hinblick auf die sie tragende innere Haltung, d.h. im Sinne ihrer o.g. Verschärfung Jesu sowie der besonderen Quali-

---

[349] Vgl. *ebd.* (n. 1243). – In diese Richtung weist etwa auch das Hieronymus-Zitat hin, das Thomas ebenfalls an anderen Stellen verwendet, wenn es offensichtlich um seine eigene Berufung geht: vgl. dazu H.-G. Nissing (2022), 180f.; U. Horst (2017), 49f.

[350] Vgl. Wilhelm von Tocco, *Ystoria* c. 9-11. – Eine Kurtisane, die man ihm in die Zelle schickte, soll er mit einem brennenden Holzscheit kurzerhand hinausbefördert haben.

[351] Vgl. Thomas, *Coll. in dec. praec.* 6 (n. 1244).

[352] Vgl. Aristoteles, *Politik* I 2 (1252b30ff.).

[353] Thomas, *Coll. in dec. praec.* 6 (n. 1246). – Dazu mögen dann freilich auch äußere Güter wie Nachkommenschaft, Ehre und Reichtum kommen: vgl. *ebd.* (n. 1249-1251).

[354] Vgl. *ebd.* (n. 1252-1256).

[355] So heißt es in einer Erweiterung des Marietti-Textes *ebd.* (n. 1257).

tät des göttlichen Gesetzes zu interpretieren und sie in ihrer Bedeutung damit der Tugendlehre anzunähern.

Dem entspricht es schließlich auch, wenn sich die *Abfolge der folgenden Gebote 5 bis 10* wiederum an der Trias von „Herz-Mund-Tat" orientiert, allerdings gegenüber den drei Geboten der Gottesliebe in umgekehrter Reihenfolge, um vom Äußeren zum Inneren, von der Tat zur Gesinnung – und damit zugleich vom größten Verbrechen zum geringeren Vergehen – voranzuschreiten.[356]

(2) *Das 5. Gebot: das Tötungsverbot*

Von bemerkenswerter (und bedrückender) Aktualität sind dabei die thomanischen Auslegungen zum fünften Gebot, das dieser Ordnung zufolge an erster Stelle erscheint:

> *Unter allem aber, was wir dem Nächsten antun können, ist es das Schlimmste, ihn zu töten.*[357]

(2.1) *Der Sinn des Tötungsverbots.* – Im Rückgriff auf Augustinus räumt er zunächst verschiedene Irrtümer bzgl. dieses Gebotes aus,[358] wie (a) die Meinung, das Tötungsverbot umfasse *auch Tiere*, wogegen die natürliche Ordnung der Ernährung und der Schöpfungsauftrag der *Genesis* sprechen[359], sowie (b) die Auffassung, *jede Tötung sei Mord*, und Richter, die zum Tod verurteilen seien Mörder, wogegen sich nicht nur (i) ein gerechter Grund, sondern v.a. (ii) die Rückführbarkeit aller Gesetze und ihrer Durchsetzung auf die Weisung Gottes anführen lassen. Daher ist der Sinn des Gebotes einzuschränken auf die Vorschrift, nicht aus eigener Autorität (*propria auctoritate*) töten zu dürfen. (c) Schließlich ist auch die These, das fünfte Gebot beziehe sich ausschließlich auf die Tötung anderer und umfasse nicht auch den *Selbstmord*, der somit erlaubt sei und für den sich nicht nur das Beispiel des heidnischen Philosophen Cato, sondern auch jenes des biblischen Richters Samson (vgl. *Ri* 16) anführen lassen, mit dem Hinweis zu entkräften, daß auch, wer sich selbst tötet, einen Menschen tötet:

> *Wie es folglich nicht erlaubt ist, einen Menschen zu toten, so auch nicht sich selbst.*[360]

---

[356] Vgl. *ebd.*, 7 (n. 1258).
[357] *Ebd.* (n. 1258).
[358] Zum Folgenden vgl. *ebd.* (n. 1259-1261).
[359] In diesem Zusammenhang erscheint auch das o.g. Zitat aus der aristotelischen *Politik* (I 6, 1256b24-27), nach welcher die Jagd wie ein gerechter Krieg sei.
[360] Thomas, *Coll. in dec. praec.* 7 (n. 1261).

(2.2) *Praktische Dimensionen und Konkretionen.* – Auf dieser Grundlage zielen die weiterführenden praktischen Anweisungen zur Befolgung dieses Gebotes wiederum auf ein umfassenderes und *geistigeres Verständnis*: (a) neben der handgreiflichen Tötung lassen sich unter das Tötungsverbot nämlich auch (b) die Beihilfe oder Anstiftung durch das Wort in Ratschlag, Provokation, Anklage oder Verrat fassen, ferner (c) die Billigung und auch (d) die Unterlassung von Hilfe und (e) der Geiz, die zum Tod des anderen führen.[361] Im Ganzen geht es um eine Tötung, die nicht nur den Leib, sondern auch die Seele des anderen umfaßt. In diesem Zusammenhang findet sich schließlich zugleich eine der wenigen Stellen im Gesamtwerk des Thomas, an denen er ausdrücklich die Abtreibung als Tötung nennt, die Seele und Leib der Embryonen gleichermaßen betrifft, sowie noch einmal der Hinweis auf den Suizid.[362]

Auf einer weiteren Stufe der Verstärkung und Verinnerlichung der Deutung dieses Gebotes widmet Thomas darüber hinaus ausführlich dem *Zorn* (*ira*) als wesentlichem Wurzel und Ursprung der Absicht, zu töten, eine ausführliche Betrachtung.[363] Als Anknüpfungspunkt gilt ihm die Lehre Christi in der Bergpredigt mit ihrer ausdrücklichen Warnung, sich vor dem Zorn zu hüten (vgl. *Mt* 5,21f). Sie gibt ihm wiederum Gelegenheit, eine Verbindung zur Tugendlehre herzustellen.

So ist die Diskussion der Frage, ob der Zorn grundsätzlich eine Sünde sei, auch deswegen interessant, weil anhand ihrer der grundsätzliche Umgang mit den *Leidenschaften innerhalb der Tugendlehre* zur Sprache kommt: (a) Gegenüber der auf *apatheia*, d.h. eine Neutralisierung der Leidenschaften und eine völlige Geistesruhe des Weisen zielenden Position der Stoiker optiert Thomas dabei (b) für die aristotelische bzw. peripatetische Lösung, die ein moderates Vorhandensein der Leidenschaften nicht nur zuläßt, sondern sogar als konstitutiv für die Tugend erklärt. Dies läßt sich theologisch nicht nur durch den Hinweis auf das Beispiel Christi in den Evangelien stärken, dessen Zorn etwa bei der Tempelreinigung deutlich hervortritt (vgl. *Mt* 21,12ff; *Mk* 11,15ff; *Lk* 19,45ff; *Joh* 2,13–16), sondern auch durch den Schöpfungsgedanken, demzufolge die zornmütigen und begehrenden Kräfte (*passiones irascibiles/ concupiscibiles*) dem Menschen anderenfalls vergeblich gegeben wären.[364]

---

[361] Vgl. *ebd.* (n. 1262f.).

[362] Vgl. *ebd.* (n. 1263). – Ein Überblick über die weitere Literatur hierzu bei D. Perler (2020), 97.

[363] Vgl. Thomas, *Coll. in dec. praec.* 7 (n. 1264-1276).

[364] Vgl. *ebd.* (n. 1267).

Auf dieser Basis unterscheidet Thomas eine dreifache Bedeutung des Zornes, (a) sofern er sich einzig im Urteil der Vernunft ohne Erregung des Gemütes befindet, (b) sofern er in einem sinnenhaften Begehren besteht (c) und sofern er den Bereich des Vernunfturteils völlig verläßt – und kann dementsprechend die Qualität seiner Sündhaftigkeit bestimmen.[365] Als Kriterium gilt dabei das Prinzip der *Personalität* bzw. die diese kennzeichnende Eigenschaft, sich in sich selbst zu halten: „Der Zornige [aber] ist nicht Herr seiner selbst (*dominus sui ipsius*)."[366] – In den recht ausführlichen Darlegungen zum Meiden des Zorns mag man dabei durchaus etwas vom Wissen um das eigene süditalienische Temperament des Thomas mitschwingen hören,[367] (a) wenn er etwa davor warnt, sich vom Zorn nicht so sehr bestimmen zu lassen, daß die Vernunft ausgeschaltet wird, (b) wenn er seine praktischen Ratschläge, wie man den Zorn meiden kann, damit er nicht fortschreite, wiederum auf die Trias „Herz–Wort–Werk" stützt und mit der begrifflichen Unterscheidung von *Zorn (ira)* und *Haß (odium)*[368] verbindet oder (c) abschließend ausdrücklich auf die therapeutischen Absichten Christi als Arzt hinweist, der die „Wurzel unserer Schwäche hinwegnehmen" will.[369] Schließlich gilt der Zorn nicht nur als eine der elf Leidenschaften (*passiones animae*), sondern auch als eine der sieben Wurzelsünden oder Hauptlaster (*vitia capitalia*).[370]

(3) *Das 6. Gebot: das Verbot des Ehebruchs*

In der inneren Hierarchie des Dekalogs stützt sich die Bedeutung des Verbots des Ehebruchs, wie Thomas ausführt, im Wesentlichen auf die Aussage der *Genesis*: „Sie [Mann und Frau] werden *ein Fleisch* sein" (2,24; vgl. *Mt* 19,6). Nach der *Person als solcher* wird daher nun die durch die Ehe *verbundene Person* als Opfer der Schädigung zum Gegenstand eines Gebots.[371]

---

[365] Vgl. *ebd.* (n. 1268f.).

[366] *Ebd.* (n. 1272).

[367] Vgl. dazu H.-G. Nissing (2022), 421-430.

[368] Thomas, *Coll. in dec. praec.* 7 (n. 1273): „Der Zorn ist plötzlich, der Haß dagegen beständig."

[369] Vgl. *ebd.* (n. 1276): „Der gute Arzt entfernt nämlich nicht nur das Böse, was offensichtlich ist, sondern er beseitigt auch die Wurzel der Krankheit, damit sie nicht von Neuem ausbricht. Und daher will er, daß wir uns vor den Ursachen der Sünden hüten, und so auch vor dem Zorn, der die Ursache des Mordes ist."

[370] Vgl. Thomas, *S.th.* I-II 84,4 c

[371] Vgl. Thomas, *Coll in dec. praec.* 8 (n. 1277).

(3.1) *Der Sinn des Ehebruchsverbots.* – Wenn Thomas die Erklärung und Begründung dieses Gebots zunächst am Ehebruch der Frau erläutert, die damit scheinbar eine größere Sünde begeht als der Mann,[372] so sind diese Überlegungen freilich geleitet von der Annahme einer grundsätzlichen *Gleichheit beider Partner*, die u.a. mit dem schönen Gedanken belegt wird, daß Gott nach dem Bericht der *Genesis* (vgl. *Gen* 2,22) die Frau weder aus den Füßen, noch aus dem Haupt des Mannes, sondern aus seiner Seite geformt habe, durch die sie zugleich in eine besondere Nähe zu seinem Herzen gestellt ist.[373] Der Grund für das Verbot des Ehebruchs liegt somit auch für beide Partner gleichermaßen (a) an erster Stelle in der Treulosigkeit (*incredulitas*), nicht nur dem anderen, sondern auch Gott und dem Ehesakrament gegenüber, wurde das Versprechen doch im Angesicht der Kirche gegeben, ferner (b) im Verrat (*proditio*) und (c) im Raub (*furtum*), insofern Thomas den Ehebruch auf seine Folgen – Kinder, Erbschaft etc. – hin weiterdenkt.[374]

Die erweiternde *geistliche* Interpretation des sechsten Gebots, nach der dieses nicht nur den formellen *Ehebruch* (*adulterium*), sondern auch die *Unzucht* (*fornicatio*) umfaßt, ist vom Grundgedanken geleitet, daß das Gebot jede *corruptio carnalis* außerhalb der Ehe ausschließen will, daß m.a.W. die Sexualität ihren Ort ausschließlich in der Ehe hat.[375] Gegen jeden Manichäismus, der die Vereinigung von Mann und Frau grundsätzlich unter den Verdacht der Todsünde stellt, hebt Thomas freilich mit der Positivität der Schöpfung zugleich deutlich die Hinordnung des ehelichen Verkehrs auf die Liebe und seine innere Tugendhaftigkeit hervor, sofern er auf die Weitergabe des Lebens ausgerichtet ist.[376]

(3.2) *Praktische Dimensionen und Konkretionen.* – Die praktischen Gründe, die sowohl Ehebruch wie Unzucht unter Verbot stellen, liegen für Thomas – biblisch gesprochen – in einer Unterordnung des Geistes unter das Fleisch und damit in einer Verkehrung der personalen Ordnung im Menschen, derzufolge die niederen Kräfte den höheren dienen und nicht umgekehrt[377], (b) im Verlust des

[372] Vgl. *ebd.* (n. 1278ff.).

[373] Vgl. *ebd.* (n. 1281).

[374] Vgl. *ebd.* (n. 1278ff.).

[375] Vgl. *ebd.* (n. 1284ff.) – Gegen den Einwand, bei der Unzucht handele es sich doch gar nicht um einen „Ehe"-bruch im formalen Sinne führt Thomas überdies ergänzend den Hinweis an, daß in dieser Tat nicht nur eine Preisgabe des eigenen Leibes geschehe, sondern auch eine solche des Leibes Christi, dessen Glieder die Gläubigen sind (worin sich wiederum das Erste Gebot auswirkt).

[376] Vgl. *ebd.*, 7 (n. 1287).

[377] Vgl. *ebd.* (n. 1288). – Dieselbe Verkehrung erkennt K. Wojtyla (1981),

Lebens, (c) in der Verschwendung von Kraft und Besitz, (d) in der Herabsetzung der Nachkommenschaft und (e) im Raub von Ehre.[378] Eine gewisse Summe seiner Einschätzung der Vergehen gegen das sechste Gebot gibt Thomas mit einem Zitat Gregors des Großen, das er abschließend anführt. Demnach sind die fleischlichen Sünden von größerer Schande als die geistlichen, aber auch von geringerer Schuld, denn ihr Proprium liegt darin, nicht das spezifisch Menschliche zu wahren, sondern den Menschen den unvernünftigen Lebewesen gleichzumachen.[379]

(4) *Das 7. Gebot: das Diebstahlverbot*

Das Verbot zu stehlen ist in der Abfolge des Dekalogs auf einer dritten Stufe der Schädigung angesiedelt, insofern es nicht auf die Person selbst oder die mit ihr verbundene Person geht, sondern auf das Eigentum des anderen und ihn daher gewissermaßen „äußerlicher" betrifft.

(4.1) *Der Sinn des Diebstahlsverbots.* – Gleichwohl läßt es sich in seinem Gewicht wie seinem Facettenreichtum vielfältig durchbuchstabieren. So reichen die von Thomas unterschiedenen *Arten des Diebstahls* (*furtum*) vom (a) heimlichen An-sich-Nehmen über (b) das gewaltsame Wegreißen (das möglicherweise auch auf legalem Weg durch Gesetzgebung und Übervorteilung geschehen kann), (c) die Nichtzahlung des Lohnes (oder auch der Steuern) bis zum (d) Betrug in Handelsgeschäften, dem Wucher und schließlich (e) dem Kauf zeitlicher oder geistlicher Würden durch Ämterkauf oder Simonie.[380] Als Richtmaß gilt Thomas dabei stets das Prinzip der Gerechtigkeit, nach dem „jedem das Seine zu geben" ist. Es steht daher auch am Ausgangpunkt seiner ausführlichen und systematischen Erörterung all dieser Arten von Diebstahl in der *Summa theologiae*.[381]

(4.2) *Praktische Dimensionen und Konkretionen.* – Die beschriebene Vielfalt der Möglichkeiten, sich am Besitz anderer zu vergehen,

---

408, als anthropologischen Kern des modernen Empirismus (D. Hume) und des daran anschließenden Utilitarismus, gegen die er seine eigene Lehre von Liebe, Geschlechtlichkeit und Ehe entwickelt: vgl. K. Wojtyla (1979), 36ff.

[378] Vgl. Thomas, *Coll. in dec. praec.* 7 (n. 1288)

[379] Vgl. Gregor der Große, *Moralia in Iob* XXXIII 12,25 (CCL 143B, 1695,99-112). – Zur Unterscheidung von fleischlichen und geistlichen Sünden vgl. Thomas, *S.th.* I-II 72,2.

[380] Vgl. Thomas, *Coll. in dec. praec.* 9 (n. 1291-1295). – Zur Beurteilung der Simonie bei Thomas vgl. U. Horst (2017), 93-112.

[381] Vgl. Thomas, *S.th.* II-II 66 i.V.m. I-II 58,1.

mag die Vehemenz und Nachdrücklichkeit erklären, mit der Thomas Gründe anführt, die den Menschen in seinem Tun davon abhalten sollen, zu stehlen. So gilt ihm als erstes Argument gegen den Diebstahl (a) dessen Schwere, die er mit der Schwere des Mordes parallelisiert, zumal wenn dem Armen das ihm Zustehende vorenthalten wird und diese Entbehrung möglicherweise auch physisch zum Tode führt. Darüber hinaus weist er auf (b) die Schwierigkeit, ja: mitunter Unmöglichkeit hin, für das begangene Unrecht Genugtuung zu leisten. Sie verleiht dem Diebstahl eine gewisse Gefährlichkeit. (c) Schließlich stellt er den geistlichen wie zeitlichen Nutzen des Gestohlenen in Frage und (d) rechnet statt dessen den entstandenen Schaden gegen, der im Verlust anderer, größerer Güter wie der eigenen Seele und der Kinder besteht, die gehalten sind, die Schulden der Eltern abzutragen. So ist der Diebstahl „wie ein Feuer, dem Spreu beigemischt ist", und das daher um so heftiger lodert.[382]

(5) *Das 8. Gebot: das Falschzeugnisverbot*

(5.1) *Der Sinn des Falschzeugnisverbots.* – Es spricht für die Genauigkeit der thomanischen Auslegung und seine präzise Beobachtung des Bibeltextes, wenn er bei der Interpretation des achten Gebotes als dessen primären „Sitz im Leben" zunächst die Situation vor Gericht in den Blick nimmt. Denn dort vor allem geht es um das Zeugnisgeben und den Zeugen – und damit um ein Unrechttun *im Reden* – im ursprünglichen Sinne des Wortes. Von hier aus läßt sich in einem zweiten Schritt die Bedeutung der Weisung für die alltägliche Rede entfalten.

Vor Gericht sind es möglicherweise drei Personen die für eine falsche Aussage oder ein falsches Urteil in Frage kommen: der Ankläger, der Zeuge und der Richter. Die Tatsache, daß sich das falsche Zeugnis dabei auf alle möglichen Vergehen, wie Mord, Raub usw. erstrecken kann, zeigt die gewissermaßen „inklusive" Kraft dieses Gebotes, in dem es die vorherigen einbezieht.[383] Überdies umfaßt es nicht nur die Forderung, nichts Falsches auszusagen, sondern auch die, nichts Wahres zu verschweigen.[384] – *In der alltäglichen Rede* läßt sich darüber hinaus eine ganze Liste von Sünden unterscheiden, in denen ein falsches Zeugnis gegeben wird – und zwar nach den unterschiedlichen Motiven. So zielen (a) der Verleumder oder Ehrabschneider (*detractator*) und (b) derjenige, der diesen gern anhört, auf die Schä-

---

[382] Vgl. zum Ganzen Thomas, *Coll. in dec. praec.* 9 (n. 1296-1299).
[383] Vgl. *ebd.*, 10 (n. 1303).
[384] Vgl. *ebd.* (n. 1302).

digung der Ehre und des guten Rufes, (c) der Einflüsterer oder Ohrenbläser (*susurrator*) auf die Zerstörung von Frieden und Freundschaft, (d) der Schmeichler (*blanditor/ adulator*) auf Wohlwollen und eigenen Vorteil, (e) der Murrende (*murmuratores*) auf Unzufriedenheit und Aufbegehren.[385] In ihrer Abfolge erscheinen diese verschiedenen Vergehen freilich eher zufällig genannt. Die einzelnen Begriffe werden zwar wiederum mit einer Menge von Schriftzitaten illustriert, jedoch nicht eigentlich definiert. Ihre vollständige systematische Erörterung findet sich wiederum innerhalb der *Summa theologiae*, wo sie innerhalb des Gerechtigkeitstraktats als „Wortsünden" (*peccata verborum*) behandelt werden.[386]

Unter den Fehlformen sprachlichen Verhaltens erfährt dort überdies die *Lüge* (*mendacium*) als der Wahrhaftigkeit (*veracitas*) entgegengesetzes Laster eine besondere Aufmerksamkeit.[387] Thomas' Ablehnung der falschen bzw. lügenhaften Rede wurzelt in der Grundeinsicht, daß damit der Sinn menschlicher Rede verfehlt und das eigentliche Lebensmedium geistiger Existenz verlassen ist. Denn: „Im Wort vor allem trägt menschliches Dasein sich zu"[388]. Und mit der Sprachbegabtheit verbunden sind die beiden grundlegenden Dimensionen, in denen der Mensch dieses Dasein vollzieht: (a) seine Beziehung zur Wirklichkeit (Erkenntnisbezug der Sprache) wie (b) seine Beziehung zu anderen Menschen (sozialer Bezug der Sprache). Wo nun, bedingt etwa durch Unwahrheit und Lüge oder auch durch manipulative Rede, das eine – der Wirklichkeitsbezug der Sprache – fehlt, geht automatisch auch das andere – der soziale Bezug in Form von Vertrauen, Freundschaft und gemeinschaftlichem Miteinander – verloren. Es bleibt die Reduktion der Sprache auf ein bloßes Machtmittel zum Zweck der universellen Manipulation und Gewaltherrschaft.[389]

(5.2) *Praktische Dimensionen und Konkretionen*. – Auch in den *Collationes in decem praeceptis* nennt Thomas daher (a) die Auflösung der Gemeinschaft an erster Stelle unter den praktische Gründen, die den Sinn eines Verbots jeglicher Lüge belegen sollen,

---

[385] Vgl. *ebd.* (n. 1304-1308).

[386] Vgl. Thomas, *S.th.* II-II 72-76. – Die Systematisierung bsasiert im Übrigen hier ebenfalls mit Blick auf die pragmatische Situation *in iudicio* und *extra iudicium*. – Zum Ganzen vgl. H.-G. Nissing (2006), 466 471.

[387] Vgl. Thomas, *S.th.* II-II 110f. – Während die *peccata verborum* dabei v.a. die Wirkungen des Sprachhandelns betreffen, geht es bei der Lüge in erster Linie um das Verhalten gegenüber dem erkannten Sachverhalt. – Vgl. H.-G. Nissing (2006), 471-484.

[388] J. Pieper (1995), 136.

[389] Vgl. aktualisierend *ebd.*

ferner (b) die persönliche Unglaubwürdigkeit, die sich der gewohnheitsmäßige Lügner zuzieht, sowie (c) die Verähnlichung mit dem Teufel, dem „Vater der Lüge" (*Joh* 8,44) und (d) den Verlust der eigenen Seele - was den Charakter der Lüge als Todsünde begründet.[390] Mögen zumal diese beiden letzten Argumente sehr hart und rigoristisch erscheinen, so wird man für Thomas doch im Ganzen eine mildere Beurteilung der Lüge feststellen dürfen, als etwa bei Augustinus, der mit seiner Definition der Lüge und dem kompromißlosen Prinzip, man dürfe niemals lügen,[391] für das Verständnis dieses Begriffs im Abendland von prägender Bedeutung war. So differenziert Thomas die verschiedenen Arten der Lüge nach ihrem Gegenstand, ihrer Wirkung und ihrer Motivation - freilich ohne die grundlegende Sündhaftigkeit jeder Art von Lüge zu nivellieren.[392] Die in den Predigten angeführten Beispiele für verschiedene Formen lügenhaften Verhaltens mögen dabei für den mittelalterlichen Menschen unmittelbar evident, für uns mitunter jedoch weniger zugänglich sein.[393] Als entscheidendes Kriterium kann jedenfalls der Widerspruch zur Hinordnung des Menschen auf sein wahres Ziel, die Wahrheit und die Liebe, gelten, auch wenn dieser Widerspruch im konkreten Fall von unterschiedlicher Intensität sein kann.[394]

---

[390] Vgl. Thomas, *Coll. in dec. praec.* 10 (n. 1309-1313). - Originell ist in diesem Zusammenhang etwa der Hinweis darauf, daß man wie bei einem Menschen durch seine Sprache erkennen könne, aus welcher Gegend und aus welchem Vaterland er kommt, so auch beim Lügner erkenne, daß er aus dem Geschlecht des Teufels stamme.

[391] Vgl. Augustinus, *De mendacio* 3 (CSEL 41,415,6f.): „Jener lügt, der etwas anderes im Geist hat, als er in Worten oder anderen Zeichen zum Ausdruck bringt"; 11 (CSEL 41,430,14); „Niemals lügen die Guten."

[392] Zur Definition der Lüge bei Thomas vgl. *S.th.* I-II 110,1 c.: „Wenn folglich diese drei Dinge zusammenkommen, nämlich [1] daß falsch ist, was ausgesagt wird, [2] und daß der Willle dabei ist, das Falsche auszusagen und außerdem [3] die Absicht zu täuschen, dann besteht Falschheit [1] in materieller Hinsicht, denn es wird Falsches gesagt, und [2] in formeller Hinsicht wegen des Willens, Falsches zu sagen, und [3] in effektiver Hinsicht wegen des Willens, die Falschheit zum Ausdruck zu bringen." - Die Täuschungsabsicht betrifft dabei nicht den Artbegriff der Lüge als solchen, sondern ihre Vollendung.

[393] So erwähnt Thomas etwa u.a. das Lügen aus falscher Demut, z.B. in der Beichte, aus leichtfertiger Scham, zum Nutzen eines Mitmenschen, um ihn vor dem Tod, der Gefahr oder einem anderen Schaden zu bewahren, oder aus Scherz: vgl. *Coll. in dec. praec.* 9 (n. 1314).

[394] Vgl. Thomas, *S.th.* II-II 110,4 c. - Zum Ganzen vgl. H.-G. Nissing (2006), 477f.

(6) *Das 9. und das 10. Gebot: das Begehrensverbot im Hinblick auf Besitz und Frau des anderen*

Relativ kurz gehalten ist schließlich die thomanische Auslegung zu den beiden letzten Geboten, die auf ein Verbot des Begehrens, d.h. auf die Innerlichkeit und die Haltung des Menschen zielen. Diese Kürze mag sich dadurch erklären, daß eine verinnerlichende und spiritualisierende Deutung schon im Rahmen der anderen Gebote erfolgt ist. Freilich zeigt sich, wie Thomas hervorhebt, gerade in den letzten beiden Geboten noch einmal explizit der besondere *Charakter* des *göttlichen Gesetzes*, das im Unterschied zum menschlichen nicht nur auf das äußere – Werke und Worte – geht, sondern auch auf das Innere und die Gedanken.[395]

In den Mittelpunkt tritt daher der Begriff der *„Begehrlichkeit“* (*concupiscentia*) als innerer Motor der Sünde, der sich einerseits auf das Haus des Nächsten beziehen kann, worunter auch gesellschaftlicher Rang, Würde, Ehre, Reichtum zu fassen sind, andererseits auf die Frau des Nächsten.[396] Als Beleg gilt Thomas dabei die Bestimmung aus 1 *Joh* 2,16, in der die *concupiscentia* auf drei vorrangige Gegenstände zurückgeführt wird:

> *Alles, was in der Welt ist, ist*
> *Begierde des Fleisches (concupiscentia carnis),*
> *Begierde der Augen (concupiscentia oculorum) oder*
> *Hoffart des Lebens (superbia vitae).*

Die beiden letztgenannten werden dabei durch das neunte, die erstgenannte durch das zehnte Gebot abgedeckt.[397] In der christlichen Theologie und Spiritualität hat der Begriff der *concupiscentia* im Ausgang von Paulus v.a. durch Augustinus Karriere gemacht.[398]

(6.1) *Der Sinn der beiden Begehrensverbote.* – In ihrer Begründung der beiden Gebote zeigen die thomanischen Überlegungen da-

---

[395] Thomas, *Coll. in dec. praec.* 11 (n. 1315): „Das kommt daher, daß jenes [das menschliche Gesetz] durch Menschen gemacht wird, die über das urteilen, was äußerlich in die Erscheinung tritt; das göttliche Gesetz aber ist von Gott, der auf das Äußere und in das Innere schaut: […] ‚Der Mensch schaut auf das Außen, Gott aber schaut ins Herz‘ (1 *Kön* 16,7).“

[396] Vgl. *ebd.*, 12 (n. 1323). Dabei geht es darum, sich das betreffende Gut nicht nur sich nicht anzueignen, sondern noch nicht einmal danach zu verlangen: vgl. *ebd.*, 11 (n. 1315).

[397] Vgl. *ebd.*

[398] Vgl. O.-H. Pesch (1977), 482ff.; 556ff. u.ö.

her wiederum eine psychologische Feinfühligkeit in der phänomenologischen Beschreibung, etwa wenn (a) die Grenzenlosigkeit, die der Habgier (*concupiscentia*) eigen ist, und ihre Unstillbarkeit in einer letzten Hinordnung des Menschen auf Gott verankert werden, die fehlgeleitet ist und sich an Vorläufigem und Diesseitigem festmacht, ferner (b) die eigentümliche Ruhelosigkeit der Gier beschrieben wird und (c) die Ursache der Nutzlosigkeit des Reichtums darin gesehen wird, daß man diesen nicht nutzt, sondern bloß hortet. (d) Ein Verlust des Sinnes für Gerechtigkeit und (e) die Tötung der Gottes- und Nächstenliebe erscheinen als die weiterführenden Konsequenzen.[399] Am Ende des derart skizzierten Wegs einer inneren Entwicklung zum Bösen hin steht so die Kennzeichnung der *concupiscentia* als „Wurzel aller Übel", die alle Bosheit und Ungerechtigkeit erzeugt und Mord und Diebstahl bewirkt.[400]

Noch grundsätzlicher entwickelt Thomas die geistlichen Dimensionen der *concupiscentia* im Zusammenhang seiner Auslegungen zum zehnten Gebot. Er führt sie zurück auf den Sündenfall, nach dem kein Mensch frei von Begehrlichkeit ist,[401] und unterscheidet verschiedene Stufen des Begehrens (*gradus concupiscentiae*), die (a) von der Zustimmung im Herzen über (b) die schlechte Rede bis (c) zur Ausführung im Werk führen, in dem „die eigenen Glieder zu Werkzeugen der Ungerechtigkeit gemacht werden" (*Röm* 6,19).[402] Die Schwere der Sünde wird wiederum danach bemessen, ob sie über uns Herr wird, d.h. nach der Beeinträchtigung der personalen Integrität, oder wir Herr unserer selbst sind.

(6.2) *Praktische Dimensionen und Konkretionen*. – Dabei weiß Thomas durchaus darum, daß es großer Anstrengung bedarf, diesen „Feind im eigenen Haus"[403] zu besiegen, wenn er abschließend einige praktische Ratschläge zum Umgang mit der *concupiscentia carnis* gibt: So empfiehlt er, (a) die äußeren Gelegenheiten zu meiden, (b) entsprechenden Gedanken den Zugang zu verwehren, (c) Zuflucht zu Gebet und zum Fasten zu nehmen, wodurch

---

[399] Vgl. Thomas, *Coll. in dec. praec.* 11 (n. 1316-1320). - Umgekehrt gilt: „Je mehr Liebe einer hat, desto weniger Begierde hat er" (n. 1320).

[400] Vgl. *ebd.* (n. 1321). – Für die Einschätzung ihrer Schwere gilt dabei wiederum als Kriterium, ob das Gut des anderen ohne oder mit Vernunft begehrt wurde: vgl. *ebd.* (n. 1322).

[401] Vgl. *ebd.* 12 (n. 1324).

[402] Vgl. *ebd.* (n. 1325ff.). – In fast platonischer Manier werden daher die Dichter, die leichte Liebeslieder dichten, des Gemeinwesens verwiesen: vgl. *ebd.* (n. 1326); Platon, *Politeia* X 607b-608b.

[403] Thomas, *Coll in dec. praec.* 12 (n. 1328).

die Hilfe des Geistes gegen das Fleisch erlangt wird, und schließlich (d) die Beschäftigung mit Dingen zu suchen, die keinem Müßiggang Vorschub leisten, sondern auf das Gute ausgerichtet sind. Daß Thomas dabei schließlich das Lesen und Studieren der Heiligen Schrift als die beste Beschäftigung unter allen herausstellt, der gegen ein ungeordnetes Begehren eine besondere Wirksamkeit zukommt, kann wohl als treffender Schlußpunkt seiner Auslegung der Zehn Worte, dem Inbegriff der Gottesrede des Alten Bundes, gelten.[404]

Seine summarische Gliederung des Dekalogs verbindet er sehr passend mit einem Herrenwort:

> *Das nun sind die Zehn Worte. Sie meint der Herr, wenn er sagt: „Willst du ins Leben eingehen, dann halte die Gebote" (Mt 19,17).*

Indem Thomas die Hinordnung des Dekalogs auf das gelingende Leben des Menschen und seine Vollkommenheit hervorhebt, markiert er noch einmal deutlich den eigentlichen Zielsinn seiner Auslegung. Als Grundordnung für ein gelingendes Menschsein wollen die Zehn Gebote ein Leitbild skizzieren und zu ihm hinführen. So erscheinen sie als „Interpretation der Grundberufung des Menschen zum Leben vor Gott und mit Gott" und als „Erhellung des Weges dahin"[405].

7. Zur Textgestalt der vorliegenden Ausgabe

Zugrunde liegt der vorliegenden Ausgabe der lateinische Text, der im 2. Band der *Opuscula theologica*, ed. R.-M. Spiazzi, Rom – Mailand 1954, 245-271, des Turiner Verlages Marietti erschienen ist. Zwar existiert auch, wie bereits erwähnt, seit 1982 eine kritische Edition der *Collationes in decem praeceptis* durch J.-P. Torrell[406], doch erschien uns der Marietti-Text inklusive seiner Numerierungssystematik[407] als die für unsere Ausgabe geeignetere Version. Denn abgesehen von einigen Wortvarianten, Inversionen und

---

[404] Vgl. *ebd.* (n. 1328-1331).
[405] O.-H. Pesch (1988), 300.
[406] Vgl. oben Anm. 83.
[407] Um eine Übersichtlichkeit und leichtere Zitierbarkeit der thomanischen Texte zu gewährleisten, haben die Herausgeber der Marietti-Ausgabe die größeren, nicht in Quaestionenform abgefaßten Werke mit einer Numerierungssystematik versehen, die inzwischen kanonische Geltung besitzt, um die betreffenden Werke zu zitieren.

punktuellen Erweiterungen[408] enthält die kritische Textedition Torrells kaum Unterschiede zum Marietti-Text, so daß ihr Wert in erster Linie darin zu sehen ist, die traditionelle Textüberlieferung zu bestätigen. Wo der unkritische Marietti-Text textliche Erweiterungen aufwies, wurden diese anhand der Torrell-Edition getilgt.[409] Wo umgekehrt die Version Torrells Erweiterungen enthält, sind diese in spitzen Klammern hinzugefügt. Verschiedentlich differieren die Aufzählungen und Gliederungen zu bestimmten Themen in beiden Editionen in ihrer Numerierung.[410] Hier haben wir diejenige der Marietti-Edition als die konsistentere und sachlich näherliegende beibehalten. Vor allem aber besitzt der Marietti-Text den Vorteil, daß er anders als der kritisch editierte Text die Bibelzitate ausgeschrieben bietet und eventuell falsche Angaben bei Thomas korrigiert hat – was für unser Anliegen, einen Lesetext vorzulegen, von größerem Nutzen ist. Während der Marietti-Text die Predigten des Thomas systematisierend den einzelnen Geboten des Dekalogs sowie den beiden Geboten der Gottes- und Nächstenliebe zuordnet und zusammen mit einem Vorwort den Text in insgesamt 13 Einheiten gliedert, zählt Torrell im Ganzen 31 mit römischen Ziffern numerierte Predigten. Sie lassen sich leicht der Marietti-Gliederung zuordnen und können dort als Elemente fungieren, die den Text weiter in Sinnabschnitte untergliedern. Entsprechend wurde die Zählung Torrells in unsere Textfassung eingefügt.

Die *bibliographischen Nachweise* in den Fußnoten des lateinischen Textes haben die Angaben bei Torrell zur Grundlage, sind allerdings verschiedentlich aktualisiert und ergänzt worden.

In den *Kürzungen* orientiert sich die Wiedergabe des lateinischen Textes an der deutschen Übersetzung. Dabei ist einzuräumen, daß die Kürzungen nicht immer die Struktur der Ar-

---

[408] So ergänzt Torrell am Ende von *Coll. in dec. praec.* 2 (n. 1181): „Et ideo 'expedit magis occurrere urse' etc.". Am Ende von *ebd.*, 5 (n. 1218) ist hinzugefügt: „[E]t quare? Quia ‚Deus omnia fecit in sex diebus et in septima quievit'".

[409] Dementsprechend erscheint in *ebd.* (n. 1221) das abschließend angefügte Zitat aus *Jes* 32,18 nicht mehr: „Sedebit populus meus in pulchritudine pacis et in tabernaculis fiduciae et in requie opulenta". – Der Abschluß von *ebd.*, 6 in (n. 1257) ist vollständig getilgt: „Omnes igitur isti venerandi sunt: quia omnes portant quodammodo similitudinem patris qui in caelis est. Et de istis dicitur *Luc.* X,16: 'Qui vos spernit, me spernit'."

[410] So zählt *ebd.*, 2 (n. 1188-1192) fünf Gründe für die Feindesliebe, während Torrell nur vier unterscheidet, da er den dritten und vierten zusammenfaßt. Analog werden in *ebd.*, 4 (n. 1211-1216) sechs Weisen, den Namen Gottes richtig zu gebrauchen, unterschieden, während Torrell nur fünf aufführt, dabei aber wiederum den dritten und vierten als einen einzigen ansetzt.

gumentation wahren oder sie sichtbar machen. Wo nötig, ist diese daher durch Hinweise in den Fußnoten ergänzt. Sind die Kürzungen und Auslassungen grundsätzlich durch das genannte Anliegen der Übersetzer gerechtfertigt, einen Lesetext zu erstellen, der die wesentlichen Gedanken der übersetzten Vorlage enthält,[411] so muß die vorliegende Fassung unter den anderen Predigttexten (zum *Credo* und zum *Vater unser*), die in den vorangehenden Bänden dieser Reihe neu herausgegeben wurden, als die am wenigsten geglückte gelten. So haben die Übersetzer in fast jeder Predigt größere Passagen ausgelassen, wodurch ihre zweiteilige Struktur nach dem „daß" und dem „wie" häufig unkenntlich wurde.[412] Überdies betreffen diese Kürzungen insbesondere Passagen, in denen mit Zitaten des Aristoteles der Beitrag der Weltweisheit zur Deutung der Zehn Gebote zur Sprache kam.[413] Die wichtigsten inhaltlichen Elemente der Darlegungen sind daher im Rahmen dieser Einleitung ergänzt worden, so daß ein umfassender Eindruck des Textes entstehen kann, der dazu einlädt, ihn über die hier gebotene Fassung in seiner Ganzheit zur Kenntnis zu nehmen.

Der herzliche Dank der Herausgeber gilt dem Leiter des Pneuma-Verlages, Dr. Dr. Thomas Schumacher, für die freundschaftliche Unterstützung bei der Drucklegung auch dieses letzten Bandes der „Einführenden Schriften" sowie Frederik Brand, der mit seiner Aufmerksamkeit und Gründlichkeit die Korrekturarbeiten der Reihe von ihren Anfängen bis zu ihrem Abschluß verläßlich begleitet hat.

8. Abkürzungsverzeichnis der zitierten Werke des Thomas

Super I-IV Sent.	= *Scriptum super libros Sententiarum*
S.c.G.	= *Summa contra Gentiles*
S.th.	= *Summa theologiae*
Comp. theol.	= *Compendium theologiae*
Princ. I	= *Principium biblicum „Rigans montes"*
Princ. II	= *Principium biblicum „Hic est liber"*
Super Matth.	= *Super Evangelium S. Matthaei lectura*
Super Ioan.	= *Lectura super Ioannem*

411 Vgl. „Nachwort zur Erstauflage", 216.

412 Vgl. etwa *Coll. in dec. praec.* 1 (n. 1167-1170); 4 (n. 1211-1216); 5 (n. 1229f. und n. 1231ff. in großen Auszügen); 6 (n. 1246ff.); 7 (n. 1264f. und n. 1270ff.); 8 (n. 1278-1283 zum größten Teil; n. 1288).

413 Vgl. *ebd.*, 6 (n. 1238; n. 1246); 7 (n. 1259); ferner 12 (n. 1326).

Super Ad Rom.	= *Lectura super Epistolam Pauli Apostoli ad Romanos*
Super Ad Gal.	= *Lectura super Epistolam Pauli Apostoli ad Galatas*
Super Ad Hebr.	= *Lectura super Epistolam Pauli Apostoli ad Hebraeos*
Super De an.	= *Sentencia libri De anima*
Super Eth.	= *Sententia libri Ethicorum*
Super Metaph.	= *Sententia libri Metahysicorum*
Exp. Boeth. De trin.	= *Expositio libri Boethii De trinitate*
Exp. Boeth. De hebd.	= *Expositio libri Boethii De hebdomadibus*
Contra impugn.	= *Contra impugnantes Dei cultum et religionem*
Contra retrah.	= *Contra doctrinam retrahentium a religione*
Q. de ver.	= *Quaestiones disputatae de veritate*
Q. de pot.	= *Quaestiones disputatae de potentia*
Q. de virt.	= *Quaestiones disputatae de virtutibus*
Coll. in Symb. Apost.	= *Collationes in Symbolum Apostolorum*
Coll. in Orat. Dom.	= *Collationes in Orationem Dominicam*
Coll. in dec. praec.	= *Collationes in decem praeceptis*

9. Literaturverzeichnis

A. Übersetzungen der Auslegungen zu den Zehn Geboten

Katechismus des Hl. Thomas von Aquin oder Erklärung des apostolischen Glaubensbekenntnisses, des Vaters Unsers, Ave Maria und der zehn Gebote Gottes, ed. A. Portmann/F.-X. Kunz, Luzern 1882; ND Kirchen/Sieg 1971 [deutsch].

The Commandments of God, ed. L. Shapcote, London 1937 [englisch].

The Catechetical Instructions of St. Thomas, ed. J.B. Collins, New York 1939, 69-116. ND 2000 [englisch].

God's Greatest Gifts: Commentaries on the Commandments and the Sacraments, ed. J.B. Collins/ R. McInerny, Manchester, NH 1992, 3-80 [englisch].

Les Commandements, introduction, traduction et notes par un moine de Fontgombault (= Docteur commun, 4), Paris 1970 [französisch].

Opuscoli spirituali: commenti al Credo, al Padre nostro, all'Ave Maria e ai dieci Comandamenti. In appendice L'Ufficio e la Messa del 'Corpus Domini' e le preghiere di San Tommaso. Traduzione e note, ed. P. Lippini (= Opere di San Tommaso, 11), Bologna 1999 [italienisch].

Escritos de catequesis, ed. J.I. Saranyana, Madrid 1975 ([2]1978); Neuausagabe: *Obras catequéticas: Sobre el Credo, Padrenuestro,*

Avemaría, Decálogo y los siete sacramentos. Estudio preliminar y anotaciones, Pamplona 1995 [spanisch].
Over de Tien Geboden, ed. C. Leget (= Vertalingen van het Thomas Instituut Utrecht, 1) Zoetermeer 1999 [niederländisch mit der lateinischen Edition Torrells].

B. Zitierte Werke des Thomas von Aquin

Breve principium fratris Thomae de commendatione Sacrae Scripturae 'Rigans montes', in: *Opuscula theologica*, vol. 1, ed. R.A. Verardo, Turin - Rom 1954, 441-443.
Compendium theologiae seu Brevis compilatio theologiae ad fratrem Raynaldum: *Opuscula*, vol. 3, ed. H.-F. Dondaine/G. de Grandpré (= Editio Leonina, 42), Rom 1979, 1-205.
Expositio libri Boethii De trinitate – Expositio libri Boethii De hebdomadibus, ed. L.J. Bataillon/ C.A. Grassi (= Editio Leonina, 50), Rom - Paris 1992.
In duodecim libros Metaphysicorum Aristotelis expositio, ed. M.R. Cathala, Turin - Rom [2]1971.
In Symbolum Apostolorum, scilicet 'Credo in Deum' expositio, in: *Opuscula theologica*, vol. 2, ed. R.M. Spiazzi, Turin - Rom [2]1953, 191-217.
Liber Contra doctrinam retrahentium a religione, in: *Opuscula*, vol. 2, ed. H.-F. Dondaine (= Editio Leonina, 41), Rom 1969-1970, Pars C.
Liber Contra impugnantes Dei cultum et religionem, in: *ebd.*, Pars A.
Liber de veritate catholicae Fidei contra errores infidelium seu Summa contra gentiles, ed. P. Marc/C. Pera/P. Caramello, vol. 1-3, Paris - Turin 1961.
Officium de festo Corporis Christi ad mandatum Urbani Papae IV dictum Festum istituentis, in: *Opuscula theologica*, vol. 2, ed. R.A. Verardo/R. Spiazzi, Rom - Turin 1954, 273-281.
Piae preces, in: *ebd.*, 283-289.
Principium fratris Thomae de commentatione et partione Sacrae Scripturae 'Hic est liber', in: *Opuscula theologica*, vol. 1, ed. R.A. Verardo, Turin - Rom 1954, 435-439.
Quaestiones disputatae de potentia, in: *Quaestiones disputatae*, vol. 2, cura et studio P. Bazzi/M. Calcaterra/T.S. Centi/E. Odetti/ P.M. Pessier, Paris - Turin [10]1965 (1949), 1-276.
Quaestiones disputatae de virtutibus cardinalibus, in: *ebd.*, 813-828.
Quaestiones disputatae de veritate, vol. 1-3, ed. A. Dondaine (= Editio Leonina, 22), Rom 1972-1976.
Scriptum super libros sententiarum Magistri Petri Lombardi, vol. 1-2, ed. P. Mandonnet; vol. 3-4, ed. M. F. Moos, Paris 1929-1947.
Sententia libri De anima, ed. R.-A. Gauthier (= Editio Leonina, 45.1), Rom - Paris 1984.

Sententia libri Ethicorum, vol. 1-2, ed. R.-A. Gauthier (= Editio Leonina, 47,1-2), Rom 1969.
Summa theologiae (= Editio Leonina, 4-12), Rom 1888-1906.
Super Epistolam ad Romanos lectura, in: *Super Epistolas S. Pauli lectura*, vol. 1, ed. R. Cai, Turin - Rom [8]1953, 1-230.
Super Epistolam ad Galatas lectura, in: *ebd.*, 563-649.
Super Epistolam ad Hebraeos lectura, in: *Super Epistolas S. Pauli lectura*, vol. 2, ed. R. Cai, Turin - Rom [8]1953, 335-506.
Super Evangelium S. Ioannis lectura, ed. R. Cai, Turin - Rom [6]1972 (1951).
Super Evangelium S. Matthaei lectura, ed. R. Cai, Turin - Rom [5]1951.

C. Quellentexte zum Leben des Thomas von Aquin

Chartularium Universitatis Parisiensis, ed. H. Denifle/C. Chatelain, Bd. II, Paris 1889.
Fontes vitae s. Thomae Aquinatis notis historicis et criticis illustrati, ed. D. Prümmer/M.-H. Laurent, Toulouse o.J. - Darin:
- *IV. Processus canonizationis S. Thomae, Napoli*, 265-407.
Wilhelm von Tocco, *Ystoria s. Thomae de Aquino*, ed. C. Le Brun-Gouanvic, Montreal 1996.

D. Weitere Quellentexte

Albertus Magnus, *De auditu physico libri VIII seu In VIII Physicorum Aristotelis*, ed. P. Hossfeld (= Editio Coloniensis, 4.1-2), Münster 1987/ 1993.
Aristoteles, *De anima*, ed. W.D. Ross (= SCBO), Oxford 1956.
–, *Ethica Nicomachea*, ed. I. Bywater (= SCBO), Oxford 1894, ND 1970.
–, *Historia animalium*, ed. A.L. Peck (= Loeb Classical Library), 2 vols., London 1965ff.
–, *Metaphysik*, ed. W. Jaeger (= SCBO), Oxford 1957.
–, *Politik*, ed. W.D. Ross (= SCBO), Oxford 1957, ND 1962.
Augustinus, *De civitate Dei libri viginti duo*, ed. B. Dombart/ A. Kalb (= CCL, 47/48), Turnhout 1955.
- *De libero arbitrio libri tres*, ed. W.M. Green (= CSEL, 74), Wien 1956, 3-154.
- *De mendacio liber unus*, ed. J. Zycha (= CSEL, 41), Wien 1900, 413-466.
- *De ordine libri duo*, ed. W.M. Green (= CCL, 29), Turnhout 1970, 89-137.
- *De sermone Domini in monte libri duo*, ed. A. Mutzenbecher (= CCL, 35), Turnhout 1967, 1-188.
- *De trinitate libri quindecim*, ed. W.J. Mountain/ F. Glorie (= CCL, 50/50 A), Turnhout 1968.

– *Enarrationes in Psalmos*, ed. E. Dekkers/J. Fraipont (= CCL, 38-40), Turnhout 1956.
– *Quaestiones in Heptateuchum*, ed. J. Zycha (= CSEL 28.2), Wien 1895.
– *Sermones de vetere testamento* (1-59), ed. C. Lambot (= CCL, 41), Turnhout 1961.
Boethius, *Liber de persona et duabus naturis contra Eutychen et Nestorium*, in: ders., *Die Theologischen Traktate*, lat.-dt., ed. M. Elsässer (= Philosophische Bibliothek, 397), Hamburg 1988, 64-115.
Gratian, *Decretum sive Concordia discordantium canonum*, ed. E.L. Richter/ E. Friedberg (= Corpus Iuris Canonici, 1), Leipzig 1879–1881, ND Graz 1959.
Gregor der Große, *Homiliae in Ezechielem*, ed. M. Adriaen (= CCL 142), Turnhout 1971.
– *Moralia in Iob*, ed. M. Adriaen (= CCL, 143-143B), vol. 1-3, Turnhout 1979, ND 2000.
Hesyches, *Commentarius in Leviticum*, in: J.-P. Migne, PG 94, Paris 1864, 787-1178.
Hieronymus, *Commentariorum in Osee*, in: J.-P. Migne, PL 25, Paris 1884, 809-946.
Johannes von Salisbury, *Metalogicon*, in: J.-P. Migne, PL 199, Paris 1855, 823-944.
Origenes, *Homiliae in Exodum*, in: J.-P. Migne, PG 12, Paris 1862, 297-394.
Petrus Cantor, *Verbum abbreviatum*, in: J.-P. Migne, PL 205, Paris 1855, 21-528.
Platon, *Werke in acht Bänden, griechisch und deutsch*, übers. v. F. Schleiermacher, ed. G. Eigler u.a., Darmstadt [2]1990.

E. Sekundärliteratur

Ayo, N. (1988): „Introduction", „Notes" und „Appendix I and II", in: *The Sermon-Conferences of St. Thomas Aquinas on the Apostle's Creed*, Notre Dame/Ind., 1-14, 161-167 und 169-201.
Bataillon, L. (1988): „Les sermons attribués à saint Thomas: Questions d'authenticité", in: A. Zimmermann (ed.), *Thomas von Aquin. Werk und Wirkung im Licht neuerer Forschungen* (= Miscellanea Mediaevalia, 19), Berlin, 325-341.
– (2014): „Introduction", in: *Sancti Thomae de Aquino Sermones* (= Opera omnia, 44,1), Rom – Paris 2014, 7*-200*.
Brague, R. (2005): *La Loi de Dieu. Histoire philosophique d'une alliance*, Paris.
Chesterton, G.K. (1960): *Der stumme Ochse. Über Thomas von Aquin*, Freiburg/Br.

Dod, B.G (1982): „Aristoteles Latinus", in: N. Kretzmann/A. Kenny/J. Pinborg (eds.), *The Cambridge History of Later Medieval Philosophy*, Cambridge, 45-79.

Domanyi, T. (1979): *Der Römerbriefkommentar des Thomas von Aquin. Ein Beitrag zur Untersuchung seiner Auslegungsmethoden*, Bern u.a.

Dondaine, A. (1956): *Secrétaires de saint Thomas*, Rom.

Ecclesia Catholica (1994): *Katechismus der katholischen Kirche*, München u.a.

Elders, L./Hedwig, K (eds., 1987): *Lex et libertas. Freedom and law according to St. Thomas Aquinas*, Vatikan.

Gilson, É. (1961, 1957): *The Christian philosophy of St. Thomas Aquinas*, London.

Grabmann, M. (1936): „Aristoteles im Werturteil des Mittelalters", in: ders., *Mittelalterliches Geistesleben II*, München, 63-102.

Horst, U. (2001): *Die Gaben des Heiligen Geistes nach Thomas von Aquin*, Berlin.

– (2017): *Thomas von Aquin. Predigerbruder und Professor*, Paderborn.

Hossfeld, F.L./ Berger, K. (1991): [Art.] „Dekalog", in: *Neues Bibel Lexikon* I, Düsseldorf, 400-405.

Kahl, R.A. (2006): „Spiritualität der Dominikaner", in: T. Schilp (ed.), *Die Dortmunder Dominikaner und die Propsteikirche als Erinnerungsort*, Bielefeld, 35-44.

Kluxen, W. (1964, [3]1998): *Philosophische Ethik bei Thomas von Aquin*, Hamburg.

– (1981): „Der Begriff der Wissenschaft", in: P. Weimar (ed.), *Die Renaissance der Wissenschaften im 12. Jahrhundert*, Zürich, 273-294.

– (2001): *‚Lex naturalis' bei Thomas von Aquin*, Wiesbaden.

Kühn, U. (1965): *Via Caritatis. Theologie des Gesetzes bei Thomas von Aquin*, Göttingen.

Levering, M./ Dauphinais, M. (eds., 2012): *Reading Romans with St. Thomas Aquinas*, Washington D.C.

Mandonnet, P. (1924): „Le Carême de Saint Thomas d'Aquin à Naples (1273)", in: *San Tommaso d' Aquino O.P. Miscellanea storico-artistica*, Rom, 195-212.

Müller, J. (2001): *Natürliche Moral und philosophische Ethik bei Albertus Magnus*, Münster 2001.

Nissing, H.-G. (2006): *Sprache als Akt bei Thomas von Aquin*, Leiden – New York.

– (2017): „Zeuge des Wortes. Thomas von Aquin und sein Kommentar zum Prolog des Johannes-Evangeliums", in: Thomas von Aquin, *Das Wort. Kommentar zum Prolog des Johannes-Evangeliums. Übersetzt von Josef Pieper* (= Einführende Schriften, 1), München, XIII-LXXIII.

– (2019): „Thomas von Aquin als Prediger. Die *Auslegungen zum Apostolischen Glaubensbekenntnis (Collationes in Symbolum Apostolorum)*“, in: Thomas von Aquin, *Das Credo. Auslegungen zum Apostolischen Glaubensbekenntnis. Übersetzt von Josef Pieper, Heinrich Raskop und Hans Schulte* (= Einführende Schriften, 3), München, VII-LXXX.

– (²2019): „Der Mensch auf dem Heimweg zu Gott. Christlicher Eudaimonismus bei Thomas von Aquin“, in: ders./J. Müller (eds.), *Grundpositionen philosophischer Ethik. Von Aristoteles bis Jürgen Habermas*, Darmstadt, 53-82.

– (2021): „Einleitung“, in: Thomas von Aquin, *Vom Gewissen, Lateinisch-Deutsch* (= Herders Bibliothek der Philosophie des Mittelalters, 51), Freiburg/Br. 2021, 9-108.

– (2022): *Denker und Dichter: Thomas von Aquin. Eine Einführung in sein Leben und sein Werk*, München.

Oberste, J. (2016): „Predigen in der Stadt. Die mittelalterlichen Dominikaner in ihrem urbanen Umfeld“, in: E.H. Füllenbach (ed.), *Mehr als Schwarz und Weiß*, Regensburg, 43-61.

Perler, D. (2020): *Eine Person sein. Philosophische Debatten im Spätmittelalter*, Frankfurt/M.

Pesch, O.H. (1977): „Kommentar“, in: *Deutsche Thomas-Ausgabe Bd. 13 (I–II, qq. 90–105: Das Gesetz)*, Heidelberg u.a., 529–734.

– (1988): *Thomas von Aquin. Grenze und Größe mittelalterlicher Theologie. Eine Einführung*, Mainz.

Philippe, M.-D. (1981): „Préface“, in: *Saint Thomas d'Aquin. Commentaire sur l'Evangile de saint Jean*, vol. 1, Versailles-Buxy, 7-26.

Pieper, J. (1995), „Mißbrauch der Sprache – Mißbrauch der Macht“ (1964), in: ders., *Werke, Bd. 6: Kulturphilosophische Schriften*, ed. B. Wald, Hamburg, 132-151.

– (1996): *Über die Hoffnung* (1934), in: ders., *Werke, Bd. 4: Schriften zur Philosophischen Anthropologie und Ethik I*, ed. B. Wald, Hamburg, 256-295.

– (1998): *Muße und Kult* (1948), in: ders., *Werke, Bd. 6: Kulturphilosophische Schriften*, ed. B. Wald, Hamburg, 1-44.

– (2001a): *Unaustrinkbares Licht. Das negative Element in der Weltansicht des Thomas von Aquin* (1963, zuerst: *Philosophia negativa*, 1953), in: *ebd.*, 112-152.

– (2001b): *Thomas von Aquin. Leben und Werk* (1958), in: ders., *Werke, Bd. 2: Darstellungen und Interpretationen: Thomas von Aquin und die Scholastik*, ed. B. Wald, Hamburg, 153-298.

– (2001c): „Kreatürlichkeit. Bemerkungen über die Elemente eines Grundbegriffs“ (1974), in: *ebd.*, 441-464.

– (2005): „Tugendlehre als Aussage über den Menschen" (1962), in: ders., *Werke, Bd. 8,1: Miszellen*, ed. B. Wald, Hamburg, 242-247.

Schachten, W. (1980): *Ordo salutis. Das Gesetz als Weise der Heilsvermittlung. Zur Kritik des hl. Thomas von Aquin an Joachim von Fiore*, Münster.

Schönberger, R. (1986): *Die Transformation des klassischen Seinsverständnisses*, Berlin – New York.

– (1991): *Was ist Scholastik?*, Hildesheim.

Schockenhoff, E. (1987): *Bonum hominis*, Mainz.

– (1996): *Naturrecht und Menschenwürde*, Mainz.

Speer, A. (2014): „Naturgesetz und Dekalog bei Thomas von Aquin", in: ders./G. Guldentops (eds.), *Das Gesetz – The Law – La Loi* (= Miscellanea Mediaevalia, 38), Berlin – New York, 350-370.

Torrell, J.-P. (1982): „La pratique pastorale d'un théologien du XIIIe siècle. Thomas d'Aquin prédicateur", in: *Revue thomiste* 82, 213-245.

– (1985): „Les *Collationes in decem praeceptis* de saint Thomas d'Aquin. Edition critique avec introduction et notes", in: *Revue des Sciences Philosophiques et Théologiques* 69, 5-40 und 227-263.

– (1995): *Magister Thomas*, Freiburg/Br. u.a.

– (2000): *Recherches thomasiennes. Études revues et augumentées*, Paris.

– (2002): „‚Dieu conduit toutes choses vers leur fin'. Providence et gouvernement divin chez Thomas d'Aquin", in: J.A. Aertsen/M. Pickavé (eds.), *Ende und Vollendung* (= Miscellanea Mediaevalia, 29), Berlin, 561-594.

Wald, B. (1996): „Abendländische Tugendlehre und moderne Moralphilosophie", in: *Prima Philosophia* 9, 435-445.

– (2020): „ ‚Bonum est quod omnia appetunt'. Zur transzendentalen Grundlegung des sittlich Guten bei Thomas von Aquin", in: *Ambo* 5, 198-225.

Weisheipl, J. (1996, 1980): *Thomas von Aquin. Sein Leben und seine Theologie*, Graz – Wien – Köln (Sonderausgabe).

Wojtyla, K. (1979, 1962): *Liebe und Verantwortung. Eine ethische Studie*, München.

– (1981): *Lubliner Vorlesungen*, ed. J. Stroynowski, Stuttgart.

Wippel, J.F. (1984): „Thomas Aquinas on the Possibility of Eternal Creation", in: ders., *Metaphysical Themes in Thomas Aquinas*, Washington, 191-214.

Zimmermann, A. (1976): „‚Mundus est aeternus'. – Zur Auslegung dieser These bei Bonaventura und Thomas von Aquin", in: ders. (ed.), *Die Auseinandersetzungen an der Pariser Universität im XIII. Jahrhundert* (= Miscellanea Mediaevalia, 10), Berlin – New York, 317-330.

Thomas von Aquin

Die Zehn Gebote

Auslegungen zum Dekalog und zum Doppelgebot der Liebe

Übersetzt von Josef Pieper, Heinrich Raskop und Hans Schulte

Prologus

<I De caritate>

1128. – [...] Tria sunt homini necessaria ad salutem: scilicet scientia credendorum, scientia desiderandorum, et scientia operandorum. Primum docetur in Symbolo, ubi traditur scientia de articulis fidei; secundum in Oratione Dominica; tertium autem in lege.

Nunc autem de scientia operandorum intendimus: ad quam tractandam quadruplex lex invenitur.

1129. – a) Prima dicitur lex naturae; et haec nihil aliud est nisi lumen intellectus insitum nobis a Deo, per quod cognoscimus quid agendum et quid vitandum. Hoc lumen et hanc legem dedit Deus homini in creatione. Sed multi credunt excusari per ignorantiam, si hanc legem non observant. Sed contra eos dicit propheta in *Psal.* IV,6: "Multi dicunt: quis ostendit nobis bona?" Quasi ignorent quid sit operandum. Sed ipse *ibidem* 7, respondet: "Signatum est super nos lumen vultus tui, Domine": lumen scilicet intellectus, per quod nota sunt nobis agenda. Nullus enim ignorat quod illud quod nollet sibi fieri, non faciat alteri, et cetera talia.

1130. – b) Sed licet Deus in creatione dederit homini hanc legem, scilicet naturae, Diabolus tamen in homine superseminavit aliam legem, scilicet concupiscentiae. Quousque enim in primo homine anima fuit subdita Deo, servando divina praecepta, etiam caro fuit subdita in omnibus animae vel rationi. Sed postquam Diabolus per suggestionem retraxit hominem ab observantia divinorum praeceptorum, ita etiam caro fuit inobediens rationi. Et inde accidit quod licet homo velit bonum secundum rationem, tamen ex concupiscentia ad contrarium inclinatur. Et hoc est quod Apostolus dicit *Rom.* VII,23: "Video autem aliam legem in membris meis, repugnantem legi mentis meae". Et inde est quod frequenter lex concupiscentiae legem naturae et ordinem rationis corrumpit. Et ideo subdit Apostolus, *ibid.*: "Captivantem me in lege peccati, quae est in membris meis".

Vorwort

<I Von der Liebe>

1128. – [...] Drei Dinge sind für den Menschen heilsnotwendig: die Kenntnis dessen, was er glauben muß, die Kenntnis dessen, was er ersehnen muß, und die Kenntnis dessen, was er tun muß. Das erste wird im Glaubensbekenntnis gelehrt, das zweite im Gebet des Herrn, das dritte aber im Gesetz.

Wir wollen hier von dem sprechen, was wir zu tun verpflichtet sind. Hierbei müssen wir ein vierfaches Gesetz unterscheiden.

1129. – a) Das erste heißt das natürliche Sittengesetz. Dieses ist aber nichts anderes, als das uns von Gott eingeschaffene Licht des Verstandes, durch das wir erkennen, was wir zu tun und zu lassen haben. Dieses Licht und dieses Gesetz gab Gott dem Menschen bei seiner Erschaffung. Viele aber glauben, sich mit Unwissenheit entschuldigen zu können, wenn sie dieses Gesetz nicht beobachten. Aber wider sie spricht der Prophet: „Viele sprechen, wer wird uns das Gute zeigen?" (*Ps* 4,6), als ob sie nicht wüßten, was zu tun sei; aber er selbst gibt die Antwort: „Eingeprägt ist uns wie ein Siegel das Licht deines Antlitzes, Herr" (4,7). Gemeint ist das Licht des Verstandes, durch das wir erkennen, was wir zu tun haben. Weiß doch jeder, daß niemand einem anderen antun darf, was er nicht wünscht, daß man es ihm antue. Und so gibt es derlei Gesetze mehr.

1130. – b) Gott hat dem Menschen bei seiner Erschaffung dieses natürliche Sittengesetz gegeben; doch der Teufel säte im Menschen ein anderes Gesetz darüber, das Gesetz der ungeordneten Begierde. Solange nämlich im ersten Menschen die Seele Gott untertan war, indem sie die göttlichen Gebote beachtete, solange war auch der Leib in allem der Seele, das heißt der Vernunft, untertan. Nachdem der Teufel durch seine Einflüsterung die Seele des Menschen aber von der Beobachtung der göttlichen Gebote weggerissen hatte, da kündigte der Leib der Vernunft den Gehorsam. Und so kommt es, daß der Mensch, obwohl seine Vernunft das Gute will, doch, verleitet durch die Begierde, zum Entgegengesetzten neigt. Das spricht der Apostel im *Römerbrief* (7,23) mit den Worten aus: „Ich sehe aber ein anderes Gesetz in meinen Gliedern, das dem Gesetze meines Geistes widerstreitet." So kommt es, daß oft das Gesetz der Begierde das natürliche Gesetz und die Ordnung der Vernunft verkehrt. Deswegen fährt der Apostel fort: „Das Gesetz in meinen Gliedern hält mich gefangen unter dem Gesetz der Sünde" (*ebd.*).

1131. – c) Quia ergo lex naturae per legem concupiscentiae destructa erat, oportebat quod homo reduceretur ad opera virtutis, et retraheretur a vitiis: ad quae necessaria erat lex Scripturae.

1132. – Sed sciendum, quod homo retrahitur a malo et inducitur ad bonum ex duobus.

Primo, timore: primum enim propter quod aliquis maxime incipit peccatum vitare, est consideratio poenae Inferni, et extremi iudicii. Et ideo dicitur *Eccli.* I,16: "Initium sapientiae timor Domini"; et *ibidem* 27: "Timor Domini expellit peccatum". Licet enim ille qui ex timore non peccat, non sit iustus: inde tamen incipit iustificatio.

Hoc ergo modo retrahitur homo a malo et inducitur ad bonum per legem Moysi, quam quidam irritantes, morte puniebantur. *Hebr.* X,28: "Irritam quis faciens legem Moysi, sine ulla miseratione duobus vel tribus testibus moritur."

1133. – d) Sed quia modus iste est insufficiens, et lex quae data erat per Moysen, hoc modo, scilicet per timorem, retrahebat a malis, insufficiens fuit: licet enim coercuerit manum, non coercebat animum; ideo est alius modus retrahendi a malo et inducendi ad bonum, modus scilicet amoris. Et hoc modo fuit data lex Christi, scilicet lex evangelica, quae est lex amoris.

1134. – Sed considerandum est quod inter legem timoris et legem amoris triplex differentia invenitur.

Et primo, quia lex timoris facit suos observatores servos, lex vero amoris facit liberos. Qui enim operatur solum ex timore, operatur per modum servi; qui vero ex amore, per modum liberi vel filii. Unde Apostolus II *Cor.* III,17: "Ubi spiritus Domini, ibi libertas"; quia scilicet tales ex amore ut filii operantur.

1131. - c) Weil nun das natürliche Sittengesetz durch das Gesetz der Begierde versehrt worden war, bedurfte es — sollte der Mensch zu den Werken der Tugend zurückgeführt und von den Lastern abgewendet werden — des Gesetzes der Schrift.

1132. - Der Mensch wird aber durch zwei Beweggründe vom Bösen abgewandt und zum Guten hingeführt:

Erstens durch Furcht. Anfangs läßt vor allem der Gedanke an die Höllenstrafe und an das letzte Gericht den Menschen die Sünde meiden. Daher wird gesagt: „Der Anfang der Weisheit ist die Furcht des Herrn" (*Sir* 1,16). Und gleich darauf: „Die Furcht des Herrn treibt die Sünde aus." Zwar ist, wer aus Furcht nicht sündigt, noch nicht gerecht, aber die Rechtfertigung nimmt damit ihren Anfang.

Auf solche Weise kehrte das Gesetz des Mose den Menschen vom Bösen ab und führte ihn zum Guten; denn der Verstoß gegen dieses Gesetz wurde mit dem Tode bestraft nach den Worten des Apostels: „Hat jemand das Gesetz des Mose übertreten, so muß er ohne Erbarmen auf zweier oder dreier Zeugnis hin des Todes sterben" (*Hebr* 10,28).

1133. - d) Weil dieser Beweggrund, die Sünde zu meiden, nicht genügt, war auch das Gesetz des Mose, das durch Furcht vom Bösen zurückhielt, unzureichend. Es bändigt die Hand, aber nicht der Geist. Deswegen der zweite Beweggrund, den Menschen vom Bösen zurückzureißen und zum Guten zu führen: der Beweggrund der Liebe. Auf diese Weise wurde das Gesetz Christi gegeben, das Gesetz des Evangeliums, welches das Gesetz der Liebe ist.

1134. - Zwischen dem Gesetz der Furcht und dem Gesetz der Liebe ist ein dreifacher Unterschied zu bedenken.

Erstlich: Wer das Gesetz der Furcht beobachtet, den macht es zum Sklaven; wer aber das Gesetz der Liebe beobachtet, den macht es zum Freien. Wer bloß aus Furcht handelt, der handelt wie ein Sklave, wer aber aus Liebe handelt, der handelt wie ein Freier oder wie ein Sohn nach den Worten des Apostels: „Wo der Geist des Herrn ist, da ist Freiheit" (2 *Kor* 3,17).

1135. – Secunda differentia est quia observatores primae legis ad bona temporalia introducebantur. *Isai.* I,19, "Si volueritis et audieritis me, bona terrae comedetis". Sed observatores secundae legis, in bona caelestia introducuntur. *Matth.* XIX,17, "Si vis ad vitam ingredi, serva mandata" [...].

1136. – Tertia differentia est, quia prima gravis: *Act.* XV,10: "Cur tentatis imponere iugum super cervicem nostram, quod neque nos neque patres nostri portare potuerunt?" Secunda autem levis: *Matth.* XI,30: "Iugum enim meum suave est; et onus meum leve"; Apostolus, *Rom.* VIII,15: "Non accepistis spiritum servitutis iterum in timore, sed accepistis spiritum adoptionis filiorum."

<II De effectu caritatis>

1137. – Sicut ergo iam praedictum est, quadruplex lex invenitur: et prima quidem lex naturae, quam Deus in creatione infudit; secunda lex concupiscentiae; tertia lex Scripturae; quarta est lex caritatis et gratiae, quae est lex Christi.

Sed manifestum est quod non omnes possunt scientiae insudare; et propterea a Christo data est lex brevis, ut ab omnibus posset sciri, et nullus propter ignorantiam possit ab eius observantia excusari. Et haec est lex divini amoris. [...]

1138. – Sed sciendum, quod haec lex debet esse regula omnium actuum humanorum. Sicut enim videmus in artificialibus quod unumquodque opus tunc bonum et rectum dicitur quando regulae coaequatur; sic etiam quodlibet humanum opus rectum est et virtuosum quando regulae divinae dilectionis concordat; quando vero discordat ab hac regula, non est bonum nec rectum aut perfectum. Ad hoc autem quod actus humani boni reddantur, oportet quod regulae divinae dilectionis concordent.

1135. – Der zweite Unterschied ist der, daß die Beobachter des Gesetzes der Furcht die zeitlichen Güter erhalten sollen. „Wenn ihr willig seid und mir gehorcht, sollt ihr die Güter des Landes genießen“ (*Jes* 1,19). Aber die Beobachter des Gesetzes der Liebe werden zu den himmlischen Gütern geführt nach den Worten des Herrn: „Willst du zum Leben eingehen, so halte die Gebote“ (*Mt* 19,17). [...]

1136. – Der dritte Unterschied besteht darin, daß das Gesetz der Furcht drückend ist. „Nun denn, warum versucht ihr Gott, daß ihr ein Joch auf den Nacken der Jünger legt, das weder unsere Väter noch wir zu tragen vermochten?“ (*Apg* 15,10). Das Gesetz der Liebe aber ist leicht. „Denn mein Joch ist süß, und meine Bürde ist leicht“ (*Mt* 11,30). „Ihr habt nicht wiederum empfangen den Geist der Knechtschaft zur Furcht, sondern ihr habt den Geist der Sohnschaft empfangen“ (*Röm* 8,15).

<II Von der Wirkung der Liebe>

1137. – Wir sagten, daß es ein vierfaches Gesetz gibt. Das erste ist das natürliche Sittengesetz, das Gott dem Menschen bei der Schöpfung einpflanzte. Das zweite ist das Gesetz der ungeordneten Begierde, das dritte ist das Gesetz der Schrift des Alten Testamentes, das vierte ist das Gesetz der Liebe und Gnade, und das ist das Gesetz Christi.

Nun kann sich gewiß nicht jeder auf das Studium verlegen; deswegen gab Christus ein kurzes Gesetz, damit jeder es kennen und keiner sich von seiner Beobachtung durch Unwissenheit entschuldigt halten könnte. Dieses Gesetz Christi ist das Gesetz der göttlichen Liebe. [...]

1138. – Dieses Gesetz muß die Richtschnur für alles menschliche Tun sein. Wie im Handwerk jedes Werkstück nur dann gut und recht genannt wird, wenn es nach der Meisterregel gearbeitet ist, so ist auch jede menschliche Handlung nur dann recht und sittlich, wenn sie mit dem göttlichen Gesetz der Liebe übereinstimmt. Stimmt sie mit diesem Gesetz nicht überein, so ist sie weder gut, noch recht, noch vollkommen. Die menschlichen Handlungen müssen also, um gut zu sein, mit dem Gesetz der göttlichen Liebe übereinstimmen.

1139. – Sed sciendum quod haec lex, scilicet divini amoris, quatuor efficit in homine valde desiderabilia.

1) Primo causat in eo spiritualem vitam. Manifestum est enim quod naturaliter amatum est in amante. Et ideo qui Deum diligit, ipsum in se habet: I Ioan. IV,16: "Qui manet in caritate, in Deo manet, et Deus in eo."

Natura etiam amoris est quod amantem in amatum transformat: unde si vilia diligimus et caduca, viles et instabiles efficimur: *Os*. IX,10: "Facti sunt abominabiles sicut ea quae dilexerunt." Si autem Deum diligimus, divini efficimur, quia, ut dicitur I *Cor*. VI, 17: "Qui adhaeret Domino, unus spiritus est".

1140. – Sed sicut Augustinus dicit, "sicut anima est vita corporis, ita Deus est vita animae".[1] Et hoc manifestum est. Tunc enim dicimus corpus per animam vivere quando habet operationes proprias vitae, et quando operatur et movetur; anima vero recedente, corpus nec operatur nec movetur. Sic etiam tunc anima operatur virtuose et perfecte quando per caritatem operatur, per quam habitat Deus in ea; absque caritate vero non operatur: I *Ioan*. III,14, "Qui non diligit, manet in morte".

Considerandum est autem, quod si quis habet omnia dona Spiritus Sancti absque caritate, non habet vitam. Sive enim sit gratia linguarum, sive sit donum fidei, vel quicquid sit aliud, sine caritate vitam non tribuunt. Si enim corpus mortuum induatur auro et lapidibus pretiosis, nihilominus mortuum manet. Hoc est ergo primum quod efficit caritas.

1141. – 2) Secundum quod facit caritas, est divinorum mandatorum observantia. Gregorius: "Nunquam est Dei amor otiosus: operatur enim magna si est; si vero operari renuit, amor non est".[2] Unde manifestum signum caritatis est promptitudo implendi divina praecepta. Videmus enim amantem propter amatum magna et difficilia operari. *Ioan*. XIV,23: "Si quis diligit me, sermonem meum servabit".

---

[1] Augustinus, *Enarrationes in Psalmos* 70,3 (CCL 39,962,59); *Sermo* 62, II 2 (PL 38,415); 66, IV 5 (PL 38,428); 156,VI 6 (PL 38,853); 161,VI 6 (PL 38,881); 180, VII 8 (PL 38,976).

[2] Vgl. Gregor der Große, *Homiliae in Evangelia* II 30 (CCL 141,257,43ff.).

1139. – Das Gesetz der göttlichen Liebe bewirkt im Menschen vier Dinge, die dem Menschen sehr vonnöten sind.

1) Zunächst erzeugt es im Menschen das geistliche Leben. Denn wie das Geliebte im Liebenden ist, so hat, wer Gott liebt, Gott selbst in sich: „Wer in der Liebe bleibt, der bleibt in Gott und Gott in ihm" (1 *Joh* 4,16).

Es entspricht dem Wesen der Liebe, daß sie den Liebenden in das Geliebte umwandelt. Wenn wir daher Nichtiges und Vergängliches lieben, werden wir selbst nichtig und hinfällig. „Fluchwürdig sind sie geworden gleich dem, was sie liebten" (*Hos* 9,10). Lieben wir aber Gott, so werden wir göttlich, denn „wer dem Herrn anhängt, ist eines Geistes mit ihm" (1 *Kor* 6,17).

1140. – Aber wie nach Augustinus die Seele das Leben des Leibes ist, so ist Gott das Leben der Seele; das ist offenbar. Dann nämlich sagen wir, der Leib lebe durch die Seele, wenn er durch Wirken und Bewegung die ihm eigenen Lebensäußerungen zeigt. Trennt sich aber die Seele vom Leibe, dann ist das Wirken und die Bewegung des Leibes zu Ende. Ebenso ist auch das Wirken der Seele nur dann tugendkräftig und vollkommen, wenn sie durch die Liebe wirkt, kraft welcher Gott in ihr wohnt. Ohne die Liebe aber wirkt sie nicht: „Wer nicht liebt, der bleibt im Tode" (1 *Joh* 3,14).

Hätte einer auch alle Gaben des Heiligen Geistes, hätte er aber die Liebe nicht, dann hätte er auch nicht das Leben. Denn die Sprachengabe, die Gabe des Glaubens, und wie die Gaben auch sonst heißen mögen, geben dir ohne Liebe das Leben so wenig, als der tote Leib aufhört tot zu sein, wenn er mit Gold und Edelsteinen geschmückt wird. Das also ist die erste Wirkung der Liebe.

1141. – 2) Eine andere Wirkung der Liebe ist die Erfüllung der göttlichen Gebote. Denn niemals, so sagt der heilige Gregor, ist die Liebe Gottes müßig. Ist sie wirklich vorhanden, so wirkt sie auch Großes, und wo nichts gewirkt wird, da ist sie auch nicht; und daher ist die Bereitwilligkeit, die göttlichen Gebote zu erfüllen, ein unzweideutiges Zeichen der Liebe. Denn den Liebenden sehen wir um des Geliebten willen Großes und Schwieriges ausführen. „Wenn mich jemand liebt, so wird er mein Wort halten" (*Joh* 14,23).

1142. - Sed considerandum, quod qui mandatum et legem divinae dilectionis servat, totam legem implet. [...]

1143. - 3) Tertium quod facit caritas, est, quia est praesidium contra adversa. Habenti enim caritatem nulla adversa nocent, sed in utilia convertuntur: *Rom.* VIII,28: "Diligentibus Deum omnia cooperantur in bonum" [...].

1144. - 4) Quartum vero est quod ad felicitatem perducit. Solum enim caritatem habentibus aeterna beatitudo promittitur. Omnia enim absque caritate insufficientia sunt. II *Tim.* IV,8: "In reliquo reposita est mihi corona iustitiae, quam reddet mihi in illa die iustus iudex: non solum autem mihi, sed et his qui diligunt adventum eius".

1145. - Et sciendum, quod solum secundum differentiam caritatis est differentia beatitudinis et non secundum aliquam aliam virtutem. Multi enim magis abstinentes fuerunt quam apostoli; sed ipsi in beatitudine omnes alios excellunt propter excellentiam caritatis: ipsi enim fuerunt primitias Spiritus habentes, sicut dicit Apostolus, *Rom.* VIII [23]. Unde differentia beatitudinis est ex differentia caritatis.

Et sic patent quatuor quae in nobis efficit caritas.

<III De utilitate caritatis>

1146. - Sed praeter illa, quaedam alia efficit quae praetermittenda non sunt.

1) Primo enim efficit peccatorum remissionem. Et hoc manifeste videmus ex nobis. Si enim aliquis aliquem offendit, et ipsum postea intime diligat, propter dilectionem sibi offensam laxat. Sic et Deus diligentibus se peccata dimittit. I *Petr.* IV,8: "Caritas operit multitudinem peccatorum". [...] Et hoc maxime manifestat Magdalenae exemplum, *Luc.* VII,47: "Dimissa sunt ei peccata multa": et causa subditur: "quoniam dilexit multum".

1147. - Sed forte dicet aliquis: sufficit ergo caritas ad delenda peccata, et non est necessaria poenitentia.

Sed considerandum, quod nullus vere diligit qui non vere poenitet.

1142. – Erfüllt aber jemand das Gesetz der Liebe, so erfüllt er damit zugleich das ganze Gesetz. [...]

1143. – 3) Eine weitere Wirkung der Liebe ist, daß sie uns Schutz vor Gefährdung gewährt. Denn hat jemand die Liebe, so nimmt er in der Gefahr keinen Schaden, vielmehr schlägt alles zum Guten aus. „Denen, die Gott lieben, gereicht alles zum Guten" (*Röm* 8,28). [...]

1144. – 4) Endlich führt die Liebe zur Seligkeit. Denn die ewige Seligkeit wird nur denen versprochen, die die Liebe besitzen. Denn ohne die Liebe ist alles andere zur Erlangung der Seligkeit unzureichend: „Im übrigen ist mir die Krone der Gerechtigkeit aufbewahrt, welche der gerechte Richter mir an jenem Tage verleihen wird, aber nicht allein mir, sondern allen, die seine Ankunft lieben" (2 *Tim* 4,8).

1145. – Auch wird der Grad der Seligkeit nur nach dem Grade der Liebe bemessen und nicht nach irgendeiner anderen Tugend. Denn viele waren enthaltsamer als die Apostel, und doch übertreffen die Apostel in der Seligkeit alle anderen, weil sie alle in der Liebe übertreffen; denn sie hatten „die Erstlingsgabe des Geistes", wie der Apostel an die Römer schreibt (*Röm* 8,23).

So ergibt sich der Unterschied in der Seligkeit aus dem Unterschied in der Liebe.

<III Vom Nutzen der Liebe>

1146. – Außer diesem aber bewirkt die Liebe noch anderes, das wir hier nicht übergehen dürfen.

1) Zunächst bewirkt sie die Vergebung der Sünden; das können wir an uns selbst ersehen. Wenn einer einen anderen beleidigt hat, ihn hernach aber innig liebt, dann wird jener um der Liebe willen ihm die Beleidigung verzeihen. So erläßt auch Gott denen, die ihn lieben, die Sünden. „Die Liebe deckt die Menge der Sünden zu", sagt der hl. Petrus in seinem *ersten Brief* (4,8). [...] Das zeigt besonders deutlich das Beispiel der Magdalena, von der es bei *Lukas* (7,47) heißt: „Ihr sind viele Sünden verziehen"; und als Grund wird hinzugefügt: „weil sie viel geliebt hat".

1147. – Aber vielleicht wird einer sagen: Genügt also Liebe zur Tilgung der Sünden, und ist die Reue nicht notwendig?

Aber da ist zu bedenken, daß, wer nicht wirklich bereut, auch nicht wirklich liebt.

Manifestum est enim quod quanto magis aliquem diligimus, tanto magis dolemus si ipsum offendimus. Et hic est unus caritatis effectus.

1148. - 2) Item causat cordis illuminationem. Sicut enim dicit Iob XXXVII,19: "Omnes involvimur tenebris". Frequenter enim nescimus quid agendum vel desiderandum. Sed caritas docet omnia necessaria ad salutem. Ideo dicitur I *Ioan*. II,27: "Unctio eius docet vos de omnibus". Et hoc ideo est, quia ubi caritas, ibi Spiritus Sanctus, qui novit omnia, qui deducit nos in viam rectam, sicut dicitur in *Psal*. CXLII [10]. Ideo dicitur *Eccli*. II,10: "Qui timetis Deum, diligite illum; et illuminabuntur corda vestra", scilicet ad sciendum necessaria ad salutem.

1149. - 3) Item perficit in homine perfectam laetitiam. Nullus enim vere gaudium habet, nisi existens in caritate. Quicumque enim aliquod desiderat, non gaudet nec laetatur nec quietatur donec illud adipiscatur. Et accidit in rebus temporalibus quod non habitum appetatur, et habitum despicitur et taedium generat; sed non sic est in spiritualibus; immo qui Deum diligit, habet ipsum, et ideo animus diligentis et desiderantis quietatur in eo. "Qui enim manet in caritate, in Deo manet, et Deus in eo", ut dicitur I *Ioan*. IV,16.

1150. - 4) Item efficit pacem perfectam. Accidit enim in rebus temporalibus, quod frequenter desiderantur; sed ipsis habitis adhuc animus desiderantis non quiescit; immo uno habito aliud appetit. *Isai*. LVII,20: "Cor autem impii quasi mare fervens, quod quiescere non potest". Item *ibidem*: "Non est pax impiis, dicit Dominus". Sed non sic accidit in caritate circa Deum. Qui enim diligit Deum, pacem perfectam habet. *Psal*. CXVIII,165: "Pax multa diligentibus legem tuam, et non est illis scandalum."

Et hoc ideo est, quia solus Deus sufficit ad implendum desiderium nostrum: Deus enim "maior est corde nostro", sicut dicit Apostolus (I *Io* 3,20): et ideo dicit Augustinus in I *Confessionum*: "Fecisti nos, Domine, ad te, et inquietum est cor nostrum, donec requiescat in te".[3] [...]

---

[3] Augustinus, *Confessiones* I 1 (CCL 27,1,6f.).

Es ist ja offenbar, daß wir, je mehr wir jemanden lieben, auch desto mehr Schmerz darüber empfinden, ihn beleidigt zu haben. Die Vergebung der Sünden ist also eine Wirkung der Liebe.

1148. – 2) Die Liebe bewirkt sodann die Erleuchtung des Herzens. Wir alle sind, wie es im Buch *Ijob* 37,19 heißt: „in Finsternis gehüllt"; denn wir wissen oft nicht, was wir tun und was wir erstreben sollen. Die Liebe aber lehrt alles zum Heile Notwendige. Deshalb heißt es bei Johannes (1 *Joh* 2,27): „Ihr habt die Salbung vom Heiligen Geist, und die Salbung lehrt euch alles." Das hat seinen Grund darin, daß, wo die Liebe ist, da auch der Heilige Geist, der alles weiß und der uns „auf den rechten Weg führt", wie es im *Psalm* 143 (142),10 heißt. „Die ihr den Herrn fürchtet, liebt ihn; so werden eure Herzen erleuchtet werden" (*Sir* 2,10).

1149. – 3) Ferner bewirkt die Liebe im Menschen vollkommene Freude. Nur wer in der Liebe lebt, kann wahrhaft froh sein. Wer nach etwas verlangt, ist nicht eher froh und ruht nicht eher, bis er es erlangt hat. In zeitlichen Dingen kommt es vor, daß der Mensch was er nicht hat, erstrebt, und was er besitzt, gering schätzt, ja: Ekel davor hat. In geistlichen Dingen gibt es das nicht. Im Gegenteil, wer Gott liebt, der besitzt ihn, denn der Geist des Liebenden und Verlangenden ruht in ihm. Denn wer in der Liebe bleibt, der bleibt in Gott und Gott in ihm, wie der hl. Johannes (1 *Joh* 4,16) sagt.

1150. – 4) Sodann gibt die Liebe vollkommenen Frieden. In zeitlichen Dingen trifft es sich wohl, daß wir etwas inständig begehren; wenn wir es aber haben, gibt sich unser verlangender Geist doch nicht zufrieden; wenn er das eine hat, strebt er nach dem andern: „Die Gottlosen sind wie ein tobend Meer, das nicht zur Ruhe kommt" (*Jes* 42,20). Und gleich darauf heißt es: „Die Gottlosen haben keinen Frieden, spricht Gott der Herr" (*ebd.*). Mit der Liebe zu Gott verhält es sich nicht so. Denn wer Gott liebt, hat vollkommenen Frieden: „Diejenigen, welche dein Gesetz lieben, o Herr, haben reichen Frieden und erleiden keinen Anstoß" (*Ps* 119 [118],165).

Gott allein kann unser Sehnen erfüllen. Denn Gott ist „größer als unser Herz", wie der Apostel [Johannes] sagt (1 *Joh* 3,20). Deshalb sagt Augustinus im ersten Buch der *Bekenntnisse*: „Du hast uns, Herr, auf dich hin erschaffen und unruhig ist unser Herz, bis es Ruhe hat in dir." […]

1151. - 5) Item facit caritas hominem magnae dignitatis. Omnes enim creaturae ipsi divinae maiestati serviunt (omnia enim ab ipso sunt facta) sicut artificialia subserviunt artifici; sed caritas de servo facit liberum et amicum. Unde ait Dominus apostolis, *Ioan*. XV,15: "Iam non dicam vos servos (...) sed amicos".

1152. - Sed nunquid Paulus non servus; sed et alii apostoli, qui se servos scribunt?

Sed sciendum, quod duplex est servitus.

Prima est timoris; et haec est poenosa, et non meritoria. Si enim aliquis a peccato abstinet solum timore poenae, non meretur ex hoc, sed adhuc est servus.

Secunda est amoris. Si enim quis operatur non timore iustitiae sed amore divino, non sicut servus operatur, sed sicut liber, quia voluntarie. Et ideo dicit: "Iam non dicam vos servos".

Et quare? Ad hoc respondet Apostolus, *Rom*. VIII,15: "Non accepistis spiritum servitutis iterum in timore; sed accepistis spiritum adoptionis filiorum". Timor enim non est in caritate, sicut dicitur I *Ioan*. IV [18]; habet enim poenam; sed caritas dilectionem.

Item caritas facit non solum liberos, sed etiam filios, ut scilicet "filii Dei nominemur et simus" (I *Ioan*. III,1). Tunc enim extraneus efficitur alicuius filius adoptivus, quando acquiritur sibi ius in hereditate illius. Sic et caritas acquirit ius in hereditate Dei, quae est vita aeterna: quia, ut dicitur *Rom*. VIII,16-17: "Ipse Spiritus testimonium reddit spiritui nostro, quod sumus filii Dei. Si autem filii, et heredes: heredes quidem Dei, coheredes autem Christi". *Sap*. V,5: "Ecce quomodo computati sunt inter filios Dei".

<IV Quomodo habetur caritas>

1153. - Ex iam dictis patent utilitates caritatis. Postquam igitur tam utilis est, studiose laborandum est ad acquirendam eam et retinendam.

Sed sciendum, quod nullus a se caritatem habere potest, immo solius Dei est donum: unde Ioannes dicit: "Non quasi nos dilexerimus Deum, sed quoniam ipse prior dilexit nos" [I *Ioan*. 4,10]: quia videlicet non propterea ipse nos diligit quia nos prius dilexerimus eum; sed hoc ipsum quod diligimus eum, causatur in nobis ex dilectione ipsius.

1151. – 5) Ferner erhebt die Liebe den Menschen zu großer Würde. Denn alle Kreatur ist der göttlichen Majestät untertan. Aber die Liebe macht aus einem Hörigen einen Freien und einen Freund. Daher sagt der Herr: „Ich nenne euch nicht mehr Knechte, sondern Freunde" (*Joh* 15,15).

1152. – Aber ist denn Paulus nicht ein Knecht Gottes? Und die anderen Apostel, nennen sie sich nicht Knechte?

Wir müssen hier eine doppelte Knechtschaft unterscheiden:

Die erste ist die Knechtschaft der Furcht, und diese ist peinvoll und nicht verdienstlich. Denn wenn jemand nur aus Furcht vor der Strafe sich von der Sünde fernhält, so erwirbt er sich dadurch kein Verdienst, sondern ist noch ein Knecht.

Die zweite ist die Knechtschaft der Liebe. Wer nämlich nicht aus Furcht vor Gerechtigkeit, sondern aus Liebe zu Gott handelt, der handelt nicht wie ein Knecht, sondern wie ein Freier, weil er aus freiem Willen handelt. Deshalb sagt der Herr: „Von nun an nenne ich euch nicht mehr Knechte."

Und weshalb das? Darauf antwortet der Apostel: „Ihr habt nicht abermals den Geist der Knechtschaft empfangen wiederum in Furcht, sondern ihr habt empfangen den Geist der Sohnschaft" (*Röm* 8,15). „Furcht ist nicht in der Liebe" (1 *Joh* 4,18). Denn die Furcht bringt Pein, die Liebe aber Freude.

Endlich macht die Liebe uns nicht nur frei, sondern auch zu Söhnen, so daß „wir Söhne Gottes heißen und sind" (1 *Joh* 3,1). Ein Fremder wird durch Annahme dann zum Sohne eines anderen, wenn er sich das Recht der Erbschaft erwirbt. Die Erbschaft Gottes ist das Ewige Leben. Denn „der Geist selbst gibt Zeugnis unserem Geiste, daß wir Söhne Gottes sind. Wenn aber Söhne, so sind wir auch Erben, und zwar Erben Gottes und Miterben Christi" (*Röm* 8,16f). Und: „Siehe, wie sie unter die Söhne Gottes gerechnet sind" (*Weish* 5,5).

<IV Wie man die Liebe besitzen kann>

1153. – Das Gesagte macht den Nutzen der Liebe deutlich. Wenn sie so nützlich ist, dann müssen wir uns eifrig mühen, sie zu erwerben und zu bewahren.

Dabei ist zu beachten, daß keiner die Liebe aus sich haben kann, denn sie ist einzig Geschenk Gottes. Deshalb sagt Johannes (1 *Joh* 4,10): „Nicht als ob wir Gott geliebt hätten, sondern weil er uns zuvor geliebt hat." Das heißt, nicht deshalb liebt uns Gott, weil wir ihn etwa zuvor geliebt hätten, sondern unsere Liebe zu ihm ist nur eine Wirkung seiner Liebe.

1154. - Considerandum etiam, quod licet omnia dona sint a patre luminum, istud tamen donum, scilicet caritatis, omnia alia dona superexcellit. Omnia enim alia sine caritate et Spiritu Sancto habentur, cum caritate vero necessario Spiritus Sanctus habetur. Apostolus, *Rom.* V,5: "Caritas Dei diffusa est in cordibus nostris per Spiritum Sanctum, qui datus est nobis". [...]

1155. - Sed licet caritas sit donum divinum, ad ipsam tamen habendam requiritur dispositio ex parte nostra. [...]

A) Ad acquirendam igitur caritatem primum est diligens divini verbi auditio. [...] Et propterea illi duo discipuli divino amore aestuantes dicebant, *Luc.* XXIV,32: "Nonne cor nostrum ardens erat in nobis dum loqueretur in via, et aperiret nobis Scripturas?" Unde et *Act.* X [44], legitur, quod praedicante Petro, Spiritus Sanctus in auditores divini verbi cecidit. [...]

1156. - Secundum est bonorum continua cogitatio. [...]

1157. - B) Sunt autem et duo quae habitam caritatem augent. Primum est cordis separatio a terrenis. [...]

1159. - Secundum est firma patientia in adversis. [...]

1154. – Zwar kommen alle Gaben vom Vater der Lichter, doch die Gabe der Liebe übertrifft alle anderen Geschenke. Denn alle anderen können wir ohne die Liebe und ohne den Heiligen Geist besitzen, mit der Liebe aber haben wir notwendig auch den Heiligen Geist. „Die Liebe Gottes ist ausgegossen in unsere Herzen durch den Heiligen Geist, der uns gegeben ist" (*Röm* 5,5). [...]

1155. – Aber wenn auch die Liebe ein göttliches Geschenk ist, so müssen wir doch, um sie zu empfangen, für sie bereitet sein. [...]

A) Um sie zu empfangen, muß man zunächst das Wort Gottes mit Bedacht hören. Deswegen sagten jene beiden Jünger, die von Liebe zu Gott brannten: „Glühte nicht unser Herz in uns, als er auf dem Wege redete und uns die Heiligen Schriften aufschloß" (*Lk* 24,32). Deshalb lesen wir auch in der *Apostelgeschichte* (10,44), daß, während Petrus predigte, der Heilige Geist auf die Hörer des göttlichen Wortes herabkam. [...]

1156. – Zweitens muß, wer die Liebe erwerben will, die himmlischen Güter allezeit bedenken. [...]

1157. – B) Zwei Dinge mehren die Liebe. Das erste ist die Loslösung des Herzens von den Dingen der Welt; [...]

1159. – Das zweite ist tapferes Standhalten in Widerwärtigkeiten. [...]

1. De dilectione Dei

<V De dilectione Dei>

1160. – Interrogatus Christus ante passionem, a legisperitis, quod esset maximum et primum mandatum, dixit, *Matth.* XXII,37: "Diliges Dominum Deum tuum ex toto corde tuo, et in tota anima tua, et in tota mente tua; hoc est maximum et primum mandatum". Et vere istud est maius et nobilius et utilius inter omnia mandata, sicut satis manifestum est. In hoc enim omnia mandata implentur.

1161. – Sed ad hoc quod istud praeceptum dilectionis possit perfecte impleri, quatuor requiruntur.

Primum est divinorum beneficiorum rememoratio: quia omnia quae habemus, sive anima, sive corpus, sive exteriora, habemus a Deo: et ideo oportet quod sibi de omnibus serviamus, et eum diligamus corde perfecto. Nimis enim ingratus est qui cogitans alicuius beneficia, eum non diligit. Haec recogitans David dicebat, I *Paralip.* XXIX,14: "Tua sunt omnia: quae de manu tua accepimus, dedimus tibi". Et ideo in eius laudem dicitur *Eccli.* XLVII,10: "De omni corde suo laudavit Dominum, et dilexit Deum qui fecit illum".

1162. – Secundum est divinae excellentiae consideratio. Deus enim maior est corde nostro, I *Ioan.* III [20]: unde si toto corde et viribus ei serviamus, adhuc non sufficimus. *Eccli.* XLIII,32-33: "Glorificantes Dominum quantumcumque potueritis, supervalebit adhuc [...] benedicentes Dominum exaltate illum quantum potestis: maior est enim omni laude". [...]

1164. – Quartum est omnimoda peccatorum vitatio. Nullus enim potest diligere Deum in peccato existens. *Matth.* VI,24: "Non potestis Deo servire et mammonae". Unde si in peccato existis, Deum non diligis.

1. Über die Gottesliebe

<V Über die Gottesliebe>

1160. – Als Christus in der Zeit vor seinem Leiden von den Gesetzesgelehrten gefragt wurde, welches das größte und erste Gebot sei, antwortete er: „Du sollst den Herrn, deinen Gott, lieben aus deinem ganzen Herzen, aus deiner ganzen Seele und aus deinem ganzen Gemüte. Dieses ist das größte und erste Gebot" (*Mt* 22,37). Dieses Gebot ist in der Tat das größte, vornehmste und nützlichste unter allen Geboten; denn in ihm werden alle Gebote erfüllt.

1161. – Zur vollkommenen Erfüllung dieses Gebotes der Liebe ist ein Vierfaches notwendig.

Zunächst müssen wir der göttlichen Wohltaten eingedenk sein; denn alles, was wir haben, Seele und Leib und alle äußeren Güter, haben wir von Gott. Darum müssen wir ihm ganz und gar zu Diensten sein und ihn mit ganzem Herzen lieben. Wer bedenkt, wieviel Wohltaten einer ihm erwiesen hat und doch seinen Wohltäter nicht liebt, wie gar undankbar ist der! Das bedachte David, als er sprach: „Dein ist alles, und was wir von deiner Hand empfangen haben, das gaben wir dir" (1 *Chr* 29,14). Daher sagt die Schrift zu Davids Lob: „Er lobte Gott von ganzem Herzen und liebte den Herrn, der ihn erschaffen hatte" (*Sir* 47,10).

1162. – Sodann müssen wir das göttliche Überragen betrachten. Denn Gott ist größer als unser Herz, wie der heilige Johannes sagt (1 *Joh* 3,20). Daher, wenn wir auch ihm mit ganzem Herzen und mit allen Kräften dienen, so tun wir immer noch nicht genug: „Preiset den Herrn, so hoch ihr könnt, er ist doch noch höher. Lobet den Herrn, erhebt ihn, soviel ihr könnt, denn er ist größer als alles Lob" (*Sir* 43,32f). […][*]

1164. Endlich müssen wir die Sünde ganz und gar meiden. Denn keiner kann Gott lieben, der in der Sünde lebt: „Ihr könnt nicht Gott dienen und dem Mammon" (*Mt* 6,24). Du kannst also Gott nicht lieben, wenn du in der Sünde bist.

---

[*] Als drittes zur Erfüllung des Gebotes der Liebe Notwendiges, das die Übersetzer ausgelassen haben, nennt Thomas, die Absage an das Weltliche und Irdische (*mundanorum et terrenorum abdicatio*).

Sed ille diligebat qui dicebat, *Isai*. XXXVIII,3: "Memento quomodo ambulaverim coram te in veritate et in corde perfecto". [...]

<VI Quid homo dare tenetur Deo>

1166. – Iam ostensum est quod homo se Deo dare tenetur. Nunc considerandum est quid homo de se Deo dare debeat. Debet enim homo Deo dare quatuor: scilicet cor, animam, mentem et fortitudinem. Et ideo dicitur *Matth.* XXII,37: "Diliges Dominum Deum tuum ex toto corde tuo, et ex tota anima tua, et ex tota mente tua et ex tota virtute". [...]

Jener aber liebte Gott, der da sprach: „Herr, gedenke doch, wie ich gewandelt vor dir in Wahrheit und mit vollkommenem Herzen, und wie ich getan, was gut ist vor deinen Augen" (*Jes* 48,3). […]

<VI Was der Mensch gehalten ist, Gott zu geben>

1166. – So haben wir gezeigt, daß der Mensch sich Gott hingeben muß. Nun müssen wir bedenken, was er geben muß, nämlich vier Dinge: sein Herz, seine Seele, seinen Geist und seine Kraft. Deshalb heißt es: „Du sollst Gott, deinen Herrn, lieben aus deinem ganzen Herzen, aus deiner ganzen Seele, aus deinem ganzen Geiste und aus deiner ganzen Kraft" (*Mt* 22,37). […]

2. De dilectione proximi

<VII De dilectione proximi>

1171. - Interrogatus Christus quod esset maximum mandatum, uni interrogationi duas responsiones dedit. Et prima fuit: "Diliges Dominum Deum tuum"; de quo dictum est. Secunda vero fuit: "Et proximum tuum sicut teipsum". Ubi considerandum est, quod qui hoc servat, totam legem implet. Apostolus, *Rom.* XIII,10: "Plenitudo ergo legis est dilectio".

1172. - Sed sciendum, quod ad dilectionem proximi quatuor nos inducunt.

Primo divinus amor: quia sicut dicitur I *Ioan.* IV,20: "Si quis dixerit quoniam diligo Deum, et fratrem suum oderit, mendax est. Qui enim dicit se diligere aliquem, et filium eius vel eius membra odio habet, mentitur. Omnes autem fideles filii et membra Christi sumus. Apostolus, I *Cor.* XII,27: "Vos estis corpus Christi, et membra de membro". Et ideo qui odit proximum, non diligit Deum.

1173. - Secundum est divinum praeceptum. Christus enim in recessu suo inter omnia alia praecepta, hoc praeceptum discipulis praecipue commendavit dicens, *Ioan.* XV,12: "Hoc est praeceptum meum, ut diligatis invicem sicut dilexi vos". Nullus enim praecepta divina servat qui proximum odit. Unde istud est signum observantiae divinae legis, dilectio proximi. Unde Dominus, *Ioan.* XIII,35: "In hoc cognoscent omnes quia discipuli mei estis, si dilectionem habueritis ad invicem". Non dicit in suscitatione mortuorum, non in aliquo evidenti signo; sed hoc est signum, "si dilectionem habueritis ad invicem". Et hoc beatus Ioannes recte considerabat: unde dicebat: "Nos scimus quoniam translati sumus de morte ad vitam". Et quare? "Quoniam diligimus fratres. Qui non diligit, manet in morte" (1 *Ioan.* III,14). [...]

1175. - Quartum utilitatis consecutio. Omnia enim alterius alii sunt utilia per caritatem.

2. Über die Nächstenliebe

<VII Über die Nächstenliebe>

1171. – Als Christus gefragt wurde, welches das größte Gebot sei, gab er auf die eine Frage zwei Antworten. Die erste lautete: „Du sollst Gott, deinen Herrn, lieben." Davon ist bereits gesprochen worden. Die zweite Antwort lautete: „Und deinen Nächsten wie dich selbst." Wer dieses Gebot beobachtet, erfüllt das ganze Gesetz, denn „die Liebe ist die Erfüllung des Gesetzes" (*Röm* 13,10).

1172. – Zur Nächstenliebe drängen uns aber vier Beweggründe.

Zunächst die Gottesliebe, denn „Wer da sagt: Ich liebe Gott, und doch seinen Bruder haßt, der ist ein Lügner" (1 *Joh* 4,20). Wenn einer sagt, er liebe jemanden, aber er haßt dessen Sohn oder sonst einen von seiner Familie, der lügt. Alle Gläubigen aber sind Söhne und Glieder Christi: „Ihr seid der Leib Christi und Glieder an einem Gliede" (1 *Kor* 12,27). Wer daher seinen Bruder haßt, der liebt auch Gott nicht.

1173. – Der andere Beweggrund ist das Gebot Gottes. Christus hat nämlich vor seinem Heimgang seinen Jüngern unter allen anderen Geboten ganz besonders dieses Gebot der Liebe aufgetragen, indem er sprach: „Dieses ist mein Gebot, daß ihr einander liebt" (*Joh* 15,12). Wer den Nächsten haßt, der erfüllt auch die göttlichen Gebote nicht. Somit ist die Liebe zum Nächsten das Zeichen für die Erfüllung des göttlichen Gebotes – weshalb auch der Herr sagt: „Daran werden alle erkennen, daß ihr meine Jünger seid, wenn ihr Liebe zueinander habt" (*Joh* 13,35). Er sagt nicht: An der Auferweckung der Toten, oder an einem sichtbaren Abzeichen wird man euch als meine Jünger erkennen, sondern daran, „daß ihr einander liebt". Das erwog der heilige Johannes, und deswegen sagte er: „Wir wissen, daß wir vom Tode zum Leben übertragen worden sind." Und warum? „Weil wir die Brüder lieben. Wer nicht liebt, bleibt im Tode" (1 *Joh* 3,14). [...]*

1175. – Endlich bewegt uns zur Nächstenliebe der Nutzen, der daraus folgt. Denn alle Güter des einen kommen durch die Liebe auch dem anderen zunutze.

---

* Als dritten Beweggrund, der wiederum unübersetzt bleibt, nennt Thomas die natürliche Freundschaft (*naturae communicatio*), in der die Menschen in Ähnlichkeit miteinander verbunden sind.

Haec enim est quae unit Ecclesiam, et omnia communia facit. *Psal.* CXVIII,63: "Particeps ego sum omnium timentium te, et custodientium mandata tua".

<IX De eodem>

1176. - "Diliges proximum tuum sicut teipsum." - Istud est secundum praeceptum legis, et est de dilectione proximi. Quantum autem proximum diligere debeamus, iam dictum est; et dicendum restat de modo dilectionis: qui quidem innuitur cum dicitur, "sicut teipsum".

Circa quod verbum quinque considerare possumus, quae in dilectione proximi servare debemus.

1) Primum est quia debemus eum diligere vere sicut nos: quod facimus, si propter seipsum ipsum diligimus, non propter nos.

1177. - Ideo notandum, quod triplex est amor; quorum duo non sunt veri, tertius autem verus.

Primus est qui est propter utile. *Eccli.* VI,10: "Est amicus socius mensae, et non permanebit in die necessitatis". Sed certe iste non est verus amor. Deficit enim deficiente utilitate. Et tunc nolumus bonum proximo, sed potius bonum utilitatis volumus nobis.

Est et alius amor qui est propter delectabile. Et hic etiam non est verus, quia deficiente delectabili deficit. Et ideo nolumus bonum propter hoc principaliter proximo, sed potius bonum suum nobis volumus. [...]

1178. - 2) Secundum est quod debemus diligere ordinate: ut scilicet non diligamus eum supra Deum vel quantum Deum, sed iuxta sicut teipsum debes diligere. [...] Hunc ordinem docuit Dominus *Matth.* X,37, dicens: "Qui amat patrem aut matrem plus quam me, non est me dignus; et qui amat filium aut filiam super me, non est me dignus."

1179. - 3) Tertium est quod debemus eum diligere efficaciter. Non enim te solum diligis, sed etiam procuras studiose tibi bona, et vitas mala. Sic quoque debes facere proximo. I *Ioan.* III,18: "Non diligamus verbo neque lingua, sed opere et veritate". Sed certe illi pessimi sunt qui ore diligunt et corde nocent;

Die Liebe nämlich ist das Band, das die Kirche zur Einheit zusammenbindet und alle Güter gemeinsam macht. „Ich nehme teil an den Gütern aller, die dich fürchten" (*Ps* 119 [118],63).

<IX Über dasselbe Thema>

1176. – „Du sollst deinen Nächsten lieben wie dich selbst". – Dies ist das zweite Gebot im Gesetz: das Gebot der Nächstenliebe. Daß wir den Nächsten lieben müssen, haben wir gesagt. Es bleibt noch zu sagen, wie wir ihn lieben müssen. Darauf gehen die Worte: „wie dich selbst".

Sie lassen uns fünf Dinge bedenken, die wir bei der Nächstenliebe zu beachten haben.

1) Das erste: Daß wir den Nächsten wirklich wie uns selbst lieben. Dies geschieht, wenn wir ihn um seiner selbst willen lieben, nicht um unsertwillen.

1177. – Es gibt nämlich mehrere Arten von Liebe, von denen die eine nicht wirkliche Liebe ist.

Die erste liebt um eines Nutzens willen. „Mancher Freund ist nur ein Tischgeselle, aber am Tage der Not bleibt er nicht" (*Sir* 6,10). Eine solche Liebe ist gewiß nicht echt. Sie schwindet, wenn der Nutzen schwindet. Mit solcher Liebe suchen wir nicht das Wohl des Nächsten, sondern nur unseren eigenen Nutzen.

Die andere Art der Liebe entspringt der Tugend, und sie allein ist echte Liebe; denn da lieben wir den Nächsten nicht wegen eines Vorteils für uns, sondern wegen eines Vorteils für ihn. [...]

1178. – 2) Ferner: Unsere Liebe zum Nächsten muß geordnet sein, daß wir ihn nicht mehr lieben als Gott oder ebenso sehr wie Gott. Du mußt ihn lieben eben wie dich selbst. [...] Diese Ordnung der Liebe hat der Herr gelehrt, als er sprach: „Wer Vater oder Mutter mehr liebt als mich, ist meiner nicht wert. Und wer seinen Sohn oder seine Tochter mehr liebt als mich, ist meiner nicht wert" (*Mt* 10,37).

1179. – 3) Sodann: Wir müssen den Nächsten wirksam lieben. Dich selbst liebst du nicht bloß, sondern du bist auch eifrig darauf bedacht, dir Güter zu erwerben und das Übel zu meiden. So auch mußt du dem Nächsten tun: „Laßt uns lieben nicht mit Worten oder mit der Zunge, sondern in der Tat und Wahrheit" (1 *Joh* 3,18). Die aber sind gewiß die Schlechtesten, die mit dem Munde lieben und in ihrem Herzen auf Schaden sinnen.

de quibus *Psal.* XXVII,3: "Loquuntur pacem cum proximo suo, mala autem in cordibus eorum". Apostolus, *Rom.* XII,9: "Dilectio sine simulatione".

1180. - 4) Quartum, quod debemus eum diligere perseveranter, sicut et te perseveranter diligis. *Prov.* XVII,17: "Omni tempore diligit qui amicus est, et frater in angustiis comprobatur": scilicet tam tempore adversitatis quam prosperitatis; immo tunc, scilicet tempore adversitatis, maxime probatur amicus, [...].

1181. - Sed sciendum, quod duo sunt quae iuvant ad amicitiam conservandam. Primum est patientia: "Vir enim iracundus suscitat rixas", ut dicitur *Prov.* XXVI,21. Secundum est humilitas, quae causat primum, scilicet patientiam: *Prov.* XIII,10: "Inter superbos semper iurgia sunt". Qui enim considerat magna de se, et despicit alium, non potest defectus illius pati. [...]

1182. - 5) Quintum est quod eum debemus diligere iuste et sancte, ut scilicet eum non diligamus ad peccandum, quia nec te sic debes diligere, cum Deum ex hoc amittas. Unde *Ioan.* XV,9: "Manete in dilectione mea": de qua dilectione dicitur *Eccli.* XXIV,24: "Ego mater pulchrae dilectionis".

<IX De eodem>

1183. - "Diliges proximum tuum sicut teipsum." - Hoc praeceptum Iudaei et Pharisaei male intelligebant, credentes quod Deus praeciperet diligendos amicos, et odiendos inimicos; et ideo per proximos intelligebant tantum amicos. Hunc autem intellectum intendit Christus reprobare, dicens *Matth.* V,44: "Diligite inimicos vestros, benefacite his qui oderunt vos".

1184. - Sciendum autem, quod quicumque odit fratrem suum, non est in statu salutis. I *Ioan.* II,9: "Qui (...) odit fratrem suum, in tenebris est".

Est autem attendendum, quod etiam in hoc invenitur quaedam contrarietas. Nam sancti aliquos oderunt: *Psal.* CXXXVIII,22: "Perfecto odio oderam illos"; et in Evangelio *Luc.* XIV,26: "Si quis (...) non odit patrem suum et matrem et uxorem et filios et fratres et sorores, adhuc autem et animam suam, non potest meus esse discipulus." [...]

Von ihnen heißt es: „Sie reden friedlich mit ihrem Nächsten, aber Böses haben sie in ihrem Herzen“ (*Ps* 28 [27],3). Und der Apostel schreibt: „Liebe ist ohne Verstellung“ (*Röm* 12,9).

1180. – 4) Das Nächste: Daß wir den Nächsten beharrlich lieben, wie man sich selbst beharrlich liebt. „Wer ein Freund ist, liebt allezeit, und ein Bruder wird bewährt in der Not“ (*Spr* 17,17); das heißt, er erweist sich als Freund sowohl im Glück wie im Unglück, ja: im Unglück erweist er sich erst recht als Freund. [...]

1181. – Zur Erhaltung der Freundschaft helfen aber zwei Tugenden: die Geduld und die Demut. Die Geduld: denn „ein Jähzorniger stiftet Streit“ (*Spr* 26,21). Die Demut aber gebiert die Geduld: „Unter den Stolzen ist immer Hader“ (*Spr* 13,10). Wer nämlich von sich selbst hoch und von seinem Mitmenschen gering denkt, der erträgt auch dessen Unvollkommenheiten nicht. [...]

1182. – 5) Endlich: Wir müssen den Nächsten auf eine gerechte und heilige Weise lieben. Nicht zum Sündigen, denn so darfst du auch dich selbst nicht lieben, weil du dadurch Gott verlierst. „Bleibt in meiner Liebe“ (*Joh* 15,9). Von dieser Liebe aber heißt es im Buch *Jesus Sirach* (24,24): „Ich bin die Mutter der schönen Liebe.“

<IX Über dasselbe Thema>

1183. – „Du sollst deinen Nächsten lieben wie dich selbst“. – Dieses Gebot haben die Juden und Pharisäer mißdeutet, denn sie glaubten, Gott gebiete, die Freunde zu lieben und die Feinde zu hassen, weil sie unter dem Nächsten nur die Freunde verstanden. Diese Auffassung aber weist Christus zurück mit den Worten: „Liebt eure Feinde, tut Gutes denen, die euch hassen, und betet für die, welche euch verfolgen“ (*Mt* 5,44).

1184. – Wir müssen also wissen, daß keiner, der seinen Bruder haßt, im Stande des Heiles ist: „Wer seinen Bruder haßt, ist in der Finsternis“ (1 *Joh* 2,9).

Hier scheint aber ein Widerspruch zu sein; denn auch die Heiligen haben andere gehaßt: „Mit vollkommenem Hasse hasse ich sie“ (*Ps* 139 [138],22); und im Evangelium heißt es: „Wenn jemand zu mir kommt und nicht seinen Vater und seine Mutter, Frau und Kinder, Brüder und Schwestern, ja: auch seine eigene Seele haßt, der kann nicht mein Jünger sein“ (*Lk* 14,26). [...]

1185. – Et ideo sciendum, quod in omnibus factis nostris factum Christi debet esse nobis exemplum. Deus enim diligit et odit. Quia in quolibet homine duo sunt consideranda: scilicet natura et vitium. Natura quidem in hominibus diligi debet, vitium vero odiri. Unde si quis vellet hominem esse in Inferno, odiret naturam; si quis vero vellet ipsum esse bonum, odiret peccatum, quod semper odiendum est. *Psal.* V,6: "Odisti omnes qui operantur iniquitatem". *Sap.* XI,25: „Diligis, Domine, omnia quae sunt, et nihil odisti eorum quae fecisti". Ecce ergo quod Deus diligit et odit: diligit naturam et odit vitium.

1186. – Sciendum etiam, quod homo aliquando sine peccato potest malum facere: quando scilicet sic facit malum ut velit bonum: quia et Deus sic facit. Sicut cum homo infirmatur, convertitur ad bonum, qui in sanitate erat malus. Item in adversitate aliquis convertitur et est bonus, qui in prosperitate erat malus, iuxta illud *Isai.* XXVIII,19: "Vexatio intellectum dabit auditui." [...]

1187. – Sed sciendum, quod non sufficit non velle malum, sed oportet velle bonum; scilicet emendationem suam, et vitam aeternam.

Duobus enim modis quis vult bonum alterius. Uno modo generaliter, inquantum est creatura Dei, et participabilis vitae aeternae; alio modo specialiter, inquantum est amicus vel socius.

A generali autem dilectione nullus excluditur: debet enim quilibet pro quolibet orare, et cuilibet in necessitate ultima subvenire. Sed non teneris cum quolibet habere familiaritatem, nisi peteret veniam: quia tunc esset amicus; et si refutares, haberes odio amicum.

Unde *Matth.* VI,14, dicitur: "Si dimiseritis hominibus peccata eorum, dimittet et pater vester caelestis delicta vestra; si autem non dimiseritis hominibus, nec pater vester dimittet vobis peccata vestra". Et in Oratione Dominica quae ponitur *Matth.* VI,9, dicitur: "Dimitte nobis debita nostra, sicut et nos dimittimus debitoribus nostris".

1185. – Bedenken wir also, daß in allen unseren Handlungen die Handlungsweise Christi uns Vorbild sein muß. Gott liebt und haßt, weil an jedem Menschen ein Zweifaches zu unterscheiden ist: die Natur und die Sünde. Die Natur muß in allen Menschen geliebt, die Sünde in allen gehaßt werden. Wünschte also jemand einen Menschen in die Hölle, so würde er seine Natur hassen; wünscht er aber, daß er gut sei, dann haßt er die Sünde – und die muß man immer hassen. So vereinigen sich die beiden Aussprüche „Du hassest alle, welche Ungerechtigkeit üben" (*Ps* 5,6), und: „Du liebst alles, was da ist, Herr, und hassest nichts von dem, was du gemacht hast" (*Weish* 11,25). Das also liebt und haßt Gott: Er liebt die Natur und haßt die Sünde.

1186. – Wir können sogar bisweilen, ohne zu sündigen, dem Mitmenschen Übles antun. Wenn wir nämlich dadurch seine Besserung bezwecken. Auch Gott verfährt so. Da wird z. B. einer krank und bekehrt sich zum Guten, der in gesunden Tagen schlecht war. Oder jemand bekehrt sich im Unglück und wird ein guter Mensch, der im Glück böse war. Das entspricht dem Wort des Propheten: „Die Anfechtung wird lehren, aufs Wort zu hören" (*Jes* 28,19). [...]

1187. – Es ist aber nicht genug, dem Mitmenschen nichts Übles zu wünschen, sondern man muß ihm das Gute wünschen, nämlich seine Besserung und das Ewige Leben.

Auf zweifache Weise können wir nämlich das Wohl des Nächsten wünschen. Zunächst allgemein, sofern er ein Geschöpf Gottes und der Teilnahme am Ewigen Leben fähig ist. Sodann im besonderen, weil er unser Freund und Gefährte ist.

Von jener allgemeinen Liebe darf niemand ausgeschlossen werden. Jeder muß für jeglichen anderen beten und jedem in der äußersten Not helfen. Aber du bist nicht verpflichtet, mit jedem Beliebigen vertrauliche Gemeinschaft zu haben. Etwas anderes ist es, wenn er Verzeihung von dir erbittet, denn dann ist er dein Freund, und wenn du ihn dann zurückstießest, so würdest du deinen Freund hassen.

Daher sagt der Herr: „Wenn ihr euren Mitmenschen ihre Vergehen verzeiht, wird auch euer himmlischer Vater euch eure Fehltritte verzeihen. Wenn ihr aber euren Mitmenschen nicht vergebt, so wird auch euer himmlischer Vater euch eure Sünden nicht vergeben" (*Mt* 6,14). Und im Gebet des Herrn heißt es: „Vergib uns unsere Schuld, wie auch wir vergeben unseren Schuldnern" (*Mt* 6,9).

<X De eodem>

1188. – "Diliges proximum tuum sicut teipsum." - Dictum est, quod tu peccas, si non parcis veniam postulanti; et quod perfectionis est, si tu eum ad te revocas, licet non tenearis. Sed ad hoc ut eum trahas ad te, multae rationes inducunt.

Prima est propriae dignitatis conservatio. Diversae enim dignitates diversa signa habent. Nullus autem propriae dignitatis signa dimittere debet. Inter omnes autem dignitates maior est quod quis sit filius Dei. Huius autem dignitatis signum est, si diligis inimicum: *Matth.* V,44-45: "Diligite inimicos vestros, ut sitis filii patris vestri qui in caelis est". Si enim diligis amicum, non est hoc signum filiationis divinae: nam "publicani et ethnici hoc faciunt", ut dicitur *Matth.* V [46].

1189. – Secunda est victoriae acquisitio: omnes enim hoc naturaliter desiderant. Oportet ergo quod vel trahas eum qui te offendit ad dilectionem bonitate tua, et tunc vincis; vel quod alius trahat te ad odium, et tunc perdis. *Rom.* XII,21: "Noli vinci a malo, sed vince in bono malum".

1190. – Tertia est multiplicis utilitatis consecutio. Acquiris enim ex hoc amicos. *Rom.* XII,20: "Si esurierit inimicus tuus, ciba illum; si sitit, potum da illi: hoc enim faciens, carbones ignis congeres super caput eius". Augustinus: "Nulla maior provocatio ad amorem, quam praevenire amando. Nullus enim est ita durus, qui etsi dilectionem nolit impendere, nolit tamen rependere":[1] [...] *Prov.* XVI,7: "Cum placuerint Domino viae hominis, inimicos quoque eius convertet ad pacem".

1191. – Quarta est, quia ex hoc preces tuae facilius exaudiuntur. Unde super illud *Ier.* XV [1], "Si steterint Moyses et Samuel coram me", dicit Gregorius, quod fecit potius de istis mentionem, quia rogaverunt pro inimicis.[2]

---

[1] Vgl. Augustinus, *De catechizandis rudibus* 7 (CCL 46,127,10f.).

[2] Vgl. Gregor der Große, *Homiliae in Evangelia* II 27 (CCL 141,236,190f.); *Moralia in Iob* IX 15,24 (CCL 143,475,72-82).

<X Über dasselbe Thema>

1188. – „Du sollst deinen Nächsten lieben wie dich selbst." - Wir sagten, daß der Mensch sündigt, wenn er dem Nächsten nicht verzeiht, obgleich jener darum bittet. Ihn aber von sich aus zu sich zurückzurufen, ist nicht Pflicht, sondern ein Zeichen von Vollkommenheit. Es gibt aber viele Gründe, das doch zu tun und ihn an sich zu ziehen.

Da ist zuerst die Wahrung unserer eigenen Würde. Die verschiedenen Würden haben nämlich auch verschiedene Kennzeichen. Keiner darf auf das Zeichen seiner besonderen Würde verzichten. Die größte unter allen Würden ist nun, Sohn Gottes zu sein, und das Zeichen dieser Würde ist die Feindesliebe. „Liebt eure Feinde, damit ihr Söhne eures Vaters seid, der im Himmel ist" (*Mt* 5,44f). Wenn man seinen Freund liebt, dann ist das noch kein Zeichen göttlicher Sohnschaft. Denn „das tun auch die Zöllner und die Heiden" (*Mt* 5,46).

1189. – Ein weiterer Grund, den Beleidiger von sich aus an sich zu ziehen, ist: wir erringen dadurch einen Sieg. Das wünschen doch alle von Natur aus. Entweder mußt du den, der dich beleidigt hat, durch deine Güte zur Liebe hinreißen, und dann trägst du den Sieg davon, oder jener reißt dich zum Hasse hin, und dann erleidest du eine Niederlage. „Laß dich nicht vom Bösen überwinden, sondern überwinde du das Böse durch das Gute" (*Röm* 12,21).

1190. – Der dritte Grund ist die Erlangung vielfachen Nutzens. Man erwirbt sich nämlich dadurch Freunde: „Wenn dein Feind hungert, so speise ihn, wenn er dürstet, so gib ihm zu trinken, dadurch wirst du feurige Kohlen über seinem Haupte sammeln" (*Röm* 12,20). Der heilige Augustinus schreibt: „Man kann durch nichts so sehr zur Liebe herausfordern, als wenn man mit Liebe zuvorkommt." Denn niemand ist so hart, daß er empfangene Liebe nicht erwidern wollte. […] „Wenn dem Herrn des Menschen Leben gefällt, wird er auch dessen Feinde zum Frieden bewegen" (*Spr* 16,7).

1191. – Ferner werden durch solches Tun deine Gebete um so leichter erhört werden. Deshalb sagt — über das Wort bei *Jeremias* (15,1): „Wenn auch Moses und Samuel vor mir stünden, so hätte ich doch kein Herz für dieses Volk" - der heilige Gregor, die beiden seien deshalb besonders erwähnt, weil sie für ihre Feinde gebetet hätten.

Similiter Christus ait, *Luc.* XXIII,34: "Pater, dimitte illis". Item beatus Stephanus orando pro inimicis magnam utilitatem fecit Ecclesiae, quia Paulum convertit [cf. *Act.* VII,59-60]

1192. – Quinta est peccati evasio, quam maxime desiderare debemus. Aliquando enim peccamus, nec Deum quaerimus: et Deus trahit nos ad se vel infirmitate, vel aliquo huiusmodi. *Os.* II, 6: "Sepiam viam tuam spinis". Sic fuit tractus beatus Paulus. *Psal.* CXVIII,176: "Erravi sicut ovis quae periit. Quaere servum tuum, Domine". *Cant.* I,3: "Trahe me post te". Hoc autem consequimur, si inimicum ad nos trahimus, primo remittentes: quia, ut dicitur *Luc.* VI,38, "eadem quippe mensura qua mensi fueritis, remetietur vobis"; et *ibidem* 37, "Dimittite et dimittemini"; et *Matth.* V,7: "Beati misericordes, quoniam ipsi misericordiam consequentur". Nulla est enim maior misericordia quam offendenti dimittere.

Desgleichen betet auch Christus: „Vater, verzeihe ihnen" (*Lk* 23,34). Und der heilige Stephanus stiftete durch sein Gebet für die Feinde der Kirche großen Nutzen: er bekehrte den Paulus (vgl. *Apg* 7,59f.).

1192. - Endlich kommen wir dadurch von der Sünde los, was wir doch alle innigst wünschen müssen. Zuweilen sündigen wir und suchen Gott nicht: Da zieht uns Gott zu sich durch Krankheit oder ähnliche Dinge. „Ich will deinen Weg verzäunen mit Dornen und ihn verbauen mit einer Mauer" (*Hos* 2,6). So wurde der heilige Paulus gezogen: „Wie ein Schaf, das verloren war, irrte ich umher, suche, Herr, deinen Knecht" (*Ps* 119 [118],176). „Halte mich auf deiner Spur" (*Hld* 1,3). Die Gnade aber, daß Gott uns an sich zieht, erlangen wir, wenn wir unseren Feind an uns ziehen, indem wir ihm zuerst verzeihen; denn „mit dem Maße, mit dem ihr messet, wird euch auch wieder gemessen werden. Vergebt, so wird auch euch vergeben werden" (*Lk* 6,38). „Selig sind die Barmherzigen, denn sie werden selbst Barmherzigkeit erlangen" (*Mt* 5,7), denn es gibt keine größere Barmherzigkeit, als dem Beleidiger zu verzeihen.

3. De primo praecepto legis

<XI Primum praeceptum>

"Non habebis deos alienos coram me." (Exod. XX,3)

1193. – Sicut iam dictum est, tota lex Christi dependet a caritate. Caritas autem pendet ex duobus praeceptis; quorum unum est de dilectione Dei, reliquum de dilectione proximi. Et de istis duobus iam dictum est.

Nunc autem sciendum, quod Deus dando legem Moysi, dedit decem praecepta in duabus tabulis lapideis scripta: quorum tria in prima tabula scripta pertinent ad amorem Dei; septem vero scripta in secunda tabula pertinent ad amorem proximi. Et ideo tota lex fundatur in duobus praeceptis.

1194. – Primum autem quod pertinet ad amorem Dei est, "Non habebis deos alienos".

Et ad huius intellectum sciendum est, quod antiqui multipliciter hoc praeceptum transgrediebantur.

Quidam enim colebant daemonia. *Psal.* XCV,5: "Omnes dii gentium daemonia".[1] Hoc autem est maximum omnium peccatorum, et horribile.

Nunc quoque multi transgrediuntur hoc praeceptum, omnes scilicet qui divinationibus et sortilegiis intendunt. Haec enim, secundum Augustinum, fieri non possunt quin aliquod pactum cum Diabolo contrahatur.[2] I *Cor.* X,20: "Nolo vos fieri socios Daemoniorum; et iterum *ibidem* 21, "Non potestis mensae Domini participes esse, et mensae Daemoniorum". […]

<XII De eodem>

1198. – "Non habebis deos alienos." – […] [P]rimum praeceptum legis est hoc, quo prohibemur non colere nisi unum Deum. Et ad hoc etiam inducimur quinque rationibus.

---

[1] Vgl. Augustinus, *De civitate Dei* VIII 14-22 (CCL 47,230,1-239,27).

[2] Vgl. ders., *De doctrina christiana* II 30 (CCL 32,54,4f.).

3. Das erste Gebot des Gesetzes

<XI Das erste Gebot>

„Du sollst keine fremden Götter neben mir haben." (Ex 20,3)

1193. – Wir sagten, daß das ganze Gesetz Christi an der Liebe hängt; die Liebe aber wirkt in zwei Geboten, dem Gebot der Gottesliebe und dem Gebot der Nächstenliebe. Von diesen beiden Geboten haben wir gesprochen.

Hier ist nun etwas anderes zu bemerken: Gott gab bei der Gesetzgebung dem Mose die Zehn Gebote, eingehauen in zwei steinerne Tafeln. Drei von ihnen, die in die erste Tafel eingehauen waren, beziehen sich auf die Gottesliebe; die sieben andern, die in die zweite Tafel eingehauen waren, betreffen die Nächstenliebe. So beruht auf diesen beiden Geboten das ganze Gesetz.

1194. – Das erste Gebot, das sich auf die Gottesliebe bezieht, lautet: „Du sollst keine fremden Götter haben."

Zum näheren Verständnis dieses Gebotes muß man sich vergegenwärtigen, daß die Alten es auf vielfache Weise übertreten haben.

Einige verehrten nämlich böse Geister: „Alle Götter der Heiden sind Dämonen" (*Ps* 96 [95],5). Diese Sünde aber ist die größte und schrecklichste von allen.

Auch jetzt noch übertreten viele dieses Gebot, alle nämlich, die sich auf Wahrsagerei und Zeichendeuten verlegen. Das kann aber nach dem heiligen Augustinus nicht geschehen, es sei denn, daß man mit dem Teufel einen Bund schließe. „Ich will nicht, daß ihr Genossen der Teufel werdet" (1 *Kor* 10,20). Und an derselben Stelle (10,21) heißt es: „Ihr könnt nicht am Tisch des Herrn teilhaben und an dem der Teufel". [...]

<XII Über dasselbe Thema>

1198. – „Du sollst keine fremden Götter haben." - [...] Das erste Gebot des Gesetzes also gebietet uns, kein anderes Wesen anzubeten, als nur den einen Gott. Dazu bestimmen uns auch fünf Vernunftgründe.

1) Prima sumitur ex Dei dignitate, quae si auferatur, fit Deo iniuria, sicut potest videri ex consuetudine hominum. Cuilibet enim dignitati debetur reverentia: unde proditor regis est qui aufert quod exhibere teneretur. Et hoc quidam Deo faciunt. *Rom.* I,23: "Mutaverunt gloriam incorruptibilis Dei in similitudinem imaginis corruptibilis hominis". Et hoc summe Deo displicet. *Isai.* XLII,8: "Gloriam meam alteri non dabo, et laudem meam sculptilibus".

1199. - Et considerandum, quod haec Dei dignitas est, scilicet quod omnia sciat. [...] *Hebr.* IV,13: "Omnia nuda et aperta sunt oculis eius". Hanc autem dignitatem auferunt divinatores: contra quos dicit *Isai.* VIII,19: "Nunquid non populus a Deo suo requirit visionem pro vivis ac mortuis?"

1200. - 2) Secunda ratio sumitur ex eius largitate. Omne enim bonum habemus a Deo. Et hoc etiam ad dignitatem Dei pertinet quod factor et dator est omnium bonorum. *Psal.* CIII,28: "Aperiente te manum tuam, omnia implebuntur bonitate". [...]

Nimis ergo ingratus es, si ab illo tibi collatum non recognoscis; immo facis tibi alium Deum, sicut filii Israel deducti de Aegypto fecerunt idolum. [...] Hoc etiam fit quando quis in alio quam in Deo spem ponit, hoc est quando adiutorium ab alio petit. *Psal.* XXXIX,5: "Beatus vir cuius est nomen Domini spes eius". Apostolus, *ad Gal.* IV,9-10: "Cum cognoveritis Deum [...] quomodo convertimini iterum ad infirma et egena elementa? [...]. Dies observatis et menses, et tempora et annos".

1201. - 3) Tertia ratio sumitur ex promissi firmitate. Abrenuntiavimus enim Diabolo, et fidem promisimus soli Deo: unde non debemus ipsam infringere. *Hebr.* X,28-29: "Irritam quis faciens legem Moysi, sine ulla miseratione duobus vel tribus testibus moritur: quanto magis putatis deteriora mereri supplicia qui filium Dei conculcaverit, et sanguinem testamenti pollutum duxerit, in quo sanctificatus est, et Spiritui gratiae contumeliam fecerit?" [...] "Vae ergo peccatori ingredienti terram duabus viis, et claudicantibus in duas partes" (*Eccli* 2,14).

1) Zunächst die Würde Gottes. Wer sie verletzt, vergeht sich gegen Gott. Das macht ein Vergleich aus den menschlichen Verhältnissen deutlich. Jeder Würde gebührt Ehrfurcht. Wer daher dem König entzieht, was er ihm zu geben verpflichtet ist, der ist ein Verräter am König. Und auf die gleiche Weise vergehen sich manche Menschen gegen Gott. „Sie vertauschten die Herrlichkeit des unvergänglichen Gottes mit dem Gleichnis und Bilde des vergänglichen Menschen" (*Röm* 1,23). Solches Unterfangen findet Gottes höchstes Mißfallen. „Meine Ehre gebe ich keinem anderen und mein Lob nicht den Götzenbildern" (*Jes* 42,8).

1199. – Zur Würde Gottes gehört seine Allwissenheit [...] „Vor seinen Augen ist alles nackt und offen" (*Hebr* 4,13). [...] Diese Ehre entziehen ihm die Wahrsager. Gegen sie sagt Jesaja: „Soll nicht das Volk von seinem Gott Visionen für die Lebenden und Toten erfragen?" (*Jes* 8,19).

1200. – 2) Sodann müssen wir Gott allein verehren wegen seiner freigebigen Güte. Denn alles Gute, das wir besitzen, haben wir von ihm. Auch das gehört zu seiner Würde, daß er der Schöpfer und Geber aller Güter ist. „Du öffnest deine Hand und erfüllst alles mit Güte" (*Ps* 104 [103],28). [...]

Du zeigst dich also höchst undankbar, wenn du das Gute, das er dir verliehen hat, nicht anerkennst, ja: dir einen anderen Gott machst wie die Kinder Israels, die er aus Ägypten führte, und die sich dann ein Götzenbild machten. [...] – Das gleiche Vergehen ist es, auf einen anderen als auf Gott zu hoffen und von einem anderrn Hilfe zu begehren. „Selig der Mann, dessen Hoffnung der Name des Herrn ist" (*Ps* 40 [39],5). „Jetzt, da ihr Gott kennt oder vielmehr von Gott erkannt seid, [...] wie könnt ihr euch da wieder den kraftlosen und armseligen Elementen zuwenden? [...] Ihr beobachtet ja Tage und Monate und Zeiten und Jahre" (*Gal* 4,9f).

1201. – 3) Ein weiterer Grund ergibt sich aus unserem festen Gelöbnis (bei der Taufe). Wir haben dem Teufel abgeschworen und Gott allein Treue versprochen. Dieses Gelöbnis dürfen wir nicht brechen. „Wenn jemand das Gesetz des Mose übertritt, so muß er ohne Erbarmen auf die Aussage von zwei oder drei Zeugen hin sterben; wieviel härtere Strafe wird dann wohl der verdienen, der den Sohn Gottes mit Füßen tritt, das Blut des Bundes, durch das er geheiligt wurde, für schmutzig hält und den Geist der Gnade schmäht?" (*Hebr* 10,28f). [...] „Wehe also dem Sünder, der auf zwei Straßen zugleich ins Land einziehen will; wehe denen, die nach beiden Seiten hinken!" (*Sir* 2,14).

1202. – 4) Quarta ratio est ex dominii diabolici gravitate. *Ier.* XVI,13: "Servietis diis alienis die ac nocte, qui non dabunt vobis requiem". Non enim quiescit in uno peccato, sed potius nititur ad aliud ducere. "Qui facit peccatum, servus est peccati", *Ioan.* VIII,34; ideo non de facili quis egreditur de peccato, Gregorius: "Peccatum quod per poenitentiam non diluitur, mox suo pondere in aliud trahit".[3]

Contrarium est de dominio divino: quia praecepta eius gravia non sunt. *Matth.* XI,30: "Iugum enim meum suave est, et onus meum leve". Satis enim reputatur quis facere, si tantum facit pro Deo quantum fecit pro peccato. *Rom.* VI,19: "Sicut exhibuistis membra vestra servire immunditiae et iniquitati ad iniquitatem; ita nunc exhibete membra vestra servire iustitiae in sanctificationem". Sed de servis Diaboli dicitur *Sap.* V,7: "Lassati sumus in via iniquitatis et perditionis, et ambulavimus vias difficiles"; et *Ier.* IX,5: "Ut inique agerent, laboraverunt".

1203. – 5) Quinta est ex praemii sive muneris immensitate. In nulla enim lege talia promittuntur praemia sicut in lege Christi. [...] [P]romittuntur [...] Iudaeis terra promissionis; sed Christianis Angelorum gloria. *Matth.* XXII,30: "Erunt sicut Angeli Dei in caelo". [...]

[3] Vgl. Gregor der Große, *Moralia in Iob* XXV 9,22 (CCL 143B,1247,14f.).

1202. – 4) Der vierte Grund, der uns zur alleinigen Verehrung Gottes bestimmen soll, ist der schwere Druck der teuflischen Herrschaft. „Ihr werdet fremden Göttern dienen, die euch keine Ruhe lassen Tag und Nacht" (*Jer* 16,18). Bei einer einzigen Sünde beruhigt sich der Teufel nicht; er sucht uns vielmehr gleich in eine neue zu führen. „Wer Sünde tut, ist der Sünde Knecht." (*Joh* 8,34) Deswegen kommt man nicht leicht aus der Sünde heraus. „Eine Sünde, die durch Buße nicht getilgt wird, reißt uns durch ihr Gewicht bald zu einer neuen hin" (Gregor der Große).

Gerade das Gegenteil aber gilt für die Herrschaft Gottes. Seine Gebote sind nicht schwer: „Mein Joch ist süß, und meine Bürde leicht" (*Mt* 11,30). Wenn wir für Gott soviel täten wie für die Sünde, es würde uns als ausreichend angerechnet werden. „Gleichwie ihr eure Glieder zum Dienst der Unreinigkeit und Gottlosigkeit hingabt, so gebt nun eure Glieder zum Dienst an der Gerechtigkeit hin zur Heiligung" (*Röm* 6,19). Von den Knechten des Teufels aber heißt es: „Wir sind müde geworden auf dem Wege der Bosheit und des Verderbens, wir wandelten harte Wege, aber den Herrn der Herren erkannten wir nicht" (*Weish* 5,7); und bei *Jeremias* (9,5): „Sie mühten sich ab, um Bosheit zu tun".

1203. – 5) Endlich verehren wir Gott allein auch wegen der unermeßlichen Belohnung oder Gabe, die uns dafür zuteil wird. In keinem anderen Gesetz werden so herrliche Belohnungen verheißen wie im Gesetz Christi. Den Juden wurde das Land der Verheißung versprochen, den Christen aber die Herrlichkeit der Engel. „Sie werden sein wie die Engel Gottes im Himmel" (*Mt* 22,30). [...]

4. De secundo praecepto legis

<XIII Secundum praeceptum>

"Non assumes nomen Domini Dei tui in vanum." (Exod. XX,7)

1204. – Hoc est secundum praeceptum legis: et sicut non est nisi unus Deus quem debemus colere, ita non est nisi unus quem debemus maxime venerari. Et primo quantum ad nomen: unde "Non assumes nomen Domini Dei tui in vanum".

Sciendum, quod vanum dicitur tripliciter.

1205. – A) Aliquando enim dicitur falsum. *Psal.* XI,3: "Vana locuti sunt unusquisque ad proximum suum". Assumis ergo nomen Dei in vanum, quando assumis illud ad confirmationem falsitatis. Zach. VIII,17: "Iuramentum mendax ne diligatis"; *ibidem* XIII,3: "Non vives, quia locutus es mendacium in nomine Domini".

1206. – Talis autem facit iniuriam Deo, sibi ipsi, et omnibus hominibus.

Deo quidem, quia cum iurare per Deum nihil aliud sit nisi invocare eius testimonium, cum iuras falsum: aut credis Deum nescire verum, et sic ponis ignorantiam in Deo, cum tamen omnia nuda et aperta sint oculis eius, ut dicitur *ad Hebr.* IV [3]; aut quod diligat mendacium, cum tamen odiat ipsum: *Psal.* V,7: "Perdes omnes qui loquuntur mendacium"; aut derogas potentiae, quasi non possit de eo punire.

Item facit iniuriam sibi ipsi: obligat enim se iudicio Dei. Nihil est autem aliud dicere, per Deum ita est, nisi quod Deus puniat me, si non est ita.

Item iniuriatur aliis hominibus. Nulla enim inter aliquos societas durare potest, nisi credant sibi invicem. Dubia autem iuramentis confirmantur. *Hebr.* VI,16: "Omnis controversiae finis ad confirmationem est iuramentum".

Iniuriatur ergo Deo, crudelis est sibi, et noxius et hominibus.

4. Das zweite Gebot des Gesetzes

<XIII Das zweite Gebot>

„Du sollst den Namen des Herrn, deines Gottes, nicht eitel gebrauchen." (*Ex* 20,7)

1204. – Dies ist das zweite Gebot des Gesetzes: Wie es nur einen Gott gibt, den wir anbeten müssen, so gibt es auch nur einen, den wir über alles verehren müssen. Diese Verehrung betrifft zuerst seinen Namen. Deshalb heißt es: „Den Namen des Herrn, deines Gottes, sollst du nicht eitel gebrauchen".

Das Wort „eitel" hat einen dreifachen Sinn.

1205. – A) Einmal heißt es soviel wie lügenhaft falsch. „Sie haben Eitles geredet" (*Ps* 12 [11],3). Man gebraucht also den Namen Gottes eitel, wenn man ihn zur Bekräftigung einer Lüge benutzt: „Liebt nicht den lügenhaften Schwur, denn alles dieses hasse ich, spricht der Herr" (*Sach* 8,17). „Nicht leben sollst du, denn du sprichst Lüge im Namen des Herrn" (*Sach* 13,3).

1206. – Ein solcher Meineidiger vergeht sich aber an Gott, an sich selbst und an allen Menschen.

An Gott: Schwören heißt nichts anderes, als Gott zum Zeugen anrufen, deswegen glaubt der Meineidige, entweder Gott wisse die Wahrheit nicht; dann spricht er Gott Unwissenheit zu, während doch „alles nackt und offen vor seinen Augen liegt" (*Hebr* 4,3); oder, Gott liebe die Lüge, während er sie doch gerade haßt: „Du vernichtest alle, die Lüge reden" (*Ps* 5,7); oder der Meineidige spricht ihm die Macht ab, als könne er kein Zeugnis geben oder nicht einen Meineid bestrafen.

Ebenso vergeht sich der Meineidige an sich selbst; denn er macht sich des Gerichtes Gottes schuldig. Wenn ich sage: „Bei Gott, es ist wahr!" dann ist das dasselbe, als wenn ich sage: „Gott soll mich strafen, wenn es nicht wahr ist."

Endlich vergeht er sich auch an seinen Mitmenschen; denn es kann einfach keine Gemeinschaft unter Menschen bestehen, wenn der eine dem andern nicht glaubt. Der Eid ist aber gerade dazu da, seinen Zweifel an der Wahrhaftigkeit auszuschließen: „Der Eid wird zur Bekräftigung geleistet und macht jedem Streit ein Ende" (*Hebr* 6,16).

So vergeht sich der Meineidige an Gott, er ist grausam gegen sich selbst und ein Schädling für die Mitmenschen.

1207. – B) Aliquando dicitur vanum, inutile. *Psal.* XCIII,11: "Dominus scit cogitationes hominum, quoniam vanae sunt". Et ideo confirmando vanitatem assumitur nomen Dei in vanum.

In veteri enim lege prohibitum fuit ut non iuraretur falsum: Deut. V,11. Sed Christus prohibuit non nisi in necessitate iurare; et ideo dicitur *Matth.* V,33-34: "Audistis quia dictum est antiquis, non iurabis. Ego autem dico vobis: nolite iurare omnino". Et huius ratio est, quia in nulla parte ita fragiles sumus sicut in lingua: quia eam nullus domare potuit, sicut dicitur *Iac.* III [1-12], et ideo de levi posset homo deierare. *Matth.* V,37: "Sit sermo vester, est est, non non"; et iterum, vers. 34: "Ego autem dico vobis: nolite iurare omnino".

1208. – Et nota, quod iuramentum est sicut medicina, quae non semper accipitur, sed in necessitate. Et ideo, ut dicitur *Matth.* V,37, "Quod his amplius est, a malo est". [...] *Eccli.* XXIII,9: "Iurationi non assuescat os tuum: multi enim casus in illa. Nominatio vero Dei non sit assidua in ore tuo, et nominibus sanctorum ne admiscearis: quoniam non eris immunis ab eis".

1209. – C) Aliquando autem dicitur vanum, peccatum vel iniustitia. *Psal.* IV,3: "Filii hominum usquequo gravi corde? Ut quid diligitis vanitatem?" Qui ergo iurat pro peccato faciendo, assumit nomen Dei sui in vanum. Iustitiae vero partes sunt facere bonum, et dimittere malum. Si ergo iuras facere furtum, vel aliud huiusmodi, hoc contra iustitiam est: et quamvis non sit servandum hoc iuramentum, tamen sic iurans periurus est. Talis fuit Herodes contra Ioannem, *Marc.* VI [23]. [...]

Non est ergo iurandum de falso, non de inutili, non etiam de iniustitia: et ideo dicitur *Ier.* IV,2: "Et iurabis, vivit Dominus, in veritate et in iudicio et in iustitia".

1207. – B) Ein anderes Mal wird das Wort „eitel" im Sinne von „unnütz" gebraucht: „Der Herr weiß von den Gedanken der Menschen, daß sie eitel sind" (*Ps* 94 [93],11). Somit wird der Name Gottes eitel ausgesprochen, wenn man ihn wegen unnützer Dinge anruft.

Im Alten Bund war es verboten, falsch zu schwören (*Deut* 5,11). – Christus aber hat verboten, überhaupt zu schwören, außer im Fall der Not: „Ihr habt gehört, daß zu den Alten gesagt worden ist: Du sollst nicht falsch schwören. Ich aber sage euch, ihr sollt überhaupt nicht schwören" (*Mt* 5,33f). Der Grund liegt darin, daß wir mit nichts so leicht fehlen als mit unserer Zunge, denn niemand vermag sie zu bändigen (vgl. *Jak* 3,1-12). So läuft der Mensch nur zu leicht Gefahr, falsch zu schwören. „Eure Rede sei ja, ja – nein, nein" (*Mt* 5,37), und „ihr sollt gar nicht schwören" (*Mt* 5,34).

1208. – Der Eid ist wie eine Arznei, die man nicht immer, sondern nur im Falle der Not nimmt. Deshalb fügt der Herr hinzu: „Was darüber ist, das ist vom Bösen" (*Mt* 5,37) - [...] „Gewöhne deinen Mund nicht ans Schwören, denn darin birgt sich mancher Fall. Führe daher nicht immerfort den Namen Gottes im Munde, noch mische in deine Reden immer die Namen der Heiligen, weil du dir dadurch Schuld zuziehst" (*Sir* 23,9).

1209. – C) Man versteht auch unter dem Wort „eitel" die Sünde oder Ungerechtigkeit: „Ihr Menschenkinder, wie lange noch ist euer Herz verstockt? Was liebt ihr Eitles?" (*Ps* 4,3). Wer also schwört, eine Sünde zu tun, der spricht den Namen seines Gottes eitel aus. Die Gerechtigkeit aber besteht darin, daß man das Gute tut und das Böse unterläßt. Wenn du also schwörst, einen Diebstahl oder etwas dergleichen auszuführen, dann ist das gegen die Gerechtigkeit. Ein solcher Eid darf nicht gehalten werden; wer ihn aber leistet, der leistet einen sündhaften Eid. Einen solchen Eid schwor Herodes gegen Johannes (*Mk* 6,23). [...]

Man darf also nichts Falsches, nichts Unnützes und nichts Ungerechtes (Sündhaftes) schwören. Daher heißt es bei *Jeremias* (4,2): „So wahr der Herr lebt, du sollst schwören in Wahrheit, Recht und Gerechtigkeit."

5. De tertio praecepto legis

<XV Tertium praeceptum>

"Memento ut diem sabbati sanctifices." (Exod. XX,8)

1217. - Hoc est tertium mandatum legis, et convenienter. Primo enim debemus Deum venerari corde: unde praecipitur quod non colatur nisi unus Deus: unde: "Non habebis deos alienos coram me. Secundo ore: unde non assumes nomen Domini Dei tui in vanum". Tertio opere: et hoc est: "Memento ut diem sabbati sanctifices". Voluit enim ut esset certus dies in quo intenderent homines ad servitium Dei.

1218. - Habetur autem hoc praeceptum quinque rationibus.

a) Primo enim datum fuit ad destructionem erroris. Praevidit enim spiritus sanctus quod futuri erant aliqui dicturi mundum semper fuisse. II *Petr.* III,3-5: "Venient in novissimis diebus in deceptione illusores iuxta proprias concupiscentias ambulantes, dicentes: ubi est promissio aut adventus eius? Ex quo enim patres dormierunt, omnia sic perseverant ab initio creaturae. Latet enim eos hoc volentes quod caeli erant prius et terra de aqua, et per aquam consistens Dei verbo." Voluit ergo Deus ut custodiretur unus dies in memoriam quod Deus omnia creaverat in sex diebus, et in septimo quievit a novis creaturis condendis. Et hanc rationem ponit Dominus in lege, dicens: "Memento ut diem sabbati sanctifices." [...]

1219. - Sed Iudaei in memoriam primae creationis colebant sabbatum; Christus autem veniens fecit novam creationem. Per primam enim homo terrenus, per secundam homo caelestis effectus est. *Gal.* VI,15: "In Christo Iesu neque circumcisio aliquid valet neque praeputium, sed nova creatura." Et haec nova creatura est per gratiam, quae incepit in resurrectione. *Rom.* VI,4-5: "Quomodo Christus surrexit a mortuis per gloriam patris, ita et nos in novitate vitae ambulemus. Si enim complantati facti sumus similitudini mortis eius, simul et resurrectionis erimus."

5. Das dritte Gebot des Gesetzes

<XV Das dritte Gebot>

„Gedenke, daß du den Tag der Gottesruhe heiligst." (Ex 20,8)

1217. – Dies ist das dritte Gebot des Gesetzes. Erstens müssen wir Gott mit dem Herzen verehren, daher das Gebot, nur ihn als den einen Gott anzubeten: „Du sollst keine fremden Götter neben mir haben." Zweitens müssen wir ihn mit dem Munde verehren, daher heißt es: „Du sollst den Namen des Herrn, deines Gottes, nicht eitel gebrauchen." Drittens auch durch die Tat, und das bedeutet: „Gedenke, daß du den Tag der Gottesruhe heiligst." Gott bestimmte einen Tag, an dem die Menschen seinem Dienst obliegen sollen.

1218. – Dieses Gebot hat einen fünffachen Sinn.

a) Erstens wurde es gegeben zur Vernichtung eines Irrtums. Der Heilige Geist sah nämlich voraus, daß künftig Irrlehrer auftreten würden mit der Behauptung, die Welt sei immer gewesen: „Wisset, daß in den letzten Tagen Spötter kommen werden, welche nach ihren eigenen Lüsten wandeln und sagen: Wo ist die Verheißung oder seine Wiederkunft? Denn seitdem die Väter entschlafen sind, bleibt alles so, wie es vom Anfang der Schöpfung war. Denn sie verhehlen, daß der Himmel und die Erde das erstemal aus Wasser und durch Wasser mittels Gottes Wort entstanden sind" (2 *Petr* 3,3ff.). Gott wollte also, daß ein Tag gehalten würde zum Gedächtnis daran, daß er alles in sechs Tagen erschaffen und am siebenten Tage von seinem Schöpfungswerke geruht hat. Diesen Sinn legte Gott in das Gebot: „Gedenke, daß du den Tag der Gottesruhe heiligst." [...]

1219. – Die Juden feierten zum Gedächtnis an die Urschöpfung den Sabbat. Als Christus aber kam, da bewirkte er eine Neu-Schöpfung. Durch die Ur-Schöpfung wurde der Mensch der Erde, durch die zweite der himmlische Mensch geschaffen. „An Christus Jesus nämlich gilt weder Beschneidung noch Vorhaut etwas, sondern er ist eine neue Kreatur" (*Gal* 6,15). Diese Neu-Schöpfung geschieht durch die Gnade, die mit der Auferstehung Christi ihren Anfang nahm. „Wie Christus auferstanden ist von den Toten durch die Herrlichkeit des Vaters, also sollen auch wir in einem neuen Leben wandeln, wenn wir nämlich mit ihm zusammengepflanzt sind zur Ähnlichkeit seines Todes, so werden wir es auch zur Ähnlichkeit der Auferstehung sein" (*Röm* 6,4).

Et quia resurrectio facta est in dominica, ideo celebramus illum diem, sicut Iudaei sabbatum propter primam creationem.

1220. – b) Secundo datum fuit ad instructionem fidei redemptoris. Caro enim Christi in sepulcro corrupta non fuit: unde dicit *Psal.* XV,9: "Caro mea requiescat in spe"; item, *ibidem* 10: "Non dabis sanctum tuum videre corruptionem." Unde voluit sabbatum observari, ut sicut sacrificia significabant mortem Christi, ita quies sabbati requiem carnis eius. Sed nos ista sacrificia non servamus, quia adveniente re et veritate, debet cessare figura, sicut adveniente sole cessat umbra; servamus tamen in veneratione virginis gloriosae, in qua remansit tota fides tali die in morte Christi.

1221. – c) Tertio datum fuit ad roborandum sive figurandum veritatem promissionis. Promittitur enim nobis quies. *Isai.* XIV,3: "Et erit in die illa, cum requiem dederit tibi Deus a labore tuo et a concussione tua et a servitute dura qua ante servisti."

1222. – Et nota, quod expectamus requiem de tribus: de labore praesentis vitae, de tentationum concussione, et de Diaboli servitute. Hanc Christus repromisit venientibus ad se, dicens, *Matth.* XI,28-30: "Venite ad me omnes qui laboratis et onerati estis; et ego reficiam vos. Tollite iugum meum super vos, et discite a me, quia mitis sum et humilis corde; et invenietis requiem animabus vestris: iugum enim meum suave est, et onus meum leve."

Invenimus autem quod Dominus operatus est sex diebus, et in septimo quievit: quia primo oportet facere opera perfecta. *Eccli.* LI,35: "Modicum laboravi, et inveni mihi multam requiem." Plus enim incomparabiliter excedit tempus aeternitatis totum tempus praesens, quam mille anni diem unum.

1223. – d) Quarto datum fuit hoc praeceptum ad inflammationem amoris. *Sap.* IX,15: "Corpus quod corrumpitur, aggravat animam", et ideo homo semper ad terrena inferius tendit, nisi conetur erigere se ab eis.

Da die Auferstehung Christi an einem Sonntag geschah, deshalb feiern wir diesen Tag, wie die Juden den Sabbat feierten wegen der Ur-Schöpfung.

1220. – b) Zweitens wurde der Tag der Gottesruhe eingesetzt zur Unterweisung im Glauben an den Erlöser. – Der Leib Christi verweste nicht im Grabe: „Mein Fleisch wird ruhen in Hoffnung; du wirst nicht zugeben, daß Dein Heiliger die Verwesung schaue" (*Ps* 16 [15],9f). Die Sabbatfeier sollte nur die Sabbatruhe seines Fleisches vorbilden, wie die Opfer auf den Tod Christi hindeuteten. Diese Opfer feiern wir nicht mehr, denn wenn das Wesen und die Wahrheit selbst erscheinen, dann muß die Bildlichkeit weichen, wie die Nacht flieht vor der aufgehenden Sonne. Wir begehen jedoch den Samstag durch die Verehrung der glorreichen Jungfrau, die an diesem Tage, der Todesruhe Christi, die Fülle des Glaubens in ihrer Seele trug

1221. – c) Drittens ist der Tag der Gottesruhe gegeben zur Bekräftigung und Vorbildung der Wahrheit der Verheißung. Er ist uns die Verheißung einstiger Ruhe. „Es wird ein Tag kommen, wo dir Gott Ruhe schafft von deiner Mühsal und deinem Schrecken und dem harten Dienst, worin du zuvor gedient" (*Jes* 14,3).

1222. – Wir erwarten Ruhe von der Mühsal des gegenwärtigen Lebens, von dem Druck der Versuchungen und von der Hörigkeit des Teufels. Diese Ruhe hat Christus allen versprochen, die zu ihm kommen: „Kommt zu mir alle, die ihr mühselig und beladen seid, ich will euch erquicken. Nehmt mein Joch auf euch und lernt von mir, denn ich bin sanftmütig und demütig von Herzen, und ihr werdet Ruhe für eure Seelen finden. Denn mein Joch ist süß, und meine Bürde ist leicht" (*Mt* 11,28ff).

Wir lesen aber in der Heiligen Schrift, daß der Herr sechs Tage tätig war und erst am siebenten Tage ruhte; denn zuerst mußte das vollkommene Werk geschaffen werden. „Ich habe eine Weile gearbeitet und dann große Ruhe für mich gefunden" (*Sir* 51,35). Die Ewigkeit übersteigt auf unvergleichliche Weise, wie tausend Jahre einen Tag, die ganze gegenwärtige Zeit.

1223. – d) Viertens wurde das dritte Gebot gegeben, um unsere Liebe zu entflammen. – „Unser der Verderbnis unterworfener Leib beschwert die Seele" (*Weish* 9,15) Deswegen neigt der Mensch stets abwärts zu dem Erdhaften, wenn er auch immer wieder bemüht ist, sich darüber zu erheben;

Et ideo oportet habere certum tempus ad hoc, [...] ne omnino alienarentur a Deo, [...] ne nimis tepescat in eis amor Dei. [...]

<XVI De eodem>

1225. – "Memento ut diem sabbati sanctifices". Dictum est, quod sicut Iudaei celebrant sabbatum, sic nos Christiani dominicam, et alia principalia festa. Videamus ergo quomodo ista servare debemus. [...]

1226. – Sanctum autem accipitur duobus modis. Aliquando enim est sanctum idem quod purum. Apostolus, I *Cor.* VI,11: "Sed abluti estis, sed sanctificati estis." Aliquando dicitur sanctum res consecrata ad cultum Dei, ut locus, tempus, vestes et vasa sacra. Istis ergo duobus modis debemus festa celebrare; quia et pure, et mancipando se divino servitio.

1227. – In isto ergo praecepto duo considerantur. Primo quidem in festo quid cavendum sit; secundo quid faciendum.

Debemus autem cavere tria. Primo corporalem operam. *Ier.* XVII,22: "Sanctificabis sabbatum, ut non facias in eo opus servile"; [...] Opus autem servile est opus corporale: nam opus liberum est animae, sicut intelligere et huiusmodi; ad quod opus homo constringi non potest.

1228. – Sed sciendum, quod opera corporalia possunt fieri in sabbato propter quatuor.

Primo propter necessitatem. Unde Dominus excusavit discipulos evellentes spicas in sabbato, ut dicitur *Matth.* XII [1-8].

Secundo propter Ecclesiae utilitatem. Unde dicitur in Evangelio *ibid.*, quod sacerdotes faciebant omnia quae erant necessaria in templo in die sabbati.

Tertio propter proximi utilitatem. Unde Dominus curavit in die sabbati habentem manum aridam, et confutavit Iudaeos reprehendentes eum, ponens exemplum de ove, *ibid.* [XII,11].

Quarto propter superioris auctoritatem. [...]

für dieses Bemühen muß ihm eine feste Zeit der Besinnung gesetzt sein, [...] damit er Gott nicht ganz fremd werde [...] und die Liebe zu ihm in ihm nicht gar zu sehr erkalte. [...]*

<XVI Über dasselbe Thema>

1225. – „Gedenke, daß du den Tag der Gottesruhe heiligst." - Wir haben gesagt, daß – wie die Juden den Sabbat – wir Christen den Sonntag und die anderen Hochfeste feiern. Wir müssen nun sehen, wie wir sie begehen müssen. [...]

1226. – Das Wort „heilig" hat zweifachen Sinn. Oft heißt es soviel wie rein: „Ihr seid abgewaschen, ihr seid geheiligt" (*1 Kor* 6,11); oft bezeichnet es aber auch das, was zu gottesdienstlichem Gebrauch geweiht ist, wie den Ort, die Zeit, die Kleider und die heiligen Gefäße. In diesem doppelten Sinne müssen wir die Festtage „heilig" halten: in Reinheit und in Hingabe an den göttlichen Dienst.

1227. – Wir betrachten bei diesem Gebot ein Zweifaches: Was an einem Festtage zu meiden und was an ihm zu tun ist.

Meiden müssen wir drei Dinge;** zuerst die körperliche Arbeit: „Heilige den Tag der Gottesruhe und verrichte an ihm kein knechtliches Werk" (*Jer* 17,22). [...] Ein knechtliches Werk aber ist eine körperliche Arbeit; denn ein freies Werk ist Werk der Seele, wie Erkennen und dergleichen, bei solchem Werk kann man den Menschen nicht unter Zwang setzen.

1228. – Doch gibt es Gründe, derentwegen körperliche Arbeiten am Sonntag erlaubt sind:

zunächst aus Not; ihretwegen entschuldigte der Herr seine Jünger als sie am Sabbat Ähren pflückten (*Mt* 12,1-8).

Dann zum Nutzen der Kirche; nach dem Evangelium (vgl. *ebd.)* taten die Priester am Sabbat alles, was im Tempel notwendig war.

Ferner um dem Nächsten zu helfen: der Herr heilte am Sabbat den Mann mit der verdorrten Hand und wies die Juden, die ihn deshalb tadelten, durch das Gleichnis vom Schafe, das am Sabbat in eine Grube fällt, zurecht (vgl. *Mt* 12,11).

Endlich auf den Befehl des Vorgesetzten hin. [...]

---

* Als fünften Grund, der den Sinn des Tages der Gottesruhe erklären soll, nennt Thomas die Verpflichtung zu Wohltaten gegenüber den Mitmenschen, v.a. den Untergebenen, hin, wie sie sich aus *Dtn* 5,12ff. ergibt.

** Als weitere Dinge, die zu meiden sind nennt Thomas das Meiden von Schuld (n. 1229) und das Meiden von Fahrlässigkeit (n. 1230).

<XVII De eodem>

1231. - [...] Nunc dicendum est in quibus occupari debemus: et sunt tria.

a) Primo in faciendis sacrificiis. [...]

1232. - [...] Factus est enim dies festus ad habendam spiritualem laetitiam, quam facit oratio: unde et tali die multiplicari debent preces.

Secundo [...] laudando: *Psal.* XLIX,14: "Sacrificium laudis honorificabit me": unde in tali die cantus multiplicantur.

Tertio res tuas sacrificare, et hoc dando eleemosynas. *Hebr.* XIII,16: "Beneficentiae autem et communionis nolite oblivisci: talibus enim hostis promeretur Deus"; et hoc in duplo magis quam in aliis diebus, quia tunc est communis laetitia. [...]

1233. - b) Secundo in verborum Dei studiis, [...]. Unde et Christiani [...] debent tali die convenire ad praedicationes et ad officium Ecclesiae. *Ioan.* VIII,47: "Qui ex Deo est, verba Dei audit"; [...]

Eloquium enim et instruit ignorantem: *Psal.* CXVIII,105: "Lucerna pedibus meis verbum tuum"; et inflammat tepescentem [...].

1234. - c) Tertio in divinorum exercitiis. Hoc autem perfectorum est. *Psal.* XXXIII,9: "Vacate et videte quoniam suavis est Dominus". Et hoc propter quietem animae. Sicut enim corpus fatigatum quietem desiderat, ita et anima. Locus autem animae Deus est: *Psal.* XXX,3: "Esto mihi in Deum protectorem, et in locum refugii". [...]

1235. - Sed antequam ad hanc quietem perveniat anima, oportet tres quietes praecedere. Prima ab inquietudine peccati. *Isai.* LVII,20: "Cor autem impii quasi mare fervens, quod quiescere non potest". Secunda a passionibus carnis; quia caro concupiscit adversus spiritum, spiritus autem adversus carnem, ut dicitur *Gal.* V [17]. Tertia ab occupationibus mundi. [...] Et tunc post haec anima libere quiescit in Deo. [...]

<XVII Über dasselbe Thema>

1231. – […] Es bleibt noch zu sagen, womit wir uns an diesem Tag beschäftigen sollen.

a) Erstlich müssen wir Gott Opfer darbringen. […]

1232. – […] Der Festtag ist gesetzt zur Freude unseres Geistes; die aber gibt das Gebet, und deshalb müssen wir an diesem Tag unsere Gebete vermehren.

Ferner müssen wir […] am Festtag Gott loben: „Bringe Gott dein Lob als Opfer" (*Ps* 50 [49],14). Daher erschalle an diesem Tage reicherer Gesang.

Endlich auch müssen wir Gott unseren äußeren Besitz weihen. Das geschieht durch Almosengeben: „Wohlzutun und mitzuteilen vergesset nicht, denn solche Opfer gefallen Gott" (*Hebr* 13,16). Und zwar sollen wir am Feste doppelt soviel geben als an anderen Tagen; denn es ist der Tag gemeinsamer Freude. […]

1233. – b) Wir müssen uns ferner am Festtag dem Gotteswort öffnen: […] Die Christen […] sollen an den Festtagen zur Predigt und zum kirchlichen Gottesdienst zusammenkommen: „Wer aus Gott ist, der hört Gottes Wort" (*Joh* 8,47). […]

Gottes Wort belehrt den Unwissenden; es ist „eine Leuchte meinen Füßen" (*Ps* 119 (118),105); es feuert von neuem an, wenn wir lässig zu werden beginnen. […]

1234. – c) Endlich sollen wir uns an Festtagen dem Umgang mit Gott hingeben. Das tun die Vollkommenen. „Tut euch auf und schaut, wie süß der Herr ist" (*Ps* 34 [33],9). Das aber um der Ruhe der Seele willen. Denn wie der Körper, wenn er ermüdet ist, nach Ruhe verlangt, so auch die Seele. Die Ruhe der Seele aber ist Gott: „Sei mir, o Herr, ein Beschützer und eine Zufluchtstätte" (*Ps* 31 [30],3). […]

1235. – Bevor aber die Seele zu dieser Ruhe gelangt, muß sie vorher eine dreifache Ruhe durchschreiten: die Ruhe von der Unrast der Sünde: „Das Herz des Gottlosen ist wie ein tobend Meer, das nicht zur Ruhe kommen kann" (*Jes* 57,20); die Ruhe vor den sinnlichen Leidenschaften, denn „das Fleisch begehrt auf wider den Geist, der Geist aber gegen das Fleisch" (*Gal* 5,17); endlich die Ruhe vor den Beschäftigungen mit der Welt. […] Dann erst, nach dieser dreifachen Ruhe, wird die Seele befreit in Gott ruhen. […]

1236. – Propterea sancti omnia dimiserunt; quia haec est pretiosa margarita, quam qui invenit homo abscondit, et prae gaudio illius vadit, et vendit universa quae habet, et emit eam, ut dicitur *Matth.* XIII [45sq.]. Haec enim requies vita aeterna, et delectatio aeterna est. *Psal.* CXXXI,14: "Haec requies mea in saeculum saeculi: hic habitabo, quoniam elegi eam": ad quam nos perducat.

1236. - Deshalb verließen die Heiligen alles, weil die Ruhe in Gott „die kostbare Perle ist, die der Mensch, der sie findet, verbirgt und vor Freude an ihr hingeht, all seinen Besitz veräußert und sie kauft" (*Mt* 13,45f). Diese Ruhe ist das Ewige Leben, das ewige Ergötzen. „Das ist meine Ruhe für ewig - hier will ich wohnen, denn ich habe sie erkoren" (*Ps* 132 [131],14). Zu ihr führe uns der Herr Jesus Christus.

6. De quarto praecepto legis

<XVIII Quartum praeceptum>

"Honora patrem tuum et matrem tuam, ut sis longaevus super terram quam Dominus Deus tuus dabit tibi." (Exod. XX,12)

1237. - Perfectio hominis consistit in dilectione Dei et proximi. Et ad dilectionem Dei pertinent tria praecepta quae scripta fuerunt in prima tabula; ad dilectionem vero proximi septem quae sunt in secunda tabula.

Sed, sicut dicitur I *Ioan*. III [18], non debemus diligere verbo neque lingua, sed opere et veritate. Homo enim sic diligens debet duo facere: scilicet fugere malum, et facere bonum. Unde quaedam sunt in praeceptis inducentia ad bonum, alia autem sunt prohibentia facere malum.

1238. - Et sciendum, quod cavere a malo faciendo est in potentia nostra; sed facere cuilibet bonum non possumus: et ideo dicit beatus Augustinus, quod nos omnes debemus diligere, sed non omnibus tenemur benefacere[1] Sed inter omnes debemus benefacere coniunctis nobis: quia, "si quis suorum, et maxime domesticorum, curam non habet, infidelis est", I *ad Tim*. V,8. Inter omnes autem propinquos sunt nobis propinquiores pater et mater; et ideo dicit Ambrosius: "Primo debemus diligere Deum; secundo patrem et matrem"[2]; et hoc est quod dicit: "Honora patrem tuum et matrem tuam". [...]

1239. - Dant autem parentes filio tria.

Primo stabilimentum quoad esse. *Eccli*. VII,29: "Honora patrem tuum, et gemitus matris tuae non obliviscaris. Memento quoniam nisi per illos natus non fuisses".

Secundo nutrimentum sive fulcimentum quoad necessaria vitae. Nudus enim intrat filius in hunc mundum, ut dicitur *Iob* I [21], sed a parentibus sustentatur.

Tertio documentum. *Hebr*. XII,9: "Patres quidem carnis nostrae eruditores habuimus". [...]

---

[1] Vgl. Augustinus, *De doctrina christiana* I 28 (CCL 32,22,1-15).

[2] Ambrosius, *Expositio Evangelii super Lucam* VII 136 (CSEL 32.4,342,3-17); VIII 74 (CSEL 32.4,429,8-11).

6. Das vierte Gebot des Gesetzes

<XVIII Das vierte Gebot>

„Ehre deinen Vater und deine Mutter, damit du lange lebst, und es dir wohl ergehe auf Erden." (Ex 20,12)

1237. – Die Vollkommenheit des Menschen besteht in der Liebe zu Gott und zum Nächsten. Auf die Liebe zu Gott beziehen sich die drei Gebote, die in die erste Tafel eingehauen waren. Auf die Nächstenliebe aber die sieben Gebote, die auf der zweiten Tafel standen.

„Nicht nur mit dem Worte oder mit der Zunge sollen wir lieben, sondern durch die Tat und in Wahrheit" (1 *Joh* 3,18). Der Mensch, der so liebt, muß ein zweifaches tun: das Böse fliehen und das Gute tun. Daher gebietet ein Teil dieser (sieben) Gebote, etwas Gutes zu tun, ein anderer verbietet, etwas Böses zu tun.

1238. – Nun liegt es in unserer Macht, uns vom Bösen fernzuhalten: wir können aber nicht jedem Gutes tun. Daher sagt der hl. Augustinus, daß wir alle zu lieben verpflichtet, aber nicht gehalten sind, allen Gutes zu tun. Vor allen anderen müssen wir denen Gutes tun, die uns näherstehen, denn „wenn jemand für die Seinigen und besonders für seine Hausgenossen keine Sorge trägt, der hat den Glauben verleugnet und ist ärger als ein Ungläubiger (*1Tim* 5,8). Unter allen Verwandten aber sind uns die Nächsten Vater und Mutter; deswegen sagt Ambrosius: „Zuerst müssen wir Gott lieben, dann Vater und Mutter." Das sagen die Worte: „Ehre deinen Vater und deine Mutter." [...]

1239. – Die Eltern geben dem Kinde ein Dreifaches.

Erstens das Dasein. „Ehre deinen Vater, und vergiß nicht die Seufzer deiner Mutter, und bedenke, daß du ohne sie nicht geboren wärest" (*Sir* 7,29).

Zweitens die Nahrung und alles Lebensnotwendige. „Denn nackt tritt das Kind in diese Welt ein" (*Ijob* 1,21), von den Eltern aber wird es unterhalten.

Drittens Unterweisung. „Unsere leiblichen Eltern hatten wir zu Zuchtmeistern und erweisen ihnen Ehrfurcht (*Hebr* 12,9). [...]

1241. – Igitur filii a parentibus habent esse, nutrimentum et disciplinam. Et quia esse habemus ab eis, debemus magis revereri quam dominos, a quibus solum res, praeterquam Deum, a quo habemus animam. *Eccli.* III,8-10: "Qui timet Dominum, honorat parentes, et quasi dominis serviet his qui se genuerunt, in opere et sermone, et omni patientia. Honora patrem tuum et matrem tuam, ut superveniat tibi benedictio a Deo".

Et in hoc etiam honoras teipsum: quia, sicut dicitur *Eccli.* III,13, "gloria hominis ex honore patris sui, et dedecus filii pater sine honore".

1242. – Item quia dant nobis nutrimentum in pueritia, et nos debemus eis dare in senectute. *Eccli.* III,14-15: "Fili, suscipe senectam patris tui, et non contristes eum in vita illius; et si defecerit sensu, veniam da; et ne spernas eum in tua virtute. Quam malae famae est qui derelinquit patrem. Et est maledictus a Deo qui exasperat matrem".

1243. – Item tertio quia docuerunt nos, debemus eis obedire. *Coloss.* III,20: "Filii obedite parentibus vestris per omnia", nisi scilicet in his quae sunt contra Deum. Hieronymus, ad Heliodorum: "Solum pietatis genus in hac re esse crudelem"[3]. [...] Deus enim verior pater est. *Deut.* XXXII,6: "Nunquid non ipse est pater tuus, qui possedit et fecit et creavit te?"

<XIX De eodem>

1244. – "Honora patrem tuum et matrem tuam" etc. - Inter omnia praecepta huic tantum adiungitur: "ut sis longaevus super terram". Et ratio huius est, ne credatur non deberi praemium honorantibus parentes, quia est naturale.

1245. – Sed sciendum, quod honorantibus parentes quinque desiderabilia promittuntur.

a) Et primum est gratia in praesenti, et gloria in futuro, [...] Contrarium debetur maledicentibus; et etiam in lege maledicuntur a Deo, [...]

---

[3] Vgl. Hieronymus, *Epistula* 14,2 (CSEL 54,47,3-4).

1241. – Die Kinder haben also von den Eltern das Dasein, die Nahrung und die Erziehung. Weil wir von ihnen das Dasein haben, muß unsere Ehrfurcht gegen sie größer sein als gegen die, von denen wir nur äußere Güter empfangen. Höchste Ehrfurcht aber gebührt Gott, denn er gab uns unsere Seele. „Wer den Herrn fürchtet, ehrt seine Eltern und dient denen als seinen Gebietern, die ihn erzeugt haben. Mit Wort und Tat und in aller Geduld ehre deinen Vater und deine Mutter, damit dir Segen komme von Gott“ (*Sir* 3,8ff).

Dadurch ehrst du auch dich selbst; denn: „Eines Menschen Ehre besteht in der Ehre seines Vaters, und ein ehrloser Vater ist Schande dem Sohne“ (*Sir* 3,13).

1242. – Wie die Eltern uns in unserer Kindheit nährten, so müssen wir sie in ihrem Alter ernähren. „Mein Kind, nimm dich deines Vaters im Alter an und betrübe ihn nicht, solange er lebt, und wenn seine Sinne abnehmen, so halte es ihm zugute und verachte ihn nicht in deiner Kraft. Welch bösen Namen macht sich der, der seinen Vater verläßt, und verflucht ist von Gott, der seine Mutter erbittert“ (*Sir* 3,14f).

1243. – Endlich schulden wir ihnen Gehorsam, weil sie uns belehrt haben. „Kinder, gehorcht euren Eltern in allem“ (*Kol* 3,20), es müßte denn sein, sie befehlen, was dem Gesetze Gottes zuwider ist. In einem solchen Fall „ist es nur Ausdruck der Kindesliebe, unerbittlich zu sein“, sagt Hieronymus. [...] Denn Gott ist in einem eigentlicheren Sinne unser Vater: „Ist nicht der dein Vater, der dich zu eigen hat, der dich gemacht und geschaffen hat?“ (*Deut* 32,6)

<XIX Über dasselbe Thema>

1244. – „Ehre deinen Vater und deine Mutter“ usw. - Von allen Geboten hat nur das vierte Gebot den Zusatz: „auf daß du lange lebst auf Erden“. Das geschieht, um den Anschein zu vermeiden, als würde die Ehrung der Eltern nicht belohnt, weil sie naturhaft ist.

1245. – Man muß aber bedenken, daß den Kindern, die ihre Eltern ehren, begehrenswerte Dinge versprochen werden.

a) Zunächst Gnade in diesem Leben und Herrlichkeit im zukünftigen. [...] Das Gegenteil gebührt denen, die ihre Eltern schmähen; sie werden auch im Gesetz von Gott verflucht. [...].

Sed vita naturalis quasi nihil est in comparatione ad vitam gratiae. Si ergo non recognoscis beneficium vitae naturalis quam habes a parentibus, indignus es vita gratiae quae maior est, et per consequens vita gloriae, quae maxima est. [...]

1249. - c) Tertium est habere filios sibi gratos et acceptos. Naturaliter enim pater thesaurizat filiis, sed non e converso. *Eccli.* III,6: "Qui honorat patrem suum, iucundabitur in filiis". *Matth.* VII,2: "In qua mensura mensi fueritis, remetietur vobis." [...]

1251. - e) Quintum est habere divitias. *Eccli.* III,11: "Benedictio patris firmat domos filiorum; maledictio autem matris eradicat fundamenta".

<De eodem>

1252. - "Honora patrem tuum et matrem tuam". - Notandum, quod non solum dicitur aliquis pater ratione carnalis generationis; sed quibusdam aliis rationibus aliqui dicuntur patres, et cuilibet eorum debetur aliqua reverentia.

Dicuntur enim patres apostoli et alii sancti per doctrinam et exemplum fidei. Apostolus, I *Cor.* IV,15: "Nam si decem millia paedagogorum habeatis in Christo, sed non multos patres: nam in Christo Iesu per Evangelium ego vos genui". [...] [L]audemus autem non ore, sed imitatione. Et hoc fit, si non invenitur in nobis contrarium eius quod laudamus. *Hebr.* XIII,7: "Mementote praepositorum vestrorum [...] quorum intuentes exitum conversationis, imitamini fidem". [...]

1254. - Item reges et principes, [...] qui dicuntur patres, quia debent intendere bonum populi. Et istos honoramus per subiectionem: *Rom.* XIII,1: "Omnis anima potestatibus sublimioribus subdita sit". Et hoc non solum timore, sed amore; nec solum propter rationem, sed etiam propter conscientiam. Et ratio huius est, quia, secundum Apostolum *ibidem* [XIII,5], "omnis potestas a Deo est";

Das natürliche Leben ist sozusagen ein Nichts im Vergleich zum Leben der Gnade. Wenn du also das Geschenk des natürlichen Lebens, das du von deinen Eltern hast, nicht dankbar anerkennst, dann bist du unwürdig des Lebens der Gnade, das ein höheres Leben ist und folglich auch dessen, welches das höchste Leben ist. […]*

1249. – c) Ferner sind denen, die ihre Eltern ehren, dankbare Kinder versprochen, an denen sie Freude haben. „Wer seinen Vater ehrt, wird Freude an seinen Kindern haben" (*Sir* 3,5). „Mit demselben Maße, womit ihr ausmesset, wird euch wieder eingemessen werden" (*Mt* 7,2). […]**

1251. – e) Schließlich Wohlergehen: „Der Segen des Vaters befestigt die Häuser der Kinder; aber der Fluch der Mutter zerstört sie von Grund auf" (*Sir* 3,11).

<XX Über dasselbe Thema>

1252. – „Ehre deinen Vater und deine Mutter" usw. – Der Name Vater kommt jemandem nicht nur wegen der leiblichen Zeugung zu, denn es gibt noch solche, die aus anderen Gründen Vater genannt werden. Und auch ihnen gebührt eine bestimmte Ehrfurcht.

Die Apostel und andere Heilige werden wegen ihrer Lehre und ihres Glaubensbeispiels Väter genannt. „Denn wenn ihr auch zehntausend Lehrmeister hättet in Christus, so habt ihr doch nicht viele Väter; denn in Christus Jesus habe ich euch durch die Frohbotschaft gezeugt" (1 *Kor* 4,15). [...] Wir loben sie aber nicht mit dem Munde allein, sondern durch Nachfolge, auf daß wir nicht das Gegenteil von dem sind, was wir loben. „Gedenkt eurer Vorsteher, [....] seht auf den Ausgang ihres Wandels und ahmet ihren Glauben nach." (*Hebr* 13,7). […]

1254. – Auch die Könige und Fürsten sind Väter, [...] weil sie für das Wohl des Volkes sorgen müssen. Sie ehren wir durch Unterordnung. „Jeder sei der obrigkeitlichen Gewalt untertan" (*Röm* 13,1) – nicht bloß aus Furcht, sondern aus Liebe, nicht bloß aus Vernunftgründen, sondern auch um des Gewissens willen. Und das deshalb, weil nach dem Apostel „jede Gewalt von Gott ist" (*Röm* 13,5).

* Als zweite Verheißung nennt Thomas langes Leben (n. 1246-1248).

** Als vierte Verheißung nennt Thomas Ansehen und Ruhm (n. 1250).

et ideo reddendum est debitum; quia “cui tributum, tributum; cui vectigal, vectigal; cui timorem, timorem; cui honorem, honorem”, *Rom*. XIII,7. [...]

1256. – Item aetate. [...] *Lev*. XIX,32: “Coram cano capite consurge, et honora personam senis”. [...]

Jedem müssen wir deshalb das Schuldige geben, „Steuer, wem Steuer; Zoll, wem Zoll; Ehrfurcht, wem Ehrfurcht; Ehre, wem Ehre gebührt" (*Röm* 13,7). [...]

1256. - Dasselbe gilt vom Alter: [...] „Vor einem grauen Haupte sollst du aufstehen und den Greis ehren" (*Lev* 19,32). [...]

7. De quinto praecepto legis

<XXI Quintum praeceptum>

"Non occides." (Exod. XX,13)

1258. – In lege divina, per quam ordinamur ad dilectionem Dei et proximi, praecipitur non solum facere bonum, sed etiam declinare a malo. Inter alia autem maius malum quod possit fieri proximo, est occidere eum; et hoc prohibetur cum dicitur, "Non occides".

1259. – [...] Quidam enim dixerunt, quod non licet occidere etiam bruta animalia.[1]

Sed hoc falsum est, quia non est peccatum uti illis quae sunt subdita hominis potestati. Est etiam naturalis ordo quod plantae sint in nutrimentum animalium, et quaedam animalia in nutrimentum aliorum, et omnia in nutrimentum hominum. *Gen.* IX,3: "Quasi olera virentia tradidi vobis omnia". [...] Ergo, non occides homines.

1260. – Quidam dixerunt hic prohibitum esse homicidium hominis omnino. Unde homicidas dicunt esse iudices saeculares, qui condemnant secundum leges aliquos.

Contra quos dicit Augustinus, quod Deus per hoc praeceptum non abstulit sibi potestatem occidendi:[2] unde *Deut.* XXXII,39: "Ego occidam, et vivere faciam". Est ergo licitum illis qui mandato Dei occidunt, quia tunc Deus facit. Omnis enim lex mandatum Dei est. *Prov.* VIII,15: "Per me reges regnant, et legum conditores iusta decernunt". Et Apostolus, *Rom.* XIII,4: "Si malum feceris, time: non enim sine causa gladium portat, Dei enim minister est". [...] Est ergo sensus: "Non occides" propria auctoritate.

---

[1] Nach Augustinus handelt es sich um die Manichäer: vgl. *Contra Faustum* VI 6.8 (CSEL 25,292,7-294,13; 296,3-299,21); *De civitate Dei* I 20 (CCL 47,22,1-23,41 40,37ff.); nach Epiphanius um die Markioniten: vgl. *Panarium* XLII 24 (PG 41,739-742).

[2] Vgl. Augustinus, *De civitate Dei* I 21 (CCL 40,23,1-21).

7. Das fünfte Gebot des Gesetzes

<XXI Das fünfte Gebot>

„Du sollst nicht töten." (Ex 20,13)

1258. – Im göttlichen Gesetze, durch das wir in die rechte Ordnung zur Gottes- und Nächstenliebe gesetzt werden, wird uns geboten, nicht nur das Gute zu tun, sondern auch das Böse zu meiden. Das Schlimmste aber, das wir dem Nächsten antun können, ist, ihn zu töten. Das eben verbietet das Gebot: „Du sollst nicht töten."

1259. – [...] Einige haben behauptet, auch vernunftlose Tiere dürfe man nicht töten.

Das ist nicht richtig. Es ist keine Sünde, von dem, was der Gewalt des Menschen unterworfen ist, Gebrauch zu machen. Auch liegt es in der Ordnung der Natur, daß die Pflanzen den Tieren zur Nahrung dienen; einige Tiere wieder anderen und beide, Pflanzen und Tiere, dem Menschen. „Alles, was sich regt und lebt, sei euch zur Speise, wie das grüne Kraut gebe ich euch alles" (*Gen* 9,3). [...] Menschen also darf man nicht töten.

1260. – Nun haben einige behauptet, durch dieses Gebot sei jede Tötung eines Menschen unbedingt verboten, und es seien daher auch die weltlichen Richter, welche andere dem Gesetze gemäß zum Tode verurteilen, wirkliche Mörder.

Gegen diese erklärt der heilige Augustinus, daß Gott durch dieses Gebot sich selbst die Gewalt zu töten nicht genommen habe: „Ich bin es, der tötet und lebendig macht" (*Dtn* 32,39). Denen, die auf göttlichen Auftrag hin töten, ist die Tötung erlaubt, weil durch sie Gott handelt. Denn jedes gültige Gesetz muß auf göttlichem Auftrag beruhen. „Durch mich regieren die Könige und verordnen die Gesetzgeber, was recht ist" (*Spr* 8,15); „Wenn du aber Böses tust, so fürchte sie [die obrigkeitliche Gewalt], denn sie trägt das Schwert nicht umsonst, denn sie ist Gottes Dienerin" (*Röm* 13,4). [...] Es ist also der Sinn dieses Gebotes: Du sollst nicht eigenmächtig töten.

1261. – Alii vero dixerunt, quod per hoc quod dicitur, "Non occides", prohibetur non occidere alium; unde dicebant, quod licitum erat occidere seipsum.[3] [...]

Sed ad hoc respondet Augustinus *ibidem*, dicens: "Qui se occidit, hominem utique occidit."[4] Si ergo hominem non licet occidere, nisi auctoritate Dei: ergo nec seipsum [...]

<XXII De eodem>

1262. – "Non occides." - Sciendum est etiam, quod hominem occidere contingit multipliciter.

Primo manu. *Isai.* I,15: "Manus vestrae sanguine plenae sunt": quod quidem est non solum contra caritatem qua praecipitur ut diligas proximum sicut teipsum: I *Ioan.* III,15: "Omnis homicida non habet vitam aeternam in se manentem"; verum etiam contra naturam: quia, ut dicitur *Eccli.* XIII,19, "Omne animal diligit sibi simile". [...]

Item ore. Et hoc fit dando consilium alicui contra aliquem, provocando, accusando et detrahendo. *Psal.* LVI,5: "Filii hominum, dentes eorum arma et sagittae, et lingua eorum gladius acutus".

Tertio adiutorio. *Prov.* I,15: "Fili mi, ne ambules cum eis [...] pedes enim illorum ad malum currunt, et festinant ut effundant sanguinem".

Item consensu. *Rom.* I,32: "Digni sunt morte non solum qui ea faciunt, sed etiam qui consentiunt facientibus".

[...] [E]t iterum si vires suppetunt, sed dimittis negligentia vel avaritia. Ambrosius: "Pasce fame morientem: si non paveris, occidisti".[5]

1263. – Et sciendum, quod aliqui occidunt solum corpus, de quo dictum est; alii animam, auferendo vitam gratiae, trahendo scilicet ad peccatum mortale. *Ioan.* VIII,44: "Ille homicida erat ab initio", inquantum scilicet traxit ad peccatum.

---

[3] Vgl. *Ri* 16,30; Augustinus, *De civitate Dei* I 23 und 26 (CCL 47,24,1-25,24 und 26,1-27,36)mit Verweis auf Cato; ferner Cicero, *Tusculanae disputationes* I 30,74 (ed. Pohlenz,255,1-11); *De officiis* I 31, n. 112 (ed. Büchner, 96/97); Ambrosius, *De virginiuis* III 7 (PL 16,229-232); Eusebius, *Historia ecclesiastica* VIII 12 (SC 55,25-26).

[4] Vgl. Augustinus, *De civitate Dei* I 20 (CCL 47,23,40f.).

[5] Vgl. vielmehr Leo der Große, *Sermo* IV 2 (PL 54,491A).

1261. – Andere behaupteten, daß durch die Worte: „Du sollst nicht töten" nur verboten werde, einen anderen zu töten; und sie behaupteten deshalb, sich selbst zu töten sei erlaubt. [...]

Hierauf antwortet Augustinus: „Wer sich selbst tötet, tötet doch gewiß einen Menschen." Wenn es aber nicht erlaubt ist, einen Menschen zu töten – es sei denn aus göttlicher Vollmacht – dann darf man auch sich selbst nicht töten. [...]

<XXII Über dasselbe Thema>

1262. – „Du sollst nicht töten." - Es ist zu beachten, daß ein Mensch auf vielfache Weise getötet werden kann.

Zunächst durch handgreifliche Gewalt. „Eure Hände sind voller Blut" (*Jes* 1,15). Das ist nicht nur gegen die Liebe, die den Nächsten wie sich selbst zu lieben gebietet – „Kein Mörder hat das Ewige Leben bleibend in sich" (1 *Joh* 3,15) -, sondern auch gegen die Natur, denn „jedes Lebewesen liebt seinesgleichen" (*Sir* 13,19). [...]

Dann mit dem Munde: durch Anstiftung. „Der Menschenkinder Zähne sind Waffen und Pfeile, und ihre Zunge ist ein scharfes Schwert" (*Ps* 57 [56],5).

Weiter durch Beihilfe: „Mein Sohn, wenn dich die Sünder locken, folge ihnen nicht. [...] Denn ihre Füße laufen zum Bösen; und sie eilen, Blut zu vergießen" (*Spr* 1,15).

Auch durch Billigung: „Todeswürdig sind nicht nur die, die das tun, sondern auch die, die den Tätern zustimmen" (*Röm* 1,32).

[...] Endlich durch Geiz. Ambrosius sagt: „Speise den vor Hunger Sterbenden, wenn du ihn aber nicht speisest, hast du ihn gemordet."

1263. – Die einen töten nur den Leib; davon ist gesprochen. Andere töten die Seele, wenn sie zur Todsünde verleiten, und so das Leben der Gnade rauben. Der Teufel „war ein Mörder von Anbeginn" (*Joh* 8,44), weil er den Menschen in die Sünde riß.

Alii autem utrumque, et hoc dupliciter. Primo in destructione praegnantium: occiduntur enim pueri in corpore et in anima. Secundo interficiendo seipsum.

<XXIII De eodem>

1264. – "Non occides." - Christus dat in Evangelio, *Matth.* V [21sq.], quandam doctrinam, quae est, quod iustitia nostra debet esse maior iustitia legis. [...]

1266. – Debet autem quilibet [...] ab ira cavere.

A) Primo ne cito provocetur. *Iac.* I,19: "Sit omnis homo velox ad audiendum, tardus autem ad loquendum, et tardus ad iram".

Et ratio est, a) quia ira peccatum est, et punitur a Deo.

1267. – Sed nunquid omnis ira est contraria virtuti? Circa hoc duplex est opinio. Stoici enim dixerunt, quod nulla passio cadit in sapientem; immo volebant quod vera virtus esset in quiete mentis.[6] Peripatetici autem dixerunt, quod ira cadit in sapientem, sed moderata:[7] et est opinio verior.

Et patet primo auctoritate, quia in Evangeliis invenimus istas passiones Christo attributas, in quo fuit fontalis plenitudo sapientiae.

Secundo patet ratione: nam si omnes passiones virtuti contrarientur, essent aliquae potentiae animae quae essent frustra, immo quae essent homini in nocumentum, quia non haberent aliquos actus convenientes. [...]

1268. – Et ideo dicendum est, quod aliquando ira est virtus, aliquando non. Accipitur enim ira tripliciter.

Primo prout est in solo iudicio rationis absque commotione animi; et ista non dicitur proprie ira, sed iudicium. Sic enim Dominus puniens malos, iratus dicitur. [...]

Secundo accipitur prout est passio. Et ista est in appetitu sensitivo. Et est duplex: quia aliquando ordinatur ratione et continetur sub terminis rationis, quando scilicet quis irascitur quando debet et quantum debet et pro quo debet, et huiusmodi: et tunc est actus virtutis, et dicitur ira per zelum.

---

[6] Vgl. Augustinus, *De civitate Dei* IX 4 (CSEL 40,410f.); Cicero, *Tusculanae disputationes* IV 15,34-17,38 (ed. Pohlenz, 377,22-380,11).

[7] Vgl. Augustinus, *ebd.*; Cicero, *Tusculanae disputationes* IV 17,38-18,42 (ed. Pohlenz, 380,2-381,24).

Wieder andere aber töten Leib und Seele durch den Mord des Kindes im Mutterschoße und durch Selbstmord.

<XXIII Über dassebe Thema>

1264. – „Du sollst nicht töten." - Christus lehrt im Evangelium, daß unsere Gerechtigkeit größer sein müsse, als die der Pharisäer und Schriftgelehrten. (*Mt* 5,21f.). [...]

1266. – Jeder muß sich also [...] vor dem Zorn hüten.

A) Zunächst dürfen wir uns nicht schnell zum Zorn hinreißen lassen. „Jeder sei schnell zum Hören, aber langsam zum Reden und langsam zum Zorne" (*Jak* 1,19).

a) Denn der Zorn ist Sünde und wird von Gott bestraft.

1267. – Ist denn aber jeder Zorn der Tugend entgegen? Darüber gibt es zwei Meinungen: Die Stoiker lehrten, den Weisen dürfe keine Leidenschaft befallen; denn die wirkliche Tugend bestehe in der Ruhe des Geistes. Die Aristoteliker dagegen lehrten, der Weise dürfe wohl zornig sein, aber es müsse ein maßvoller Zorn sein. Diese Auffassung ist die richtigere.

Das zeigt das Evangelium, worin wir solche Leidenschaften Christus, der quellhaften Fülle der Weisheit, zugesprochen finden.

Das lehrt auch die Vernunft; denn wenn alle Leidenschaften der Tugend widersprächen, dann gäbe es Anlagen der Seele, die sinnlos, ja: dem Menschen schädlich wären, weil sie nicht verwirklicht werden dürften. [...]

1268. – Das Wort Zorn kann auf dreifache Weise verstanden werden.

Erstens kann es lediglich ein Urteil der Vernunft ohne Erregung des Gemütes bedeuten; dann ist es kein wirklicher Zorn, sondern eben ein Vernunfturteil. So wird der Herr, wenn er Böse bestraft, zornig genannt. [...]

Zweitens wird darunter eine Leidenschaft verstanden, und dann besteht der Zorn in einem sinnenhaften Begehren. Wird diese Leidenschaft durch die Vernunft gelenkt und in den Grenzen der Vernunft gehalten, dann ist dieser Zorn ein Akt der Tugend und heißt zürnender Eifer.

Unde Philosophus dicit, quod mansuetudo non est nullo modo irasci.[8] Ista ergo ira non est peccatum.

1269. – Est et tertia ira quae refugit iudicium rationis: et ista semper est peccatum; sed aliquando veniale, aliquando est mortale: et hoc distinguitur ex eo quod ad iram incitat. [...]

1271. – b) Secunda ratio quare debemus non provocari cito ad iram, est quia omnis homo diligit libertatem et odit servitutem. Non est autem iracundus dominus sui ipsius. [...]

1272. – B) Secundo cavere debet ne diu in ira permaneat. [...] *Ephes.* IV,26: "Sol non occidat super iracundiam vestram". [...]

1273. – C) Tertio cavere debet ne in ira procedat. Primo in corde, quod fit quando pervenit ad odium. Est enim differentia inter iram et odium, quia ira subita est, odium vero diuturnum; et ideo est mortale peccatum. I *Ioan.* III,15: "Qui odit fratrem suum, homicida est". Et ratio huius est, quia et se interficit spoliando se caritate, et alium. Augustinus, in regula: "Lites aut nullas habeatis, aut quam celerrime finiatis, ne ira crescat in odium, et trabem faciat de festuca, et animam faciat homicidam."[9] [...]

1274. – D) [...] *Prov.* XII,16: "Fatuus statim indicat iram suam". [...]

1275. – E) Quinto cavere debet ne procedat in opere. In omni enim opere nostro duo debemus observare, scilicet facere iustitiam et misericordiam. Et ira utrumque impedit [...] Unde philosophus quidam dixit cuidam qui eum offenderat: "Punirem te, nisi essem iratus".[10] [...]

1276. – Et propter hoc Christus non solum docuit nos cavere ab homicidio, sed ab ira. [...]

---

[8] Vgl. Aristoteles, *Nikomachische Ethik* IV 13 (1125b26-35).

[9] Vgl. *Regula S. Augustini* n. 10 (ed. Verheijen 63,193-195); vgl. Augustinus, *Epistula* 211,14 (CSEL 57,368,11ff.).

[10] Vgl. Valerius Maximus, *Facta et dicta memorabilia* IV 1,1 (ed. Briscoe, 694,76f.), der auf Archytas hinweist, den Thomas selbst in *Q. de malo* 12,1 arg. 15 anführt. ferner Cicero, *Tusculanae disputationes* IV 36,78 (ed. Pohlenz, 400,17-26).

Sanftmut bedeutet nicht, in keiner Weise zu zürnen. Ein solcher Zorn ist also nicht sündhaft.

1269. – Es gibt noch eine dritte Art Zorn, die sich vor dem Vernunfturteil verbirgt. Dieser Zorn ist immer Sünde, läßliche oder schwere Sünde, je nachdem, was den Zorn hervorruft. […]

1271. – b) [Der zweite Grund, warum wir uns nicht schnell zum Zorn reizen lassen dürfen, ist, daß jeder Menscht die Freiheit liebt und die Knechtschaft haßt.] Der Zornige aber ist nicht Herr über sich selbst. […]

1272. – B) Er hüte sich aber, lange im Zorne zu verharren: [...] „Die Sonne soll über eurem Zorn nicht untergehen" (*Eph* 4,26). […]

1273. – C) [Drittens muß er sich hüten], daß der Zorn in seinem Herzen nicht weiter fresse und so zum Haß werde. Denn es ist ein Unterschied zwischen Zorn und Haß. Der Zorn wallt nur augenblicklich auf, der Haß aber hat Dauer. Deshalb ist der Haß Todsünde: „Wer seinen Bruder haßt, ist ein Mörder" (1 *Joh* 3,15). Das heißt: Wer haßt, tötet sich selbst, da er sich der Liebe beraubt, und (leicht auch) den Mitmenschen. Augustinus sagt: „Habt keine Streitigkeit miteinander oder schlichtet sie so schnell wie möglich, daß sich der Zorn nicht zum Haß auswachse und so aus einem Splitter einen Balken und die Seele zur Mörderin mache." […]

1274. – D) […] „Eine sanfte Antwort bricht den Zorn, ein hartes Wort weckt den Grimm" (*Spr* 12,16). [...]

1275. – E) Endlich aber hüte sich der Zornige, daß sein Zorn nicht tätlich werde. Bei allem nämlich, was wir tun, müssen wir ein Zweifaches beobachten, die Gerechtigkeit und die Barmherzigkeit. Der Zorn aber verhindert beides. […] Daher sagte ein Weiser zu jemandem, der ihn beleidigt hatte: „Ich würde dich bestrafen, wenn ich nicht zornig wäre." […]

1276. – Und deshalb hat uns Christus gelehrt, uns nicht nur vor dem Mord zu hüten, sondern auch vor dem Zorn. […]

8. De sexto praecepto legis

<XXIV Sextum praeceptum>

"Non moechaberis." (Exod. XX,14)

1277. – Post prohibitionem homicidii prohibetur adulterium; et congrue, quia vir et uxor sunt quasi unum corpus. "Erunt", inquit Dominus, *Gen.* II,24, "duo in carne una". Et ideo post iniuriam quae infertur personae, nulla maior est quam illa quae infertur coniunctae.

Prohibetur autem adulterium uxori, et viro. [...]

1278. – [...] Primo ergo peccat per incredulitatem, quia legi incredibilis fit: Dominus enim prohibuit adulterium. Item facit contra Dei ordinationem, *Matth.* XIX,6: "Quos Deus coniunxit, homo non separet". Item contra Ecclesiae statuta, vel sacramentum. Fit enim matrimonium in facie Ecclesiae; et ideo adducitur Deus quasi in testem et fideiussorem de servanda fide. [...]

1282. – [...] I *Petr.* III,7: "Viri similiter cohabitantes secundum scientiam, quasi infirmiori vasculo muliebri impartientes honorem". [...]

<XXV De eodem>

1284. – "Non moechaberis". - Sicut dictum est, Deus tam viris quam mulieribus prohibuit adulterium. Sed sciendum, quod licet aliqui credant adulterium esse peccatum, tamen non credunt simplicem fornicationem esse peccatum mortale: contra quos apostolus, *Hebr.* XIII,4: "Fornicatores enim et adulteros iudicabit Deus"; I *Cor.* VI,9: "Nolite errare: neque fornicarii [...], neque adulteri, neque molles, neque masculorum concubitores regnum Dei possidebunt". A regno autem Dei non excluditur aliquis nisi per peccatum mortale. Ergo est peccatum mortale.

1285. – Sed forte dices: non est ratio quare sit peccatum mortale; cum non detur corpus uxoris, sicut in adulterio.

8. Das sechste Gebot des Gesetzes

<XXIV Das sechste Gebot>

„Du sollst nicht ehebrechen." (Ex 20,14)

1277. – Auf das Verbot des Mordes folgt das des Ehebruches, und das mit Fug. Denn Mann und Frau sind gleichsam ein Leib: „Sie werden zwei in einem Fleische sein" (*Gen* 2,24). Deshalb ist nach dem Vergehen gegen die einzelne Person, nach dem Mord, keines größer als das gegen die personale Verbindung der Ehegatten.

Der Ehebruch aber ist sowohl für den Mann wie für die Frau verboten. [...]

1278. – [...] Der Ehebrecher sündigt durch Treulosigkeit gegen das Gebot Gottes, denn der Herr hat den Ehebruch verboten. Er handelt gegen Gottes Anordnung: „Was Gott verbunden hat, das soll der Mensch nicht trennen" (*Mt* 19,6). Ebenso vergeht er sich an den Einrichtungen der Kirche, das heißt am Sakrament. Denn die Ehe wird im Angesicht der Kirche geschlossen, und deshalb wird Gott gleichsam als Zeuge und Bürge für die eheliche Treue herbeigerufen. [...]

1282. – [...] „Ihr Männer sollt mit euren Frauen als dem schwächeren Gefäß verständig umgehen und ihnen Achtung erweisen" (1 *Petr* 3,7). [...]

<XXV Über dasselbe Thema>

1284. – „Du sollst nicht ehebrechen". – Wie gesagt, hat also Gott sowohl den Männern wie den Frauen den Ehebruch verboten. Nun glauben manche zwar, daß der Ehebruch Sünde ist, sie halten aber einfache Unzucht nicht für Todsünde. Gegen sie sagt der Apostel: „Die Unzüchtigen und Ehebrecher wird der Herr richten" (*Hebr* 13,4). „Täuscht euch nicht! Weder Unzüchtige noch [...] noch Ehebrecher, noch Lüstlinge, Knabenschänder, [...] werden das Reich Gottes besitzen" (1 *Kor* 6,9f.). Vom Gottesreich wird aber niemand ausgeschlossen, es sei denn durch die Todsünde, also ist Unzucht Todsünde.

1285. – Aber da wendest du ein, es sei nicht einzusehen, warum sie Todsünde sei, da doch nicht ein Verheirateter sich hingebe wie beim Ehebruch.

Dico quod si non detur corpus uxoris, datur tamen corpus Christi, quod sibi datum fuit, et consecratum in Baptismo. Si ergo nullus debet facere iniuriam uxori, multo magis nec Christo. I *Cor*. VI,15: "Nescitis quoniam corpora vestra membra sunt Christi? Tollens ergo membra Christi, faciam membra meretricis? Absit". Est ergo haeresis dicere, fornicationem simplicem non esse peccatum mortale.

1286. - Et ideo sciendum, quod in isto praecepto, "Non moechaberis", prohibetur non solum adulterium, sed omnis carnalis corruptio, praeter eam quae est matrimonii.

1287. - Ulterius autem sciendum, quod alii dicunt commixtionem viri et uxoris non esse sine peccato; quod est haereticum. Apostolus, *Hebr*. XIII, 4: "Sit honorabile connubium in omnibus, et torus immaculatus". Talis autem coniunctio aliquando non solum sine peccato est, sed etiam est ad meritum vitae aeternae habentibus caritatem. [...]

Quando enim est cum intentione procreandae prolis, tunc est opus virtutis; quando autem cum intentione reddendi debitum, tunc est etiam opus iustitiae. [...]

1288. - [...] *Prov*. VI,32: "Qui adulter est, propter cordis inopiam perdet animam suam". Et dicit, "propter cordis inopiam", quod est quando caro dominatur spiritui. [...]

Ich antworte: Wenn auch nicht der Leib eines Gatten geschändet wird, so doch der Leib Christi. Denn unser Leib ist in der Taufe Christus zu eigen gegeben und geweiht worden. Wenn man sich daher am Ehegatten nicht vergehen darf, um wieviel mehr dann nicht an Christus. „Wißt ihr nicht, daß eure Leiber Glieder Christi sind; soll man nun die Glieder Christi nehmen und sie zu Gliedern einer Hure machen? Das sei ferne." (1 *Kor* 6,15). Es ist also eine falsche Lehre, zu behaupten, Unzucht sei keine Todsünde.

1286. - Mithin wird durch das Gebot „Du sollst nicht ehebrechen" nicht nur der Ehebruch verboten, sondern jeder Geschlechtsverkehr außerhalb der Ehe.

1287. - Darüber hinaus muß man wissen, daß andere behaupteten, es gäbe überhaupt keine Vereinigung von Mann und Frau ohne Sünde. Das ist Irrlehre. „Ehrbar sei die Ehe in allem und das Ehebett unbefleckt" (*Hebr* 13,4). Eine solche Verbindung kann nicht nur ohne Sünde sein, sondern sie ist denen, die die Liebe haben, ein Verdienst für das Ewige Leben. [...]

Wenn sie nämlich geschieht in der Absicht, Nachkommen zu erzeugen, dann ist sie ein Werk der Tugend, und wenn in der Absicht, dem Ehegatten die schuldige Pflicht zu leisten, dann ist sie ein Werk der Gerechtigkeit. [...]

1288. - [...] „Wer ein Ehebrecher ist, der bringt durch die Armut seines Herzens seine Seele ins Verderben" (*Spr* 6,32). Es heißt „durch die Armut des Herzens", denn Armut ist es, wenn das Fleisch über den Geist herrscht. [...]

9. De septimo praecepto legis

<Septimum praeceptum>

"Non furtum facies." (Exod. XX,15)

1289. - Dominus prohibuit principaliter in lege sua iniuriam proximi: et primo iniuriam in propriam personam, ibi, "Non occides"; secundo in persona coniuncta, ibi, "Non moechaberis"; tertio in rebus, hic, "Non furtum facies".

1290. - Et sciendum, quod in hoc praecepto prohibetur omne male ablatum. Committitur enim furtum multis modis.

Primo occulte accipiendo [...]: et hoc vituperabile est, quia est proditio quaedam. *Eccli.* V,17: "Super furem enim est confusio".

1291. - Secundo violenter auferendo: et haec est maior iniuria. *Iob* XXIV,9: "Vim fecerunt depraedantes pupillos". Inter istos sunt mali principes et reges. *Sophon.* III,3: "Principes eius in medio eius quasi leones rugientes". Isti enim faciunt contra intentionem Domini volentis iustum regnum, et dicentis, *Prov.* VIII,15: "Per me reges regnant, et legum conditores iusta decernunt". [...] *Isai.* X,1: "Vae qui condunt leges iniquas." [...]

1292. - Tertio mercedem non solvendo. *Lev.* XIX,13: "Non morabitur opus mercenarii tui apud te usque mane". Et hoc intelligitur quod homo cuilibet dare debet quod suum est [...] *Rom.* XIII,7: "Reddite ergo omnibus debita: cui tributum, tributum; cui vectigal, vectigal". [...]

1293. - Quarto fraudem in mercationibus committendo: unde dicitur *Deut.* XXV,13: "Non habebis in sacculo diversa pondera"; et *Lev.* XIX,35-36: "Nolite facere iniquum aliquid in iudicio, in regula, in pondere, in mensura. Statera iusta, et aequa sint pondera, iustus modius, aequusque sextarius." [...] In hoc etiam prohibetur usura. *Psal.* XIV,1: "Quis habitavit in tabernaculo tuo [...]" Et postea, 5: "Qui pecuniam suam non dedit ad usuram". [...]

9. Das siebte Gebot des Gesetzes

<Das siebte Gebot>

„Du sollst nicht stehlen." (Ex 20,15)

1289. – Der Herr hat in seinem Gesetz verboten, dem Nächsten Unrecht zu tun. Erstens dem Nächsten an seiner eigenen Person: „Du sollst nicht töten." Zweitens dem Nächsten in seiner personalen Verbindung, in der Ehe: „Du sollst nicht ehebrechen." Drittens dem Nächsten an seinem Eigentum: „Du sollst nicht stehlen."

1290. – Durch dieses Gebot wird verboten, etwas auf unrechtmäßige Weise fortzunehmen. Diebstahl nämlich kann auf mannigfache Weise begangen werden:

Durch heimliches Sichaneignen [...]. Das ist schändlich, denn es ist eine Art Verrat. „Auf den Dieb wartet Schande" (*Sir* 5,17).

1291. – Sodann durch gewaltsames Wegreißen; das ist ein schwereres Vergehen. „Sie taten den Waisen Gewalt an und beraubten sie und plünderten das arme Volk" (*Ijob* 24,9). Zu denen gehören auch die schlechten Fürsten und Könige. „Ihre Fürsten sind wie brüllende Löwen" (*Zef* 3,3). Denn sie handeln gegen die Absicht des Herrn, der gerechte Herrschaft will und sagt: „Durch mich herrschen die Könige und entscheiden die Gesetzgeber, was recht ist" (*Spr* 8,15). [...] „Weh denen, die das ungerechte Gesetz geben" (*Jes* 10,1). [...]

1292. – Ferner durch Nichtzahlung des Lohnes. „Du sollst deinem Nächsten kein Unrecht tun, noch ihn drücken durch eine Gewalttat. Der Lohn des Tagelöhners soll bei dir nicht bleiben bis zum nächsten Morgen" (*Lev* 19,13). Das bedeutet, daß wir jedem das Seine geben müssen. [...] „Gebet allen, was ihr ihnen schuldet: Steuer, wem Steuer; Zoll, wem Zoll gebührt" (*Röm* 13,7). [...]

1293. – Endlich durch Betrug in Handelsgeschäften. „Du sollst in deinem Sack nicht verschiedene Gewichte haben" (*Dtn* 25,13). „Ihr sollt kein Unrecht tun im Gericht, in der Elle, im Gewicht im Maße. Richtige Wange, richtige Gewichte, richtiger Scheffel und richtiges Maß" (*Lev* 19,35f.). [...] Durch dieses Gebot ist auch der Wucher verboten. „Herr, wer wird in deinem Zelte wohnen? [...] – Wer sein Geld nicht auf Wucher leiht" (*Ps* 15 [14],5). [...]

<XXVI De eodem>

1296. – "Non furtum facies". - Hoc praeceptum, sicut dictum est, prohibet omne male ablatum. Et debent nos inducere multae rationes ad hoc cavendum.

Prima sumitur ex gravitate. Assimilatur enim hoc peccatum homicidio. *Eccli.* XXXIV,25: "Panis egentium, vita pauperis est: qui defraudat illum, vir sanguinis est"; et iterum, *ibidem* 27: "Qui effundit sanguinem, et qui fraudem facit mercenario, fratres sunt".

1297. – Secunda ex periculi qualitate. Nullum enim peccatum est ita periculosum. Nullum enim peccatum remittitur sine satisfactione et poenitentia. De omnibus cito poenitet quis; sicut patet de homicidio, cessante ira; ita et de fornicatione, cessante passione concupiscentiae, et sic de aliis. De hoc autem peccato licet aliquando poeniteat quis, non tamen de facili satisfacit; et maxime cum non solum teneatur ad id quod accepit, sed etiam de damno quod fecit patrono ex hoc; et cum hoc etiam tenetur facere poenitentiam de peccato. [...]

<XXVI Über dasselbe Thema>

1296. – „Du sollst nicht stehlen.“ - Dieses Gebot verbietet, wie gesagt ist, jede Aneignung auf unrechtmäßige Weise. Viele Gründe müssen uns davon fernhalten.

Die Schwere der Sünde und ihre besondere Gefährlichkeit. Der Diebstahl wird mit dem Mord verglichen: „Das Brot des Armen ist das Leben des Armen; wer ihn darum bringt, ist ein Mörder“ (*Sir* 34,25). „Wer Blut vergießt und wer seinen Lohnarbeiter betrügt: die sind Brüder“ (*Sir* 34,27).

1297. – Keine Sünde ist so gefährlich wie der Diebstahl. Denn keine Sünde wird ohne Genugtuung und Reue vergeben. Alle Sünden kann der Mensch bald bereuen, den Mord, wenn der Zorn weicht; die Unzucht, wenn die Gier der Leidenschaft verflogen ist; und so auch die anderen Sünden. Über die Sünde des Diebstahls aber kann er wohl Reue empfinden, aber nicht leicht kann er dafür Genugtuung leisten. Zumal er nicht nur gehalten ist, zurückzugeben, was er sich angeeignet hat, sondern auch den Schaden wiedergutzumachen, den der rechtmäßige Besitzer dadurch erlitten hat. Zugleich hiermit muß er auch für die Sünde Buße tun. […]

10. De octavo praecepto legis

<XXVIII Octavum praeceptum>

"Non loqueris contra proximum tuum falsum testimonium." (Exod. XX,16)

1300. – Prohibuit iam Dominus, quod nullus iniurietur proximo suo opere; nunc autem praecipit quod non iniurietur verbo; et hoc est: "Non loquaris contra proximum tuum falsum testimonium". Hoc autem potest esse dupliciter: vel in iudicio, vel in communi locutione.

1301. – In iudicio autem tribus modis, secundum quod tres personae possunt facere contra hoc praeceptum.

Prima persona, scilicet accusantis falso. *Lev.* XIX,16: "Non eris criminator nec susurro in populo". Et nota, quod sicut non debes dicere falsum, ita non debes tacere verum. *Matth.* XVIII,15: "Si autem peccaverit in te frater tuus, vade, et corripe eum".

1302. – Item persona testificantis mentiendo. *Prov.* XIX,5: "Testis falsus non erit impunitus". Hoc enim praeceptum includit omnia praecedentia: quia aliquando talis est homicida, aliquando fur et cetera. Debent autem isti puniri poena, de qua dicitur [...], *Prov.* XXV,18: "Iaculum et gladius et sagitta acuta homo qui loquitur contra proximum suum falsum testimonium".

1303. – Item persona iudicis male sententiando. *Lev.* XIX,15: "Non iniuste iudicabis. Non consideres personam pauperis, nec honores vultum potentis. Iuste iudica proximo tuo".

1304. – In communi locutione peccant aliquando contra hoc praeceptum quinque genera hominum.

Scilicet detractores. *Rom.* I,30: "Detractores Deo odibiles". Dicit enim, "Deo odibiles", quia nihil est ita carum homini sicut fama. *Eccle.* VII,2: "Melius est nomen bonum quam unguenta pretiosa. *Prov.* XXII,1: "Melius est nomen bonum quam divitiae multae". Detractores autem auferunt hoc. *Eccle.* X,11: "Si mordeat serpens in silentio, nihil eo minus habet qui occulte detrahit". Unde si famam non restituant, salvari non possunt.

10. Das achte Gebot des Gesetzes

<XXVIII Das achte Gebot>

„Du sollst kein falsches Zeugnis geben wider deinen Nächsten.“ (Ex 20,16)

1300. – In den vorigen Geboten hat der Herr untersagt, dem Nächsten durch die Tat Unrecht zu tun; in diesem Gebot verbietet er, sich durch das Wort gegen ihn zu vergehen. Das besagt: „Du sollst kein falsches Zeugnis geben wider deinen Nächsten.“ Auf doppelte Weise kann man gegen dieses Gebot fehlen: vor Gericht und in der alltäglichen Rede.

1301. – Drei Personen vergehen sich vor Gericht dagegen:

Erstens der falsche Ankläger: „Du sollst kein Verleumder noch Ohrenbläser unter deinem Volke sein“ (*Lev* 19,16). Wie man nichts Falsches aussagen darf, so darf man auch nichts Wahres verschweigen. „Hat dein Bruder wider dich gesündigt, so geh hin und stelle ihn unter vier Augen zur Rede“ (*Mt* 18,15).

1302. – Zweitens der lügenhafte Zeuge: „Ein falscher Zeuge bleibt nicht ungestraft“ (*Spr* 19,5). Das achte Gebot schließt alle vorhergehenden Gebote in sich. Denn bald ist der falsche Zeuge zugleich auch ein Mörder, bald ein Dieb und so fort. Ihn muß die verdiente Strafe treffen. […] „Geschoß und Schwert und spitziger Pfeil ist der Mensch, der falsches Zeugnis redet wider seinen Nächsten“ (*Spr* 25,18).

1303. – Drittens der ungerechte Richter: „Du sollst nicht ungerecht richten; du sollst nicht ansehen die Person des Armen und das Angesicht des Gewaltigen nicht ehren. Gerecht sollst du richten über deinen Nächsten“ (*Lev* 19,15).

1304. – In der alltäglichen Rede sündigen gegen dieses Gebot fünf Arten von Menschen.

Zunächst die Ehrabschneider: „Die Ehrabschneider sind Gott verhaßt“ (*Röm* 1,30). Es heißt „Gott verhaßt“, denn nichts ist für den Menschen so wertvoll wie sein guter Ruf. „Ein guter Name ist besser als kostbare Salben“ (*Koh* 7,2); „Ein guter Name ist besser als großer Reichtum“ (*Spr* 22,1). Die Ehrabschneider aber rauben den guten Ruf: „Wer heimlich anschwärzt, tut nicht weniger als eine Schlange, die in der Stille beißt“ (*Koh* 10,11). Wenn sie daher dem Nächsten den guten Namen nicht wiedergeben, können sie nicht selig werden.

1305. - Item qui detractores libenter audit. *Eccli.* XXVIII,28: "Sepi aures tuas spinis, et linguam nequam noli audire, et ori facito ostia, et seras auribus tuis". Non debet autem homo tales libenter audire: quinimmo debet detrahenti ostendere vultum tristem et torvum. *Prov.* XXV,23: "Ventus Aquilo dissipat pluvias, et facies tristis linguam detrahentem".

1306. - Item susurratores, qui scilicet recitant quidquid audiunt. *Prov.* VI,16: "Sex sunt quae odit Dominus, et septimum detestatur anima eius: (scilicet) eum qui seminat inter fratres discordias. *Eccli.* XXVIII15: "Susurro et bilinguis maledictus; multos enim turbavit pacem habentes"; et multa quae sequuntur.

1307. - Item blanditores, idest adulatores. *Psal.* X,3: "Laudatur peccator in desideriis animae suae, et iniquus benedicitur. *Isai.* III,12: "Popule meus, qui beatum te dicunt, ipsi te decipiunt". *Psal.* CXL,5: "Corripiet me iustus in misericordia, et increpabit me; oleum autem peccatoris non impinguet caput meum".

1308. - Item murmuratores; et hoc maxime abundat in subditis. I *Cor.* X,10: "Neque murmuraveritis". [...] *Prov.* XXV,15: "Patientia lenietur princeps, et lingua mollis constringet duritiem".

<XXIX De eodem>

1309. - "Non loquaris contra proximum tuum falsum testimonium". - In hac prohibitione prohibetur omne mendacium. *Eccli.* VII,14: "Noli velle mentiri omne mendacium; assiduitas enim illius non est bona". Et hoc propter quatuor.

Primo propter Diaboli assimilationem. Talis enim efficitur Diaboli filius. Nam homo ex verbis suis cognoscitur de qua regione et patria sit [...] Item homines quidam sunt de genere Diaboli, et dicuntur Diaboli filii, qui scilicet loquuntur mendacium: quia Diabolus mendax est, et pater eius, ut dicitur *Ioan.* VIII [44]. Ipse enim mentitus est, *Gen.* III,4: "Nequaquam moriemini". Quidam vero filii Dei, qui scilicet veritatem loquuntur, quia Deus veritas est.

1305. – Dann: wer die Ehrabschneider gern anhört. „Verzäune deine Ohren mit Dornen und höre auf keine gottlose Zunge, mache Türen vor deinen Mund und Schlösser vor deine Ohren" (*Sir* 28,28). Wir dürfen solche Ehrabschneider nicht gern anhören, müssen vielmehr ihnen ein unwilliges und abweisendes Gesicht zeigen. „Der Nordwind vertreibt den Regen und ein abweisendes Gesicht die schmähende Zunge" (*Spr* 25,23).

1306. – Ferner die Ohrenbläser, die alles, was sie hören, weiter erzählen. „Sechs Dinge sind es, die der Herr haßt, und das siebte verabscheut seine Seele: (nämlich) jenen, der Zwietracht ausstreut unter den Brüdern" (*Spr* 6,16). „Der Ohrenbläser und der Doppelzüngige wird verflucht; denn unter vielen, die in Frieden leben, richtet er Verwirrung an" (*Sir* 28,15).

1307. – Sodann die Schmeichler. „Der Sünder wird gelobt in den Gelüsten seiner Seele, und der Bösewicht gepriesen" (*Ps* 10,3). „Mein Volk, die dich selig preisen, die betrügen dich und verderben deinen Weg" (*Jes* 3,12). „In Liebe mag mich schlagen der Gerechte und mich schelten; des Sünders Salböl jedoch beträufle nie mein Haupt" (*Ps* 141 [140],5).

1308. – Endlich: die Murrenden. Sie finden sich besonders unter den Untergebenen: „Murrt nicht, wie einige von ihnen murrten und durch den Würgengel umkamen" (1 *Kor* 10,10). [...] – „Hütet euch vor dem Murren, das nichts nützt" (*Spr* 25,15).

<XXIX Über dasselbe Thema>

1309. – „Du sollst kein falsches Zeugnis geben wider deinen Nächsten." - Durch dieses Verbot ist jede Lüge untersagt. „Habe nie die Absicht, eine Lüge zu sprechen; denn daran sich zu gewöhnen ist nicht gut" (*Sir* 7,14).

Die Lüge ist verboten, weil sie uns dem Teufel ähnlich macht. Denn der Lügner wird ein Sohn des Teufels. Wie der Mensch durch seine Sprache verrät, aus welcher Gegend und aus welchem Vaterland er kommt, [...] so sind die Lügner vom Geschlecht des Teufels und heißen seine Söhne. Denn der Teufel ist ein Lügner und der Vater der Lüge, wie der Herr bei *Johannes* (8,44) sagt. Einst hat er gelogen: „Ihr werdet nicht des Todes sterben" (*Gen* 3,4). Die aber die Wahrheit sprechen, sind Söhne Gottes. Denn Gott ist die Wahrheit.

1310. – Secundo propter societatis dissolutionem. Homines enim simul vivunt: quod esse non posset, si simul verum non dicerent. Apostolus, *Ephes.* IV,25: "Deponentes mendacium, loquimini veritatem unusquisque cum proximo suo, quoniam sumus invicem membra".

1311. – Tertio propter famae amissionem. Qui enim assuescit mendaciis, non creditur sibi, etiam si verum dicat. *Eccli.* XXXIV,4: "Ab immundo quid mundabitur: et a mendace quid verum dicetur?"

1312. – Quarto propter animae perditionem. [...] *Sap.* I,11: "Os quod mentitur, occidit animam". *Psal.* V,7: "Perdes omnes qui loquuntur mendacium". Unde patet quod est peccatum mortale.

1313. – Unde advertas, quia ipsorum mendaciorum quoddam est mortale, quoddam veniale.

Mortale autem est mentiri in his quae sunt fidei; quod pertinet ad praeclaros magistros et praedicatores: et hoc gravius omnibus aliis speciebus mendacii: II *Petr.* II,1: "In vobis erunt magistri mendaces, qui introducent sectas perditionis". Et aliqui aliquando talia dicunt, ut videantur scire: *Isai.* LVII,4: "Super quem lusistis, super quem dilatastis os, et eiecistis linguam? Nunquid non vos filii scelesti, semen mendax?" Item aliquando mentiuntur aliqui in damnum proximi. [...] Et haec duo mendacia mortalia sunt.

1314. – Aliqui autem mentiuntur pro seipsis; et hoc multipliciter. Aliquando ex humilitate. Et hoc in confessione quandoque: de quo ait Augustinus: "Sicut cavendum est ne homo taceat quod fecit, ita ne dicat quod non fecit".[1] *Iob* XIII,7: "Nunquid Deus indiget vestro mendacio?" [...]

Aliqui ex verecundiae levitate, cum scilicet quis credit verum dicere, et dicit falsum; et hoc advertens verecundatur retractare. *Eccli.* IV,30: "Non contradicas verbo veritatis ullo modo, et de mendacio ineruditionis confundere".

---

[1] Augustinus, *Sermo* 181,4,5 (PL 38,981); Petrus Lombardus, *Sententiae* IV d. 21,8 (ed. Quaracchi II,384, n. 123).

1310. – Sodann ist die Sünde der Lüge verboten, weil sie die Bande menschlicher Gemeinschaft auflöst. Die Menschen leben in Gemeinschaft miteinander. Das wird aber unmöglich, wenn nicht alle einander die Wahrheit sagen. „Legt die Lüge ab und redet die Wahrheit einer zum andern, denn wir sind Glieder untereinander" (*Eph* 4,25).

1311. – Auch raubt uns die Lüge unseren guten Ruf. Wer sich ans Lügen gewöhnt, dem glaubt man nicht, selbst wenn er die Wahrheit sagt. „Was kann der Unreine rein machen, und der Lügner, was kann er Wahres sagen?" (*Sir* 34,4).

1312. – Schließlich stürzt die Lüge unsere Seele ins Verderben. [...] „Ein Mund, der lügt, tötet die Seele" (*Weish* 1,11). „Du verdirbst alle, welche Lügen reden" (*Ps* 5,7). Hieraus wird deutlich, daß die Lüge eine Todsünde ist.

1313. – Doch muß man Lüge von Lüge unterscheiden; einige Lügen sind Todsünden, andere nur läßliche Sünden.

Eine Todsünde ist es, in Dingen zu lügen, die den Glauben angehen. Diese Art der Lüge ist schwerer als alle anderen. „Es wird auch unter euch Lügenmeister geben, die verderbliche Irrlehren einführen, den Herrn verleugnen, der sie losgekauft hat, und schnelles Verderben über sich herbeiführen" (2 *Petr* 2,1). Oder sie lügen in Glaubensdingen, um als Wissende zu erscheinen: „Über wen habt ihr euren Spaß, über wen klafft ihr den Mund auf und streckt die Zunge aus; seid ihr nicht lasterhafte Kinder, eine Lügenbrut!" (*Jes* 57,4). Andere lügen dem Nächsten zum Schaden. [...] Diese beiden Arten der Lüge sind schwer sündhaft.

1314. – Wieder andere lügen für sich selbst und das auf die verschiedenste Weise. Die einen aus falscher Demut, was wohl in der Beichte vorkommen kann. Von solchen sagt der hl. Augustinus: „Wie der Mensch nicht verschweigen darf, was er getan hat, so darf er auch von sich nicht aussagen, was er nicht getan hat." „Bedarf denn Gott eurer Lüge, daß ihr Trug für ihn redet?" (*Ij* 13,7). [...]

Andere lügen aus leichtfertiger Scham. Da glaubt jemand, die Wahrheit zu sagen, irrt sich aber und sagt etwas Falsches. Er bemerkt es, und nun schämt er sich zu widerrufen. „Liebe auf keine Weise wider das Wort der Wahrheit, und schäme dich, wenn du aus Versehen gelogen hast" (*Sir* 4,30).

Aliqui ex utilitate, quando volunt aliquid adipisci, vel ab aliquo evadere. *Isai.* XXVIII,15: "Posuimus mendacium spem nostram, et mendacio protecti sumus". *Prov.* X,4: "Qui nititur mendaciis, hic pascit ventos".

Aliqui propter alterius commodum, quando scilicet volunt aliquem a morte vel periculo vel damno aliquo liberare: et hoc cavendum est. [...]

Aliqui propter ludum: et hoc cavendum, ne propter consuetudinem ducat ad mortale. [...]

Einige lügen auch um ihres Nutzens willen, wenn sie etwas erlangen oder einer Sache entgehen wollen: „Wir machten die Lüge zu unserer Zuflucht, und den Trug zu unserem Schirm" (*Jes* 28,15). „Wer sich auf Lügen stützt, der weidet Winde" (*Spr* 10,4).

Wieder andere lügen zum Nutzen eines Mitmenschen – etwa um ihn vor dem Tode, vor einer Gefahr oder sonst einem Schaden zu bewahren. Auch das ist nicht erlaubt und deshalb zu unterlassen. [...]

Endlich lügen welche auch aus Scherz. Man hüte sich davor, damit nicht eine solche Gewohnheit zur Todsünde führe. [...]

11. De nono praecepto legis

<XXX Nonum praeceptum>

"Non concupisces rem proximi tui." (Exod. X,17)

1315. - Haec est differentia inter legem divinam et mundanam: quia lex mundana iudicat facta et dicta; divina autem non haec tantum, sed etiam cogitata. Et ratio huius est, quia illa est per homines, qui iudicant ea quae apparent exterius; sed divina est a Deo, qui exterius interiusque conspicit. [...] I *Reg.* XVI,7: "Homo videt quae foris sunt, Deus autem intuetur cor".

Dictum est autem de praeceptis quae pertinent ad dicta et facta; nunc ergo dicendum est de cogitatis. Nam apud Deum voluntas pro facto reputatur: unde "Non concupisces"; idest, non solum non auferas facto, sed nec etiam rem proximi tui concupisces. Et hoc propter multa.

1316. - Primo propter concupiscentiae infinitatem. Concupiscentia enim quid infinitum est. Quilibet autem sapiens debet intendere finem aliquem, immo nullus debet ire per viam infinitam. *Eccle.* V,9: "Avarus non implebitur pecunia". *Isai.* V,8: "Vae qui coniungitis domum ad domum, et agrum agro copulatis". Et quod concupiscentia nunquam satietur, ratio est, quia cor hominis factum est ad recipiendum Deum. Id ergo quod minus Deo est, ipsum implere non potest. [...]

1317. - Secundo quia aufert quietem, quae multum est delectabilis. Semper enim cupidi soliciti sunt acquirere non habita, et habita custodire. *Eccle.* V,11: "Saturitas divitis non sinit eum dormire. *Matth.* VI,21: "Ubi est thesaurus tuus, ibi est et cor tuum".

1318. - Tertio quia causat in divitiis inutilitatem. Facit enim divitias esse non utiles nec sibi nec aliis: non enim utuntur eis nisi conservando. *Eccli.* XIV,3: "Viro cupido et tenaci sine ratione est substantia".

11. Das neunte Gebot des Gesetzes

<XXX Das neunte Gebot>

„Du sollst nicht begehren deines Nächsten Habe.“ (Ex 20,17)

1315. – Der Unterschied zwischen dem göttlichen und dem menschlichen Gesetz besteht darin, daß das menschliche Gesetz über die Taten und Worte urteilt, das göttliche aber nicht nur darüber, sondern auch über die Gedanken. Das kommt daher, daß jenes durch Menschen gemacht wird, die über das urteilen, was äußerlich in die Erscheinung tritt; das göttliche Gesetz aber ist von Gott, der auf das Äußere und in das Innere schaut: [...] „Der Mensch schaut auf das Außen, Gott aber schaut ins Herz“ (1 *Kön* 16,7).

Über die Gebote, die sich auf Worte und Taten beziehen, haben wir gesprochen. Nun müssen wir von der Gesinnung sprechen. Denn bei Gott gilt der Wille für die Tat. Deshalb heißt es: „Du sollst nicht begehren.“ Das bedeutet, du sollst nicht nur die Habe deines Nächsten durch die Tat dir nicht aneignen, sondern du sollst nicht einmal danach verlangen. Das aber aus vielen Gründen.

1316. – Wegen der Grenzenlosigkeit der Habgier, denn die Habgier ist etwas Grenzenloses. Jeder vernünftige Mensch muß sich aber ein bestimmtes Ziel stecken; ja: keiner darf auf endlosem Wege dahinlaufen. „Der Geizige wird vom Geld niemals satt“ (*Koh* 5,9). „Weh euch, die ihr Haus an Haus bringt und Acker an Acker fügt“ (*Jes* 5,8). Daß die Habgier niemals gestillt wird, hat seinen Grund darin, daß das Herz des Menschen dazu gemacht ist, Gott aufzunehmen. Alles, was geringer als Gott ist, kann das Herz nicht ausfüllen. [...]

1317. – Die Habgier raubt die Ruhe: Immer sind die Gierigen in Sorge, zu erwerben, was sie noch nicht besitzen, und zu bewachen, was sie haben. „Die Sattheit läßt den Reichen nicht schlafen“ (*Koh* 5,11). „Wo dein Schatz ist, da ist auch dein Herz“ (*Mt* 6,21).

1318. – Die Habgier ist die Ursache der Nutzlosigkeit des Reichtums: Sie bewirkt nämlich, daß der Reichtum weder dem Reichen noch den Mitmenschen Nutzen bringt; er wird nämlich nicht ausgenutzt, sondern nur aufgehortet. „Einem gierigen und kargen Mann nützt der Reichtum nichts“ (*Sir* 14,3).

1319. - Quarto, quia tollit iustitiae aequitatem. *Exod.* XXIII,8: "Ne accipias munera, quae etiam excaecant prudentes, et subvertunt verba iustorum". *Eccli.* XXXI,5: "Qui autem diligit, non iustificabitur".

1320. - Quinto, quia necat caritatem proximi: quia, secundum Augustinum, quanto magis habet quis de caritate, tanto minus de cupiditate; et e converso[1], [...] et caritatem Dei: quia sicut nemo potest duobus dominis servire, ita neque Deo et mammonae, ut dicitur *Matth.* VI.

1321. - Sexto, quia producit omnem iniquitatem. Est enim "radix omnium malorum", secundum Apostolum, ut dicitur I *Tim.* VI [10]. Et ideo si in corde radicata est, et homicidium et furtum et omnia mala operatur. Et ideo dicit Apostolus, I *Tim.* VI,9-10: "Qui volunt divites fieri, incidunt in tentationem et in laqueum Diaboli, et desideria multa inutilia et nociva, quae mergunt homines in interitum et perditionem: radix enim omnium malorum est cupiditas".

1322. - Et nota, quod cupiditas tunc est peccatum mortale, quando sine ratione concupiscitur res proximi [...].

[1] Vgl. Augustinus, *De diversis quaestionibus LXXXIII*, q. 36,1 (CCL 44A,54,11-13); *De doctrina christiana* III 10,16 (CCL 32,88,45f.); *Enarrationes in Psalmos* 118,27,6 (CCL 40,1759,4ff.); *Enchiridion* 117 und 121 (CCL 46,112,21f. und 114,23).

1319. - Die Habgier nimmt den Sinn für die Gerechtigkeit: „Nimm keine Geschenke an, die auch die Klugen blind machen und die Sache der Gerechten verkehren" (*Ex* 23,8). „Wer das Geld liebt, wird nicht gerechtfertigt" (*Sir* 31,5).

1320. - Die Habgier tötet die Liebe zu Gott und zum Nächsten: Denn je mehr Liebe einer hat, desto weniger Begierde hat er und umgekehrt, sagt Augustinus. [...] Und die Liebe zu Gott wird durch die Habgier getötet, denn wie „niemand zwei Herren dienen kann", so auch nicht Gott und dem Mammon, wie bei *Matthäus* (6,24) gesagt wird.

1321. - Endlich erzeugt die Habgier alle Bosheit: Denn „sie ist die Wurzel aller Übel" (1 *Tim* 6,10). Wenn sie im Herzen Wurzel geschlagen hat, dann bewirkt sie Mord und Diebstahl und alle Übel. Deshalb sagt der Apostel: „Wer reich werden will, fällt in Versuchungen und in die Schlinge des Teufels und in viele unnütze und schädliche Wünsche, welche den Menschen in Untergang und Verderben stürzen. Denn die Wurzel aller Übel ist die Begierde" (1 *Tim* 6,10).

1322. - Und bedenke, daß die Habgier dann schwere Sünde ist, wenn sie sinnlos nach der Habe des Nächsten giert [...].

12. De decimo praecepto legis

<XXXI Decimum praeceptum>

"Non desiderabis uxorem proximi tui." (Exod. XX,17)

1323. – Beatus Ioannes in I *canonica sua,* II capite vers. 16, dicit, quod "Omne quod est in mundo, concupiscentia carnis est, et concupiscentia oculorum, et superbia vitae". Unde omne desiderabile in his tribus consistit; sed duo ex istis intelliguntur prohibita per hoc praeceptum: "Non concupisces domum proximi tui". In domo enim intelligitur et altitudo, per quam avaritia designatur: *Psal.* CXI,3: "Gloria et divitiae in domo eius". Qui ergo desiderat domum, desiderat dignitates. Et ideo post hoc praeceptum, "Non concupisces domum proximi tui", ponitur aliud, per quod prohibetur carnis concupiscentia. "Non", inquit, "desiderabis uxorem proximi tui".

1324. – Et est sciendum, quod post peccatum, propter corruptionem nullus evadit concupiscentiam praeter Christum et virginem gloriosam. Et quandocumque concupiscentia adest, adest vel cum veniali, vel cum mortali, quando scilicet dominatur. Apostolus, *Rom.* VI,12: "Non regnet peccatum in vestro mortali corpore" [...].

1325. – Regnat autem peccatum in carne, quando primo in corde regnat concupiscentia, consentiendo: et ideo subdit Apostolus: "ut scilicet obediatis concupiscentiis carnis" (*ibid.*). *Matth.* V,28: "Qui viderit mulierem ad concupiscendum eam, iam moechatus est eam in corde suo". Voluntas enim apud Deum pro facto reputatur.

1326. – Secundo quando dominatur in ore, conceptum exprimendo. *Matth.* XII,34: "Ex abundantia enim cordis os loquitur". *Ephes.* IV,29: "Omnis sermo malus ex ore vestro non procedat." [...]

1327. – Tertio quando egreditur in opere, membris concupiscentiae serviendo. *Rom.* VI,19: "Sicut exhibuistis membra vestra servire iniquitati ad iniquitatem".

Isti ergo sunt gradus concupiscentiae.

12. Das zehnte Gebot des Gesetzes

<XXXI Das zehnte Gebot>

„Du sollst nicht begehren deines Nächsten Frau" (*Ex* 20,17)

1323. – Der hl. Johannes sagt in seinem ersten Brief, daß „alles, was in der Welt ist, Begierde des Fleisches, Begierde der Augen und Hoffart des Lebens ist" (1 *Joh* 2,16). Diese drei umfassen also alles, worauf unser Sinnenstreben geht. Zwei von ihnen erkennen wir als verboten durch das Gebot: „Du sollst nicht begehren deines Nächsten Haus." Unter dem Wort „Haus" können wir nun zugleich den gesellschaftlichen Rang oder besser die Sucht nach dem, was zu ihm gehört, verstehen. „Ehre und Reichtum wird in seinem Hause sein" (*Ps* 112 [111],3), so daß das Verlangen nach dem „Haus" des Nächsten zugleich auch ein Verlangen nach seinen Würden und seinem Reichtum sein kann. Deshalb schließt sich an das Gebot: „Du sollst nicht begehren deines Nächsten Haus" auch gleich das andere an: „Du sollst nicht begehren deines Nächsten Frau", durch das die Begierde des Fleisches verboten wird.

1324. – Niemand ist nach dem Sündenfall frei von Begierde, wegen der Verderbtheit unserer Natur, ausgenommen Christus und die glorreiche Jungfrau. Wenn wir der Begierde nachgeben, dann sündigen wir, entweder läßlich oder — wenn sie über uns Herr wird — schwer. „Die Sünde habe keine Herrschaft in eurem sterblichen Leibe" (*Röm* 6,12) [...].

1325. – Die Sünde aber herrscht in uns erstens, wenn die Begierde durch unsere Einwilligung im Herzen die Herrschaft gewinnt. Deswegen fügt der Apostel hinzu: „dadurch, daß ihr den Begierden des Fleisches folgt" (*ebd.*). „Wer eine Frau ansieht, um sie zu begehren, der hat im Herzen mit ihr schon Ehebruch begangen" (*Mt* 5,28). Denn bei Gott gilt der Wille für die Tat.

1326. – Zweitens, wenn die besagte Begierde die Herrschaft über unseren Mund erlangt, so daß wir sie aussprechen. „Aus der Fülle des Herzens redet der Mund" (*Mt* 12,34). „Kein böses Wort komme aus eurem Munde" (*Eph* 4,29). [...]

1327. – Drittens: wenn die Begierde durch die Tat aus uns heraustritt und wir mit unseren Gliedern zum Diener der Begierde werden. „Gleichwie ihr eure Glieder dem Dienst der Unreinigkeit und Gottlosigkeit hingegeben zur Gottlosigkeit" (*Röm* 6,19).

Das sind also die Stufengrade der Begierde.

1328. – Et sciendum quod in fugiendo istud peccatum oportet multum laborare, cum sit intrinsecum: difficilius enim vincitur inimicus familiaris.

Vincitur autem quatuor modis.

Primo occasiones exteriores fugiendo, ut puta malam societatem, et omnia inducentia occasionaliter ad hoc peccatum. [...] *Prov.* VI,27: "Nunquid potest homo abscondere ignem in sinu suo, ut vestimenta illius non ardeant? Et ideo praeceptum fuit Lot ut fugeret ab omni circa regione, *Gen.* XIX,17.

1329. – Secundo cogitationibus aditum non praebendo, quia occasio sunt excitandae concupiscentiae. Et hoc faciendum est per carnis afflictionem: I *Cor.* IX,27: "Castigo corpus meum et in servitutem redigo".

1330. – Tertio orationibus insistendo: quia "nisi Dominus custodierit civitatem, frustra vigilat qui custodit eam", *Psal.* CXXVI, I. *Sap.* VIII,21: "Scivi quoniam aliter non possum esse continens, nisi Deus det". [...] Si enim duo pugnarent, et velles unum iuvare, alterum vero non: oportet primo auxilium dare, secundo vero subtrahere. Inter spiritum autem et carnem est praelium continuum: unde oportet quod si vis quod spiritus vincat, quod des ei auxilium, et hoc fit per orationem [...].

1331. – Quarto licitis occupationibus insistendo. *Eccli.* XXXIII,29: "Multam malitiam docuit otiositas". *Ezech.* XVI,49: "Haec fuit iniquitas Sodomae, superbia, saturitas panis, et abundantia, et otium ipsius et filiarum eius, et manum egeno et pauperi non porrigebant". [...] Hieronymus: "Semper aliquid boni facito, ut te Diabolus inveniat occupatum"[1]. [...] Inter omnes autem occupationes melior est studium Scripturarum. Hieronymus, *ad Paulinum*: "Ama studia Scripturarum, et carnis vitia non amabis".[2]

[1] Vgl. Hieronymus, *Epistula* 125,11 (CSEL 56,130,6f.).

[2] Vgl. *ebd.* (CSEL 56,130,3f.).

1328. – Dabei müssen wir uns bewußt sein, daß es großer Anstrengung bedarf, die sündhafte Begierde zu fliehen: sie steckt eben in uns; ein Feind, der in unserem eigenen Haus sitzt, ist viel schwerer zu überwältigen.

Dieser Feind wird aber auf folgende Weise besiegt:

Zunächst dadurch, daß wir die äußeren Gelegenheiten fliehen: schlechte Gesellschaft und alles, was uns in die Gelegenheit zur sündhaften Begierde bringt. [...] „Kann jemand Feuer in seinem Busen bergen, ohne daß seine Kleider Feuer fangen?" (*Spr* 6,27). Daher erhielt Lot den Befehl, ganz aus dem Gebiet um Sodom zu entfliehen (*Gen* 19,17).

1329. – Sodann werden wir Herr über die Begierde dadurch, daß wir den Gedanken den Zugang verwehren; denn sie sind eine Gelegenheit zur Erregung der Begierde. Das muß geschehen dadurch, daß wir unseren Leib in harte Zucht nehmen: „Ich züchtige meinen Leib und mache ihn mir dienstbar" (1 *Kor* 9,27).

1330. – Ferner durch Gebet; denn „nimmt nicht der Herr die Stadt in Hut, dann wacht umsonst ihr Wächter" (*Ps* 127 [126],1). „Ich wußte, daß ich nicht anders enthaltsam sein könnte, es sei denn, daß es Gott mir gäbe" (*Weish* 8,21). [...] Wenn zwei miteinander kämpfen und du dem einen helfen willst, dem anderen aber nicht, dann mußt du dem einen Hilfe leisten und sie dem anderen entziehen. Geist und Fleisch liegen aber in dauerndem Kampf miteinander. Also, willst du, daß der Geist siege, dann bring ihm Hilfe: durch das Gebet [...].

1331. – Endlich dadurch, daß man sich mit erlaubten Dingen beschäftigt: „Der Müßiggang lehrt viel Böses" (*Sir* 33,29). „Das war die Schlechtigkeit Sodoms: Stolz in ihrer Sattheit von des Brotes Überfluß, reichten sie bei ihrem und ihrer Töchter Müßiggang den Armen und Dürftigen ihre Hand nicht, wurden übermütig und taten Greuel vor mir" (*Ez* 16,49-50). [...] Der hl. Hieronymus sagt: „Tue immer etwas Gutes, damit dich der Teufel beschäftigt finde." [...] Die beste Beschäftigung von allen aber ist das Lesen der Heiligen Schrift. Deshalb schreibt Hieronymus an Paulinus: „Liebe das Studium der Heiligen Schrift, dann wirst du die Laster des Fleisches nicht lieben."

1332. – Haec ergo sunt decem verba, de quibus dicit Dominus, *Matth.* XIX,17: "Si vis ad vitam ingredi, serva mandata".

Duae enim sunt radices principales omnium mandatorum, scilicet [1] dilectio Dei et [2] proximi.

[1] Diligenti autem Deum tria necesse est facere:

[1.1] scilicet quod non habeat alium Deum, et quantum ad hoc dicit: "Non coles deos alienos".

[1.2] Secundo quod honoret eum; et quantum ad hoc dicit: "Non assumes nomen Dei tui in vanum".

[1.3] Tertio quod libenter quiescat in eo; et quantum ad hoc dicit: "Memento ut diem sabbati sanctifices".

[2] Diligentem autem proximum oportet quod

[2.1] primo faciat ei honorem debitum: unde dicit: "Honora patrem tuum".

[2.2] Secundo quod abstineat a faciendo ei malum;

[2.2.1] et hoc vel facto:

[2.2.1.1] unde dicit, "Non occides", quod est in persona propria;

[2.2.1.2] "Non adulterabis", quod est in persona coniuncta;

[2.2.1.3] "Non furtum facies", quod est in rebus exterioribus.

[2.2.2] Item dicto, ibi, "Non falsum testimonium dices";

[2.2.3] vel corde: et quantum ad hoc dicit:

[2.2.3.1] "Non concupisces rem proximi tui",

[2.2.3.2] et "Non desiderabis uxorem proximi tui".

1332. - Das nun sind die Zehn Gebote. Sie meint der Herr, wenn er sagt: „Willst du ins Leben eingehen, dann halte die Gebote" (*Mt* 19,17).

Alle Gebote wachsen aus zwei Wurzeln: [1] der Gottesliebe und [2] der Nächstenliebe.

[1] Wer Gott liebt, muß ein Dreifaches tun:

[1.1] Keinen anderen Gott haben: „Du sollst keine fremden Götter verehren";

[1.2] Gott ehren: „Du sollst den Namen Gottes nicht eitel gebrauchen";

[1.3] gern in ihm ruhen: „Gedenke, daß du den Ruhetag des Herrn heiligest."

[2] Wer aber den Nächsten liebt,

[2.1] muß ihm die schuldige Ehre erweisen: „Du sollst Vater und Mutter ehren";

[2.2] darf ihm kein Unrecht zufügen,

[2.2.1] weder durch die Tat:

[2.2.1.1] „Du sollst nicht töten" - das geschieht seiner eigenen Person;

[2.2.1.2] „Du sollst nicht ehebrechen" - das geschieht ihm in seiner personalen Verbindung der Ehe;

[2.2.13] „Du sollst nicht stehlen" - das geschieht ihm an seinen äußeren Gütern;

[2.2.2] noch durch das Wort: „Du sollst kein falsches Zeugnis geben";

[2.2.3] auch nicht im Herzen:

[2.2.3.1] „Du sollst nicht begehren deines Nächsten Eigentum",

[2.2.3.2] und: „Du sollst nicht begehren deines Nächsten Frau."

Verzeichnis der von Thomas zitierten Autoren und Werke

Ambrosius von Mailand (339-397)
- *Expositio evangelii secundum Lucam*, ed. K. Schenkl (= CSEL, 32.4), Wien 1902.
- *De virginibus*, in: J.-P. Migne, PL 16, Paris 1845, 187-232.

Aristoteles (384-322 v. Chr.)
- *Ethica Nicomachea*, ed. I. Bywater (= SCBO), Oxford 1894, ND 1970.

Augustinus von Hippo (354-430)
- *Confessiones libri XIII*, ed. L. Verheijen (= CCL, 27), Turnhout 1981.
- *Contra Faustum libri XXXIII*, ed. J. Zycha (= CSEL 25), Prag - Wien - Leipzig 1891, 249-797.
- *De catechizandis rudibus*, ed. I.B. Bauer (= CCL 46, 121-178), *Turnhout* 1969.
- *De civitate Dei libri viginti duo*, ed. B. Dombart/ A. Kalb (= CCL, 47/48), Turnhout 1955.
- *De diversis quaestionibus octoginta tribus liber unus*, ed. A. Mutzenbecher (= CCL, 44A.8.2), Turnhout 1975, 11-249.
- *De doctrina christiana – De vera religione*, ed. K.D. Daur/ J. Martin (= CCL 32), Turnhout 1962.
- *De fide, spe et caritate liber unus* (= *Enchiridion*), ed. J. Zycha (= CSEL, 46), Wien 1900, 49-114.
- *Enarrationes in Psalmos*, ed. E. Dekkers/J. Fraipont (= CCL, 38-40), Turnhout 1956.
- *Epistulae (ep. 185-270)*, ed. A. Goldbacher (= CSEL, 57), Wien – Leipzig 1911.
- *Sermones*, in: J.-P. Migne, PL 38, Paris 1865.
- *Regula S. Augustini*, ed. L. Verheijen, in: *La Règle de Saint Augustin, vol. 1: Tradition Manuscrite*, Paris 1967, 49-66 und 105-107.

Cicero, Marcus Tullius (106-43 v. Chr.)
- *De officiis*, ed. M. Winterbottom, Oxford 1994.
- *Tusculana disputationes*, ed. M. Pohlenz, Berlin – New York 2002.

Epiphanius von Salamis (um 315-403)
- *Panarium, sive Arcula adversus octoginta hareseses*, in: J.-P. Migne, PG 41, Paris 1865.

Eusebius von Cäsarea (260/4-339/40)
- *Historia ecclesiastica VIII-X*, ed. G. Bardy (= SC, 55), Paris 1958.

Gregor der Große (um 540-604)
- *Moralia in Iob*, ed. M. Adriaen (= CCL, 143/143A/143B), 3 vols., Turnhout 1979, ND 2000.
- *Homiliae in Evangelia*, ed. R. Était (= CCL, 141), Turnhout 1999.

Hieronymus (347-420)
- *Epistulae I-LXX*, ed. I. Hilberg (= CSEL 54), Wien - Leipzig 1910.

Leo der Große (um 400-461)
- *Sermones et Epistulae*, in: J.-P. Migne, PL 54, Paris 1846.

Petrus Lombardus (um 1095/1100–1160)
- *Libri IV sententiarum*, 2 vols., ed. PP. Collegii S. Bonaventurae, Quaracchi [2]1916.

Valerius Maximus (1. Jh.)
- *Facta et dicta memorabilia*, 2 vols., ed. J. Briscoe, Stuttgart 1998.

Verwendete Abkürzungen

CCL	= Corpus Christianorum, Series Latina, Turnhout 1953ff.
CSEL	= Corpus Scriptorum Ecclesiasticorum Latinorum, Wien 1866ff.
PG	= Patrologia Graeca, Paris 1857ff.
PL	= Patrologia Latina, Paris 1844ff.
SC	= Sources Chrétiennes, Paris 1943ff.
SCBO	= Scriptorum Classicorum Bibliotheca Oxoniensis, Oxford 1900ff.

Bibelstellenregister

Genesis (Gen)
2,24 n. 1277
3,4 n. 1309
9,3 n. 1259
19,17 n. 1328

Exodus (Ex)
23,8 n. 1319

Leviticus (Lev)
19,13 n. 1292
19,15 n. 1303
19,16 n. 1301
19,32 n. 1256
19,35f n. 1293

Deuteronomium (Deut/Dtn)
5,11 n. 1207
25,13 n. 1293
32,6 n. 1243
32,39 n. 1260

Liber Regum I (I Reg)/
1. Buch der Könige (1 Kön)
16,7 n. 1315

Paralipomenon I (I Paralip)/
1. Buch der Chronik (1 Chr)
29,14 n. 1161

Ijob (Iob/Ijob)
1,21 n. 1239
13,7 n. 1314
24,9 n. 1291
37,19 n. 1148

Psalmi (Psal)/Psalmen (Ps)
4,3 n. 1209
4,6-7 n. 1129
5,6 n. 1185
5,7 n. 1206, n. 1312
10,3 n. 1307
12 (11),3 n. 1205
15 (14),1.5 n. 1293
16 (15),9f n. 1220
28 (27), 3 n. 1179
31 (30),3 n. 1234
34 (33),9 n. 1234
40 (39),5 n. 1200
50 (49),14 n. 1232
57 (56),5 n. 1262
94 (93),11 n. 1207
96 (95),5 n. 1194
104 (103),28 n. 1200
112 (111),3 n. 1323
139 (138),24 n. 1148
119 (118),63 n. 1175
119 (118),105 n. 1233
119 (118),165 n. 1150
119 (118),176 n. 1192
127 (126),1 n. 1330
132 (131),14 n. 1236
139 (138),22 n. 1184
141 (140),5 n. 1307
143 (142),10 n. 1148

Proverbiorum (Prov)/
Buch der Sprüche (Spr)
1,15 n. 1262
6,16 n. 1306
6,27 n. 1328
6,32 n. 1288
8,15 n. 1260, n. 1291
10,4 n. 1314
12,16 n. 1274
13,10 n. 1181
16,7 n. 1190
17,17 n. 1180
19,5 n. 1302
22,1 n. 1304
25,15 n. 1308
25,18 n. 1302
25,23 n. 1305
26,21 n. 1181

Ecclesiastes (Eccle)/
Kohelet (Koh)
5,9 n. 1316
5,11 n. 1317
7,2 n. 1304
10,11 n. 1304

Canticum canticorum (Cant)/
Hoheslied der Liebe (Hld)
1,3 n. 1192

Sapientia (Sap)/ Weisheit (Weish)

1,11 n. 1312
5,5 n. 1152
5,7 n. 1202
8,21 n. 1330
9,15 n. 1223
11,25 n. 1185

Ecclesiasticus (Eccli)/ Jesus Sirach (Sir)

1,16f n. 1132
2,10 n. 1148
2,14 n. 1201
3,5 n. 1249
3,8ff n. 1241
3,11 n. 1251
3,13 n. 1241
3,14f n. 1242
4,30 n. 1314
5,17 n. 1290
6,10 n. 1176
7,14 n. 1309
7,29 n. 1239
13,19 n. 1262
14,3 n. 1318
23,9 n. 1208
24,24 n. 1182
28,15 n. 1306
28,28 n. 1305
31,5 n. 1319
33,29 n. 1331
34,4 n. 1311
34,25.27 n. 1296
43,32f n. 1162
47,10 n. 1161
51,35 n. 1232

Isaias (Isai)/ Jesaja (Jes)

1,15 n. 1262
1,19 n. 1135
3,12 n. 1307
5,8 n. 1316
8,19 n. 1199
10,1 n. 1291
14,3 n. 1221
28,15 n. 1314
28,19 n. 1186
42,8 n. 1198
48,3 n. 1164
57,4 n. 1313
57,20 n. 1150, n. 1235

Ieremias (Ierem)/ Jeremia (Jer)

4,2 n. 1209
9,5 n. 1202
15,1 n. 1191
16,18 n. 1202
17,22 n. 1227

Ezechiel (Ezech/Ez)

16,49f n. 1331

Osee (Os)/Hosea (Hos)

2,6 n. 1192
9,10 n. 1139

Sophonias (Soph)/ Zefanja (Zef)

3,3 n. 1291

Zaccharias (Zach)/Sacharja (Sach)

8,17 n. 1205
13,3 n. 1205

Matthaeus (Matth)/ Matthäus (Mt)

5,7 n. 1192
5,21f. n. 1264
5,28 n. 1325
5,33f. n. 1207
5,37 n. 1207, n. 1208
5,44f n. 1183, n. 1188
5,46 n. 1188
6,9 n. 1187
6,14 n. 1187
6,21 n. 1317
6,24 n. 1164, n. 1320
7,2 n. 1249
10,37 n. 1178
11,28f n. 1222
11,30 n. 1136, n. 1202
12,1-8 n. 1228
12,11 n. 1228
12,30 n. 1203
12,34 n. 1326
13,45f n. 1236
18,15 n. 1301
19,6 n. 1278
19,17 n. 1135, n. 1332
22,37 n. 1160, n. 1166

Marcus (Marc)/ Markus (Mk)
6,23 n. 1209

Lucas (Luc)/ Lukas (Lk)
6,37f n. 1192
7,47 n. 1146
14,26 n. 1184
23,34 n. 1191
24,32 n. 1155

Ioannes (Ioan)/ Johannes (Joh)
8,34 n. 1202
8,44 n. 1263, n. 1309
8,47 n. 1233
13,35 n. 1173
14,23 n. 1141
15,9 n. 1182
15,12 n. 1173
15,15 n. 1151

Acta Apostolorum (Act)/ Apostelgeschichte (Apg)
7,59f n. 1191
10,44 n. 1155
15,10 n. 1136

Ad Romanos (Rom)/ Römerbrief (Röm)
1,23 n. 1198
1,30 n. 1304
1,32 n. 1262
5,5 n. 1154
6,4f n. 1219
6,12 n. 1324, n. 1325
6,19 n. 1202, n. 1327
7,23 n. 1130
8,15 n. 1136, n. 1152
8,16-17 n. 1152
8,23 n. 1145
8,28 n. 1143
12,9 n. 1179
12,20 n. 1190
12,21 n. 1189
13,1 n. 1254
13,4 n. 1260
13,5 n. 1254
13,7 n. 1254, n. 1292
13,10 n. 1171

Ad Corinthios I (I Cor)/ 1. Korinterbrief (1 Kor)
4,15 n. 1252
6,11 n. 1226
6,9f n. 1284
6,15 n. 1285
6,17 n. 1139
9,27 n. 1329
10,10 n. 1308
10,20f n. 1194
12,27 n. 1172

Ad Corinthios II (II Cor)/ 2. Korinterbrief (2 Kor)
3,17 n. 1134

Ad Galatas/ Galaterbrief (Gal)
4,9f n. 1200
5,17 n. 1235
6,15 n. 1219

Ad Ephesios/ Epheserbrief (Eph)
4,25 n. 1310
4,26 n. 1272
4,29 n. 1326

Ad Colossenses (Col)/ Kolosserbrief (Kol)
3,20 n. 1243

Ad Timotheum I (I Tim)/ 1. Timotheusbrief (1 Tim)
5,8 n. 1238
6,10 n. 1321

Ad Timotheum II (II Tim)/ 2. Timotheusbrief (2 Tim)
4,8 n. 1144

Ad Hebraeos/ Hebräerbrief (Hebr)
4,3 n. 1206
4,13 n. 1199
6,16 n. 1206
10,28 n. 1132
10,28f n. 1201
12,9 n. 1239
13,4 n. 1284, n. 1287
13,7 n. 1252
13,16 n. 1232

Epistula Iacobi (Iac)/ Jakobusbrief (Jak)
1,19 n. 1266
3,1-12 n. 1207

Epistula Petri I (I Petr)/ 1. Petrusbrief (1 Petr)
3,7 n. 1282
4,8 n. 1146

Epistula Petri II (II Petr)/ 2. Petrusbrief (2 Petr)
2,1 n. 1313
3,3ff. n. 1218

Epistula Ioannis I (I Ioan)/ 1. Johannesbrief (1 Joh)
2,9 n. 1184
2,16 n. 1323
2,27 n. 1148
3,1 n. 1152
3,14 n. 1140
3,15 n. 1262, n. 1273
3,18 n. 1179, n. 1237
3,20 n. 1150, n. 1162
4,10 n. 1153
4,16 n. 1139, n. 1149
4,18 n. 1152
4,20 n. 1172

Personenregister

Kursiv sind jene Stellen vermerkt, wo die betreffende Person nur in der Fußnote genannt wird.

Ambrosius von Mailand
n. 1238, *n. 1261*, n. 1262

Aristoteles
n. 1268

Archytas
n. 1275

Augustinus
n. 1140, n. 1150, n. 1190, n. 1194, n. 1238, *n. 1259*, n. 1260, n. 1261, n. 1273, n. 1314, n. 1320

Cicero
n. 1261, n. 1267, n. 1275

Epiphanius
n. 1259

Eusebius
n. 1261

Gregor der Große
n. 1141, n. 1191, n. 1202

Hieronymus
n. 1243, n. 1331

Leo der Große
n. 1262

Manichaeus/ Manichäer
n. 1259

Markion/Markioniten
n. 1259

Peripatetiker
n. 1267

Petrus Lombardus
n. 1314

Stoiker
n. 1267

Valerius Maximus
n. 1275

Autorenverzeichnis

JOSEF PIEPER, geb. 1904 in Elte/Westfalen, gest. 1997 in Münster. Studium der Philosophie, Rechtswissenschaften und Soziologie in Berlin und Münster. 1928 Dr. phil. an der Universität Münster: *Die ontische Grundlegung des Sittlichen nach Thomas von Aquin* (später u.d.T.: *Die Wirklichkeit und das Gute*). 1946 Habilitation an der Universität Münster: *Wahrheit der Dinge. Eine Untersuchung zur Anthropologie des Hochmittelalters.* 1959 bis 1972 Professor für Philosophische Anthropologie an der Universität Münster. Autor von über 80 Büchern, die in 20 Sprachen übersetzt wurden und ihn unter den Philosophen des 20. Jahrhunderts zum international meistgelesenen deutschen Autor machten. Mitglied mehrerer Akademien. Zahlreiche Preise und Ehrungen, darunter der internationale Balzan-Preis für herausragende Leistungen auf dem Gebiet der Geisteswissenschaften.

HANNS-GREGOR NISSING, geb. 1969 in Dinslaken/Niederrhein. Studium der Katholischen Theologie, Philosophie, Germanistik und Pädagogik in Münster, München und Bonn. 2004 Dr. phil. an der Universität Bonn: *Sprache als Akt bei Thomas von Aquin.* Seit 2020 Programm- und Marketingleiter an der Philosophisch-Theologischen Hochschule Münster. Jüngste Veröffentlichung: Thomas von Aquin, *Vom Gewissen. Lateinisch - Deutsch.* Übersetzt und eingeleitet von Hanns-Gregor Nissing (= Herders Bibliothek der Philosophie des Mittelalters, 3. Serie, Band 51), Freiburg/Br. 2021. – Website: thomas-von-aquin.de

BERTHOLD WALD, geb. 1952 in Wipperfürth. Studium der Philosophie, Germanistik, Pädagogik und Katholischen Theologie in Freiburg/Br. und Münster. 1986 Dr. phil. an der Universität Münster: *Genitrix Virtutum. Zum Wandel des aristotelischen Begriffs praktischer Vernunft. Thomas von Aquin – Johannes Duns Scotus – Wilhelm von Ockham – Martin Luther.* 2002 Habilitation an der Universität Münster: *Substantialität und Personalität. Philosophie der Person in Antike und Mittelalter.* 2002-2018 Professor für Systematische Philosophie an der Theologischen Fakultät Paderborn. Herausgeber der Werke Josef Piepers (1995-2008). Seit 2008 Leiter der Josef-Pieper-Arbeitsstelle. Jüngste Veröffentlichung: *Christliches Menschenbild. Zugänge zum Werk von Josef Pieper*, München 2017.

Hinweis zur Erstveröffentlichung

Die Übersetzung der „Erläuterungen zu den zwei Hauptgeboten und zu den zehn Geboten des Gesetzes" erschien 1936 als dritter Teil der *Thomas-Fibel* (nicht zu verwechseln mit der im selben Jahr erschienenen *Christenfibel*) unter der Herausgeberschaft von Heinrich Raskop im Verlag J.P. Bachem, Köln (S. 135-202). Die *Thomas-Fibel* enthielt außerdem die „Erläuterungen zum Apostolischen Glaubensbekenntnis" und „zum Vater unser" sowie die „Gliederung der Heiligen Schrift". Als „Veröffentlichung des Instituts für neuzeitliche Volksbildungsarbeit Dortmund" stellte die *Thomas-Fibel* eine Gemeinschaftsarbeit von Hans Schulte, Josef Pieper und Heinrich Raskop dar. Ziel des 1928 gegründeten Instituts (ab 1938 „Katholisches Bildungswerk") war die Förderung katholisch-kirchlicher Bildungsarbeit. Nach 1933 lag der Schwerpunkt der Arbeit auf dem Aufbau einer „Grundbücherei für Laienchristen", die bis 1958 insgesamt 92 Veröffentlichungen umfaßte. Josef Pieper stellte dazu einen Kanon von Schriften auf, der angesichts der Zeit neue Orientierung aus der großen christlichen Überlieferung geben sollte und formulierte interne „Grundsätze für die Gestaltung der Sammlung christlichen Traditionsgutes"[1].

In den Predigten des Thomas erkannten die Übersetzer, wie es im Nachwort der Erstausgabe heißt, nicht nur „wertvolle Zeugnisse für den lehrenden Thomas", sondern „volkstümliche Vorträge [...] zu den für den Christen lebensnotwendigen Dingen – Glaube, Gebet, Gebot" (215). So war es die „erste Absicht" der Fibel, „zu zeigen, daß die heute wieder zu Ehren kommende Volkskatechese den ‚allgemeinen Lehrer' der Kirche zum Ahnherrn hat" (215f.). Statt „Schwieriges dem Ungeübten vorzulegen und dadurch den einen oder anderen Gutwilligen zu enttäuschen", umfaßt die Fibel „diejenigen Werke des Heiligen, die jedermann lesen und verstehen kann, heute so gut wie im Neapel des 13. Jahrhunderts" (216).

---

[1] Vgl. J. Pieper, „Grundsätze", in: ders., *Werke. Erg.-Bd. 1: Frühe soziologische Schriften*, ed. B. Wald, Hamburg 2004, 329.

Thomas von Aquin – Einführende Schriften

Übersetzt von Josef Pieper

Herausgegeben von Hanns-Gregor Nissing und Berthold Wald

Band 1: **Das Wort**
Kommentar zum Prolog des Johannes-Evangeliums (2017)

Band 2: **Das Herrenmahl**
Der Eucharistietraktat der Summa theologiae (2018)

Band 3: **Das Credo**
Auslegungen zum Apostolischen Glaubensbekenntnis (2019)

Band 4: **Das Vater unser**
Auslegungen zum Herrengebet (2020)

Band 5: **Die Zehn Gebote**
Auslegungen zum Dekalog und zum Doppelgebot der Liebe (2021)

PNEUMA VERLAG